공인회계사(정부회계), 입법 및 행정고시 대비

GOVERNMENT ACCOUNTING & FINANCE STATISTICS

정부회계와 재정통계

정성호

법문사

서 문

정부부문에 발생주의 및 복식부기 회계제도가 도입된 지 10년의 시간이 지났다. 대부분의 재정제도는 국가가 먼저 시행하고 그 이후 지방자치단체에 확대 시행된다. 하지만 발생주의·복식부기 회계제도 도입은 그 반대의 경우이다. 즉, 지방자치단체가 먼저 발생주의 복식부기를 도입하였는데, 지방자치단체는 2007회계연도에, 국가는 2009회계연도에 적용하게 된다. 그동안 발생주의 회계도입에 따른 정합성 등 다양한 논의과정을 거치면서 여러 법령과 회계기준이 제정되었으며, 재무제표의 작성 및 공시 방법 등의 변화가 있었다. 정부부문에 발생주의 회계제도가 도입됨에 따라 자산 및 부채의 체계적 관리가 가능해졌으며, 회계투명성 등에는 상당히 기여했다. 하지만 정부회계정보가 어떠한 측면에서 유용한지 그 유용성에 관해 강한 의문을 제기하기도 한다. 문제는 정부회계정보(결산서)가 극히 일부의 예산과정에 활용되고 있으며, 다양한 표를 활용하여 국민에게 공시되지만 정보이용자의 관심이 그리 높지 않다. 회계정보의 유용성 강화에 더욱 초점을 맞추어야 할 것이다.

2012년부터 공인회계사 시험에 정부회계 문제가 출제되기 시작하면서 정부회계에 관한 회계전문가 집단의 관심이 늘어나고 있다. 최근에는 정부회계 출제 문제를 더 늘려야 한다(5문제에서 10문제로)는 주장이 늘고 있다. 또한, 2016년에는 지방재정법에서 하위 장에 규정된 결산 및 회계관련 부분이 별도로 분리되어 지방회계법과 그 시행령으로 분법 제정되었다. 국가회계예규는 일반유형자산 회계처리지침 등을 포함하여 일부 내용이 개정되었다.

이 책은 연세대학교 경영학과 학생을 대상으로 강의했던 "정부회계와 재정통계"의 산물이다. 저자는 집필과정에서 재무제표가 단순히 숫자 나열식의 표가 아니라는 점을 상기시키는 데 주안을 두었다. 즉, 재무제표의 숫자(정부회계정보)가 국제기준(IMF 등)의 재정통계작성시 근원(source)자료임을 널리 알리기 위함이다. 다시 말해 회계상 거래의 결과를 집계한 재무제표가 국가결산보고서 작성에 그치는 것이 아니라 그 포괄범위(일반정부 및 공공부문)를 확대하여 국제기준의 재정통계(GFS, PSDS)를 작성하는 기초자료라는 점이다. 그래서 정부회계정보는 단순히 숫자로서 의미만 부여된 것이 아니라, 국내적으로 재무제표가 회계책임성을 모니터링할 수 있는 도구이며, 국제적으로 재정건전성 등을 비교분석할 수 있는 도구지표가 된다.

이 책은 공인회계사 1차 시험뿐만 아니라 행정고시 및 입법고시 2차시험을 대비하는 수험서로도 충분하게 활용될 수 있다. 공인회계사 시험의 경향을 파악할 수 있도록 2012년부터 2018년까지의 공인회계사 1차 시험 기출문제를 상세하게 설명하고 있으며(부록 5), 행정고시 및 입법고시 2차 기출 문제를 제시하였다(부록 6). 한 가지 유념해야 할 것은 최근 행정고시 및 입법고시 등 2차 시험문제에 '정부회계'와 '재정통계' 분야의 문제가 적잖게 출제되고 있으며, 추후 잠재적 · 지속적인 출제가 예상이 된다. 왜냐하면 최근 화두인 재정건전성이 강조되고 있는 현실을 감안해 볼 때 재정통계, 지출효율화(spending review, fiscal rule) 등은 아주 좋은 문제거리이기 때문이다. 아무쪼록 수험생들은 물론 일반독자(설명받을 권리를 가진 자, 국민)들에게 정부회계정보의 이해에 조금이나마 도움이 되길 기대한다. 끝으로 법문사 사장님과 영업부 장지훈 부장, 편집부 김용석 과장, 전산실 김명희 차장들께 깊은 감사의 마음을 전한다.

2018. 12. 25.

남산 기슭에서 저자

차 례

• 들어가며 xii
• 본서의 구성 xiv
• 국가 및 지방자치단체 재무제표 톺아보기 xvi
• 국가 및 지방회계기준 차이 톺아보기 xviii

제 1 장 정부회계 일반

제 1 절 정부회계의 기초 ···· 3
1. 개념정의 ···· 3
2. 정부회계의 목적 ···· 3
3. 정부회계정보 이용자 ···· 5
4. 정부회계관련 법령의 변천 ···· 5

제 2 절 국가재정법의 개관 ···· 7
1. 회계연도 및 회계구분 ···· 7
2. 국가재정운용계획 수립 ···· 8
3. 성과중심(성과관리체계)의 재정운용 ···· 8
4. 회계 및 기금 간 여유재원의 전입 및 전출 ···· 9
5. 예산총계주의 및 예산의 구성 ···· 9
6. 성인지 예산서의 작성 ···· 10
7. 예산안의 편성 및 예산의 집행 ···· 10
8. 예산의 전용 및 이용 ···· 11
9. 결산의 원칙 ···· 12
10. 성인지 결산서의 작성 ···· 12
11. 결산보고서 작성 및 제출, 감사원의 결산검사, 국회제출 ···· 12

제 3 절 국가회계법의 개관 ····· 13
1. 적용범위 및 원칙 ····· 13
2. 회계연도 및 사무관장, 회계책임관 및 국가회계제도심의위원회 ····· 13
3. 회계처리의 기준 ····· 14
4. 결산, 결산서 구성 및 결산서 첨부서류 ····· 14
5. 국가결산보고서 구성 ····· 15

제 4 절 지방재정법의 개관 ····· 16
1. 목적 및 기본원칙 ····· 16
2. 성과중심의 지방재정운용 ····· 16
3. 회계연도, 회계연도 독립의 원칙 및 회계의 구분 ····· 16
4. 중기지방재정계획의 수립 ····· 17
5. 예산총계주의원칙 ····· 17
6. 성인지 예산서의 작성 ····· 17
7. 예산의 내용 ····· 18
8. 예산의 목적 외 사용금지와 예산이체 ····· 19
9. 예산의 전용과 세출예산의 이월 ····· 19

제 5 절 지방회계법의 개관 ····· 19
1. 적용범위 및 지방자치단체 회계원칙 ····· 20
2. 회계연도, 출납폐쇄기한 및 출납사무 완결기한 ····· 20
3. 회계책임관 및 지방회계제도심의위원회 ····· 20
4. 회계처리의 기준 ····· 21

제 2 장 예산(현금주의)회계와 재무(발생주의)회계

제 1 절 예산회계와 재무회계의 개관 25
1. 현금주의와 발생주의 25
2. 단식부기와 복식부기 26
3. 거래(거래의 8요소), 분개, 전기 27
(1) 거래 8요소 / 27
(2) 분개의 법칙(거래 8요소) / 27
(3) 분 개 / 29
(4) 전 기 / 30
(5) 사 례 / 30

제 2 절 예산회계(현금주의)와 재무회계(발생주의)의 연계 31
1. 국가회계 32
2. 지방자치단체 회계 34
3. 회계의 순환과정 36

제 3 절 발생주의 회계의 의미 37
1. 발생주의 회계 37
(1) 발 생 / 39
(2) 이 연 / 39
2. 재무제표의 요소와 구조 40
(1) 재무제표의 구조 / 40
(2) 재무제표 요소의 인식기준 / 40
(3) 재무제표 구성요소 / 41

제 3 장 국가회계

제 1 절 국가회계의 개관 47
1. 국가회계기준의 의의 및 목적 47
2. 국가회계법령체계 47

제 2 절 적용범위 및 일반원칙 50
1. 적용범위 50
2. 일반원칙 52

제 3 절 재무제표 54
1. 재무제표의 종류 및 목적 54
2. 재무제표 작성원칙 54
3. 재정상태표 56
(1) 재정상태표 체계 / 57 (2) 재정상태표의 구성 / 59
(3) 인식기준 및 분류 / 60
4. 재정운영표 67
(1) 재정운영표의 체계 / 67
5. 순자산변동표 73
(1) 순자산변동표의 기초순자산 및 조정항목 / 74
6. 국고금회계 77
7. 수익과 비용 80
(1) 수익과 비용의 정의 / 80 (2) 수익과 비용의 인식기준 / 82
8. 기타공시 및 결산 86
(1) 필수보충정보 / 86 (2) 주석 및 부속명세서 / 91
9. 국가의 결산(중앙관서 및 국가의 통합재무제표 작성) 91
(1) 재무제표 통합절차 / 92
(2) 중앙관서의 결산(재무제표 작성) / 93
(3) 국가의 결산(재무제표 작성) / 97

제 4 장 지방자치단체회계

제 1 절 지방자치단체회계기준 107
1. 목적 및 적용대상 108

2. 회계실체 구분 ······ 109
3. 재무보고의 목적 및 일반원칙 ······ 110
4. 유형별 회계실체의 구분 ······ 111
5. 재무제표 작성원칙 ······ 111
6. 재정상태표 ······ 112
(1) 자산과 부채의 인식기준 / 114 (2) 자산의 분류 / 114
(3) 부채의 분류 / 115 (4) 순자산의 분류 / 115
(5) 자산 및 부채의 평가 / 116
7. 재정운영표 ······ 122
(1) 수익과 비용의 정의 및 인식기준 / 123
(2) 일반수익의 분류 / 126 (3) 비용의 분류 / 127
8. 현금흐름표 ······ 128
(1) 현금흐름의 구분 및 현금흐름표 작성기준 / 130
9. 순자산변동표 ······ 130
10. 기타 공시 ······ 131
(1) 주 석 / 131
(2) 필수보충정보 및 부속명세서 / 132
11. 지방자치단체 재무회계 결산 ······ 135
(1) 재무회계결산의 의의 / 135 (2) 재무회계결산의 절차 / 136
(3) 공인회계사의 검토보고 / 137
12. 지방자치단체 재무제표 분석 ······ 138

제 5 장 재정통계(Government Finance Statistics)

제 1 절 재정통계 개관 ······ 143
1. 국제기구별 재정통계 체계 ······ 143
(1) 유럽통계청(Eurostat) / 143
(2) 국제통화기금(International Monetary Fund) / 143
(3) 경제협력개발기구(OECD) / 144

(4) 국제연합무역개발회의(UNCTAD) / 145
(5) 세계은행 / 146

2. 재정통계매뉴얼의 변천 및 적용 ········· 147

제 2 절 GFS(Government Finance Statistics) ········· 148

1. 재정통계 개관 ········· 148
2. GFS 핵심재무제표 ········· 150
3. GFS 재무제표 ········· 152
(1) 정부운영보고서 / 152
(2) 현금의 원천 및 사용보고서 / 155
(3) 거래외 경제유량보고서 / 157
(4) 대차대조표(재정상태표) / 158
(5) 순자산변동보고서 / 159
(6) 명시적 우발부채와 미래사회보장급여에 대한 암묵적 순의무 요약보고서 / 160

4. GFS 재정지표를 활용한 재정분석 ········· 162
(1) GFS 체계에서 사용가능한 재정지표 / 162
(2) 추가적인 데이터를 필요로 하는 재정지표 / 166

제 3 절 PSDS(Public Sector Debt Statistics) ········· 169

1. 요약표 ········· 169
2. 세부표 ········· 171
(1) 만기 및 채무상품 유형별 총채무 / 171
(2) 표시통화 및 만기별 총채무 / 173
(3) 이자율 유형 및 표시 통화별 총채무 / 173
(4) 채권자의 거주지별 총채무 / 174

3. 부기항목표 ········· 177
4. 정부재정통계와 공공부문 부채통계의 연결 ········· 178
(1) 연 결 / 178
(2) 연결 공공부문 부채통계 / 180

5. 우리나라 공공부문 부채통계(D1, D2, D3) ········· 182
(1) 산출과정 / 182
(2) 일반정부 부채(D2) / 183

(3) 공공부문 부채(D3) / 184

제 4 절 국제기준에 근거한 재정통계 작성 및 제출 ... 187
1. COFOG ... 187
2. SOCX ... 191

제 6 장 수탁관리책임(회계책임성) / 정보공개

제 1 절 수탁관리책임 ... 197

제 2 절 정보공개 ... 198

■ 부 록 ... 201
[부록 1] 〈국가회계실체〉 중앙관서 회계 및 기금현황(2017년 결산기준) ... 203
[부록 2] 재정통계연감(GFS yearbook) 작성을 위한 템플릿 양식 ... 206
[부록 3] 회계처리지침의 주요내용 ... 227
[부록 4] 정부회계관련 법률 ... 235
[부록 5] 공인회계사_회계학, 정부회계 기출문제(2012년~2018년) ... 270
[부록 6] 입법 · 행정고시 기출문제(정부회계와 재정통계 분야) ... 294

■ 참고문헌 ... 297
■ 찾아보기 ... 299

들어가며

이 책은 "행정학, 시간의 관점에서(임도빈)"에서 제시한 팽이(top)모델에 기초하여 정부회계와 재정통계를 설명하고자 한다. 팽이는 유기체로서 하나가 되어 돌아가야 쉽게 멈추지 않는다. 어느 한 부분이라도 유기적으로 돌아가지 않으면 팽이는 곧 멈추고 만다. 팽이가 계속해서 돌아 가려면 돌아 가는 힘을 계속 유지하는 것이 매우 중요하다. 그것은 오로지 정부의 몫이다. 팽이는 축이 튼튼해야 하고, 정중앙에서 중심(pivot)을 정확히 잡고 균형감이 있어야 잘 돌아간다. 그 축이 바로 정부회계의 거래이다. 회계에서는 거래(거래 외도 거래)가 아닌 것이 없으며, 그 정보축척은 반드시 거래가 발생되어야 한다. 정확한 거래가 발생(분개 등)하지 않으면 정부회계는 흐트러지고 만다. 정부회계와 재정통계는 하나의 유기체다. 정부회계정보의 축척은 재정통계의 시작이다.

정부는 거래정보를 활용하여 재무제표를 작성하게 되는데, 그 재무제표는 개별 회계실체(국가, 지방자치단체, 비영리기관)는 물론 일반정부 및 공공부문 단위를 연결하여 통합하여 작성할 수도 있다. 정부회계를 중심에 놓고 볼 때 팽이의 측면은 다섯 가지 구성요소로 이루어져 있다. 팽이의 가장 아랫부분을 차지하는 것은 회계상 거래(거래 외 포함)이다. 그 다음은 정부회계정보이다. 여기서 정부회계정보란 다양한 회계정보를 제시하고 있는 재정운영표, 재정상태표, 순자산변동표 등을 의미한다. 다만 그 범주는 국가회계와 지방회계, 일반정부 및 공공부문 단위를 포괄한 재정통계다. 그리고 가장 윗부분은 수탁관리책임인데, 정부는 부여된 회계책임성을 담보해야 한다. 함축하면, 정부는 거래에 기초하여 정부회계정보를 축척하고, 그 회계정보를 활용하여 재무제표를 작성해야 하며, 이를 활용하여 각종 재정통계를 편제한다. 또한 정부는 국민이 부여한 권한에 상응하는 수탁관리책임(회계책임성)을 다해야 한다. 이를 그림으로 도식화하면 다음과 같다.

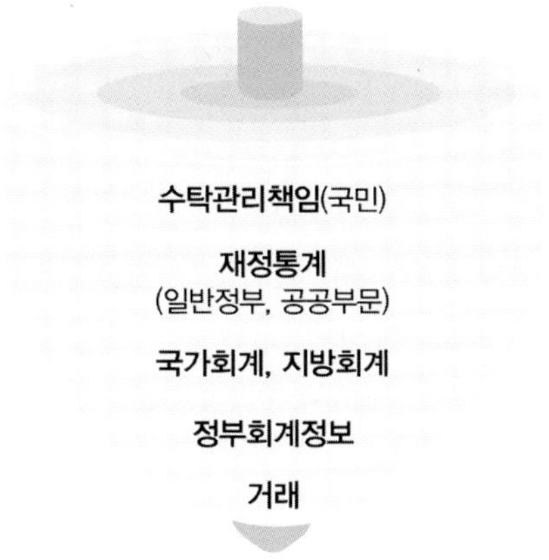
수탁관리책임(국민)
재정통계
(일반정부, 공공부문)
국가회계, 지방회계
정부회계정보
거래

본서의 구성

이제, 팽이의 윗면에서 팽이의 내부를 꿰뚫어 본다고 가정해보자. 팽이를 옆에서 보면 정부(거래, 정부회계정보, 회계실체, 재정통계)와 국민(수탁관리책임) 등 행위주체별로 구분이 가능하다. 팽이의 윗면에서 아래로 내려다 볼 때 개별로 보이는 것을 분야(또는 이슈)라 가정하고 이를 기준으로 본서의 장을 구성하였는데 그 차례는 다음과 같다.

제1장은 '정부회계의 일반'을 다룬다. 즉, 정부회계를 구성하고 있는 기본 프레임에 관해 설명한다.

제2장에서는 '예산회계와 재무회계의 개관', '거래의 8요소, 분개, 전기', '예산회계와 재무회계의 연계', '발생주의 회계의 의미' 등을 다룬다.

제3장에서는 '국가회계의 개관', '재무제표'(재정상태표, 재정운영표, 순자산변동표 등), '결산'(중앙관서 결산 및 통합결산)에 관해 논의한다.

제4장에서는 '지방자치단체회계의 개관', '재무제표'(재정상태표, 재정운영표, 현금흐름표, 순자산변동표 등), '결산'에 관해 논의한다.

제5장에서는 '국제기구별 재정통계기능', 다양한 '재정통계'(GFS, PSDS), '국제기준에 기초한 재정통계'(COFOG, SOCX 등)에 관해 논의한다.

제6장에서는 주인－대리인 이론에 기초한 '수탁관리책임'에 관해 논의하는데, 그 준거는 설명할 의무를 가진 자(정부)가 설명받을 권리를 가진 자(즉, 국민)에게 정확한 회계정보를 제공할 책무(회계책임성)를 다룬다. 아울러 다양한 정보공개시스템에 관해 설명한다.

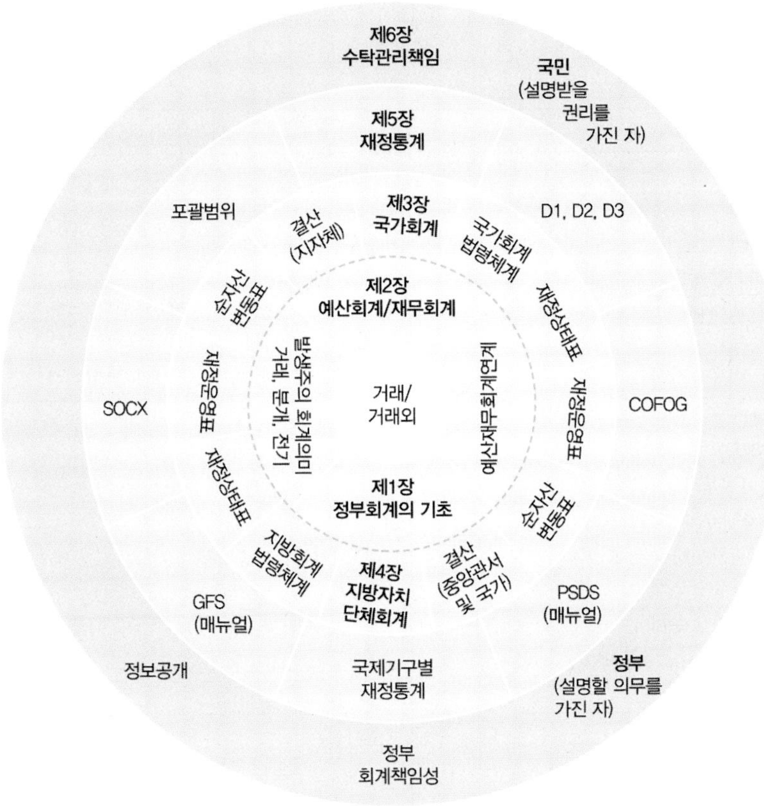
제6장
수탁관리책임
국민
(설명받을 권리를 가진 자)
제5장
재정통계
포괄범위
D1, D2, D3
제3장
국가회계
결산
(지자체)
국가회계
법령체계
제2장
예산회계/재무회계
순자산변동표
재정상태표
재정운영표
발생주의 회계의미
거래, 분개, 전기
거래/
거래외
예산재무회계연계
SOCX
COFOG
재정운영표
재정상태표
순자산변동표
제1장
정부회계의 기초
지방회계
법령체계
제4장
지방자치
단체회계
결산
(중앙관서 및 국가)
GFS
(매뉴얼)
PSDS
(매뉴얼)
정보공개
국제기구별
재정통계
정부
(설명할 의무를 가진 자)
정부
회계책임성

국가 및 지방자치단체 재무제표 톺아보기

1. 재정상태표

국가	지방자치단체
〈자산〉 Ⅰ. 유동자산 Ⅱ. 투자자산 Ⅲ. 일반유형자산 Ⅳ. 사회기반시설 Ⅴ. 무형자산 Ⅵ. 기타 비유동자산	〈자산〉 Ⅰ. 유동자산 Ⅱ. 투자자산 Ⅲ. 일반유형자산 Ⅳ. 주민편의시설 (지자체만 해당) Ⅴ. 사회기반시설 Ⅵ. 기타 비유동자산 (국가의 무형자산 포함)
〈부채〉 Ⅰ. 유동부채 Ⅱ. 장기차입부채 Ⅲ. 장기충당부채 1. 퇴직급여충당부채 2. 연금충당부채 3. 보험충당부채 4. 기타 장기충당부채 Ⅳ. 기타 비유동부채	〈부채〉 Ⅰ. 유동부채 Ⅱ. 장기차입부채 Ⅲ. 기타비유동부채 1. 퇴직급여충당부채
〈순자산〉 Ⅰ. 기본순자산 Ⅱ. 적립금 및 잉여금 Ⅲ. 순자산조정	〈순자산〉 Ⅰ. 고정순자산 Ⅱ. 특정순자산 Ⅲ. 일반순자산

큰 틀에서 국가와 지방자치단체의 재정상태표는 유사하지만 차이점에 관해 논의해보자. 자산은 지방자치단체만 주민편의시설이 존재하며, 국가의 무형자산 항목은 지방자치단체 기타비유동자산항목에 포함하고 있다. 부채는 국가와 달리 지방자치단체는 장기충당부채가 존재하지 않는다. 왜냐하면 공무원 연금은 국가에서 관할하고 있기 때문이다. 다만 지방자치단체의 경우 무기계약직 등 퇴직급여충당부채는 기타부유동부채에 포함하고 있다. 순자산은 국가와 지방자치단체가 큰 차이를 보인다. 이는 국가회계와도 다르고 재무회계와도 다르다고 할 수 있다.

고정순자산은 “일반유형자산, 주민편의시설, 사회기반시설 및 무형자산의 투자액에서 그 시설의 투자재원을 마련할 목적으로 조달한 장기차입금 및 지방채 증권 등을 뺀 금액"

특정순자산은 "채무상환목적이나 적립성 기금의 원금과 같이 그 사용목적이 특정되어 있는 재원과 관련된 순자산"

일반순자산은 "고정순자산과 특정순자산을 제외한 나머지 금액"

2. 재정운영표

국가	지방자치단체
Ⅰ. 프로그램순원가	Ⅰ. 사업순원가
Ⅱ. 관리운영비	Ⅱ. 관리운영비
Ⅲ. 비배분비용	Ⅲ. 비배분비용
Ⅳ. 비배분수익	Ⅳ. 비배분수익
Ⅴ. 재정운영순원가 (Ⅰ+Ⅱ+Ⅲ−Ⅳ)	Ⅴ. 재정운영순원가 (Ⅰ+Ⅱ+Ⅲ−Ⅳ)
Ⅵ. 비교환수익 등	Ⅵ. 일반수익
1. 부담금수익	1. 자체조달수익(지방세 등)
2. 제재금수익	2. 정부간이전수익(교부세 등)
3. 사회보험수익	3. 기타수익
4. 채무면제이익	
5. 기타비교환수익	
6. 기타재원조달및이전	
Ⅶ. 재정운영결과 (Ⅴ−Ⅵ)	Ⅶ. 재정운영결과 (Ⅴ−Ⅵ)

차이점에 관해 간략히 언급하면 국가의 경우 프로그램순원가, 비교환수익을 활용하는데 지방은 동일한 항목을 사업순원가, 일반수익을 활용하고 있다.

3. 순자산변동표

국가	지방자치단체
Ⅰ. 기초순자산	Ⅰ. 기초순자산
Ⅱ. 재정운영결과	Ⅱ. 재정운영결과
Ⅲ. 조정항목	Ⅲ. 순자산의 증가
	Ⅳ. 순자산의 감소
Ⅳ. 기말순자산 (Ⅰ−Ⅱ+Ⅲ)	Ⅴ. 기말순자산 (Ⅰ−Ⅱ+Ⅲ)

큰 차이점은 지방자치단체의 경우 관리전환이나 기부채납등으로 생긴 순자산의 증가는 수익으로 인식하지 않고, 순자산변동표에 표시한다. 반대로 국가의 경우 기부채납은 수익으로 인식하고 있다.

국가 및 지방회계기준 차이 톺아보기

국가회계기준	지방회계기준
제32조(자산의 평가기준) ① 재정상태표에 표시하는 자산의 가액은 해당 자산의 취득원가를 기초로 하여 계상(計上). 다만, 무주부동산의 취득, 국가 외의 상대방과의 교환 또는 기부채납 등의 방법으로 자산을 취득한 경우에는 취득 당시의 공정가액을 취득원가로 한다. ② 관리전환은 무상거래일 경우에는 자산의 장부가액을 취득원가로 하고, 유상거래일 경우에는 자산의 공정가액을 취득원가로 한다. ③ 재정상태표에 표시하는 자산은 자산의 물리적인 손상 또는 시장가치의 급격한 하락 등으로 해당 자산의 회수가능가액이 장부가액에 미달하고 그 미달액이 중요한 경우에는 장부가액에서 직접 빼서 회수가능가액으로 조정하고, 장부가액과 회수가능가액의 차액을 그 자산에 대한 감액손실의 과목으로 재정운영순원가에 반영하며 감액명세를 주석으로 표시한다. 다만, 감액한 자산의 회수가능가액이 차기 이후에 해당 자산이 감액되지 아니하였을 경우의 장부가액 이상으로 회복되는 경우에는 그 장부가액을 한도로 하여 그 자산에 대한 감액손실환입 과목으로 재정운영순원가에 반영한다.	**제45조(자산의 평가기준)** ① 재정상태표에 기록하는 자산의 가액은 해당 자산의 취득원가를 기초로 하여 계상함을 원칙으로 한다. 다만, 교환, 기부채납, 관리전환, 그 밖에 무상으로 취득한 자산의 가액은 공정가액을 취득원가로 한다. ※ 무주부동산 없음 ② 재정상태표에 기재하는 자산은 자산의 진부화, 물리적인 손상 및 시장가치의 급격한 하락 등의 원인으로 인하여 해당 자산의 회수가능가액이 장부가액에 미달하고 그 미달액이 중요한 경우에는 이를 장부가액에서 직접 차감하여 회수가능가액으로 조정하고 감액내역을 주석(註釋)으로 공시한다. 이 경우 회수가능가액은 해당 자산의 순 실현가능액과 사용가치 중 큰 금액으로 한다. ※ 감액손실 규정만 있고 환입규정 없음
제35조(재고자산의 평가) ② 재고자산은 제조원가 또는 매입가액에 부대비용을 더한 금액을 취득원가로 하고 품목별로 선입선출법(先入先出法)을 적용하여 평가한다. 다만, 실물흐름과 원가산정 방법 등에 비추어 다른 방법을 적용하는 것이 보다 합리적이라고 인정되는 경우에는 개별법, 이동평균법 등을 적용하고 그 내용을 주석으로 표시한다. ④ 재고자산의 시가(時價)가 취득원가보다 낮은 경우에는 시가를 재정상태표 가액(저가법)으로 한다. 이 경우 원재료 외의 재고자산의 시가는 순실현가능가액을 말하며, 생산과정에 투입될 원재료의 시가는 현재 시점에서 매입하거나 재생산하는 데 드는 현행대체원가를 말한다.	**제47조(재고자산의 평가)** 재고자산은 구입가액에 부대비용을 더하고 이에 선입선출법을 적용하여 산정한 가액을 취득원가로 한다. 다만, 실물흐름과 원가산정방법 등에 비추어 다른 방법을 적용하는 것이 보다 합리적이라고 인정되는 경우에는 개별법, 이동평균법 등을 적용하고 그 내용을 주석(註釋)으로 공시한다. ※ 저가법 없음

제33조(유가증권의 평가) ① 유가증권은 매입가액에 부대비용을 더하고 종목별로 총평균법 등을 적용하여 산정한 가액을 취득원가로 한다. ② 유가증권은 자산의 분류기준에 따라 단기투자증권과 장기투자증권으로 구분한다. ③ 채무증권은 상각후취득원가로 평가하고 지분증권과 기타 장기투자증권 및 기타 단기투자증권은 취득원가로 평가한다. 다만, 투자목적의 장기투자증권 또는 단기투자증권인 경우에는 재정상태표일 현재 신뢰성 있게 공정가액을 측정할 수 있으면 그 공정가액으로 평가하며, 장부가액과 공정가액의 차이금액은 순자산변동표에 조정항목으로 표시한다. ④ 유가증권의 회수가능가액이 장부가액 미만으로 하락하고 그 하락이 장기간 계속되어 회복될 가능성이 없을 경우에는 장부가액과의 차액을 감액손실로 인식하고 재정운영순원가에 반영한다.	**제48조(장기투자증권의 평가)** 장기투자증권은 매입가격에 부대비용을 더하고 이에 종목별로 총평균법을 적용하여 산정한 취득원가로 평가함을 원칙으로 한다. ※ 단기투자증권 분류 안됨(투자목적) ※ 공정가액평가 불인정 ※ 채무증권의 상각후 취득원가 불인정 ※ 감액손실은 재무회계운영규정에 따로 규정
제37조(일반유형자산의 평가) ① 일반유형자산은 해당 자산의 건설원가 또는 매입가액에 부대비용을 더한 금액을 취득원가로 하고, 객관적이고 합리적인 방법으로 추정한 기간에 정액법(定額法) 등을 적용하여 감가상각한다.	**제49조(일반유형자산과 주민편의시설의 평가)** ② 일반유형자산과 주민편의시설 중 상각대상자산에 대한 감가상각은 정액법을 원칙으로 한다.
제38조(사회기반시설의 평가) ① 사회기반시설의 평가에 관하여는 제37조를 준용한다. 이 경우 감가상각은 건물, 구축물 등 세부 구성요소별로 감가상각한다. ② 제1항에도 불구하고 사회기반시설 중 관리·유지 노력에 따라 취득 당시의 용역 잠재력을 그대로 유지할 수 있는 시설에 대해서는 감가상각하지 아니하고 관리·유지에 투입되는 비용으로 감가상각비용을 대체할 수 있다. 다만, 효율적인 사회기반시설 관리시스템으로 사회기반시설의 용역 잠재력이 취득 당시와 같은 수준으로 유지된다는 것이 객관적으로 증명되는 경우로 한정한다.	**제50조(사회기반시설의 평가)** ① 사회기반시설의 평가에 관하여는 제49조의 규정을 준용한다.(정액법) ② 사회기반시설 중 유지보수를 통하여 현상이 유지되는 도로, 도시철도, 하천부속시설 등은 감가상각 대상에서 제외할 수 있으며, 유지보수에 투입되는 비용과 감가상각을 하지 아니한 이유를 주석(註釋)으로 공시한다.
제46조(채권·채무의 현재가치에 따른 평가) ① 장기연불조건의 거래, 장기금전대차거래 또는 이와 유사한 거래에서 발생하는 채권·채무로서 명목가액과 현재가치의 차이가 중요한 경우에는 현재가치로 평가한다. ② 제1항에 따른 현재가치 가액은 해당 채권·채무로 미래에 받거나 지급할 총금액을 해당 거래의 유효이자율(유효이자율을 확인하기 어려운 경우에는 유사한 조건의 국채 유통수익률을 말함)로 할인한 가액으로 한다.	**제56조(채권·채무의 현재가치에 따른 평가)** ② 적절한 할인율은 당해 거래의 유효이자율을 적용한다. 다만, 당해 거래의 유효이자율을 확인하기 어려운 경우에는 유사한 조건의 국채수익률을 적용한다. ※ 국가와 동일

Government Accounting & Finance Statistics

제1장

정부회계 일반

제1절 정부회계의 기초
제2절 국가재정법의 개관
제3절 국가회계법의 개관
제4절 지방재정법의 개관
제5절 지방회계법의 개관

Government Accounting & Finance Statistics

제1절 정부회계의 기초

1. 개념정의

회계는 회계정보이용자가 의사결정을 하는 데 도움을 주기 위해 경제적 실체와 관련된 정보를 식별하고 측정하여 보고하는 과정으로 정의할 수 있다. 지난 100년간 주로 기업과 관련된 회계(기업회계)를 중심으로 회계이론이 발전되어 왔다. 나라마다 다소 차이는 존재하지만 대부분 국가들이 기업의 재무상태와 경영성과를 적정하게 보고하기 위해 회계기준을 제정하여 적용해 왔다. 2000년대 들어서는 국가간 재무제표의 비교가능성을 높이기 위해 국제회계기준(IFRS)을 자국의 회계기준으로 활용하기에 이르렀다(우리나라, K-IFRS, 국가회계기준, 지방자치단체 회계기준 등). 정부회계는 비교적 최근에 기업회계를 정부부문에 투사하여 도입된 회계기준으로 기업회계와 비교해볼 때 회계정보이용자는 물론 정책결정자에게 유용성을 담보하고 있지 못하다는 비판을 받고 있다. 나라마다 차이가 있지만 정부회계가 예산회계에 더 초점을 맞추고 있기 때문에 재무회계는 상대적으로 덜 중시되고 있다. 우리나라는 공식적으로 2011년(지방자치단체 2007년)에 기업회계원리를 정부부문에 도입하기 위해 법규와 회계기준을 제정함으로써 재무회계관점에서 정부회계정보를 산출하고 있다. 이제 정부회계의 범주를 알아보자. 정부회계는 크게 국가회계(중앙정부를 의미)와 지방자치단체회계, 공공부문 단위로 포괄범위를 확장할 수 있다.

2. 정부회계의 목적

정부회계의 목적은 정부의 재정활동에 이해관계를 가진 정보이용자가 그 내용을 파악하고 합리적 의사결정을 하는 데 유용한 정보를 제공하는 것이다. 특히 재무제표 등은 정부가 적절하게 재정을 운영하였는지 평가하는 데 필요한 정보를 제공해야 한다. 정부회계의 목적은 국가회계법 제1조와 제4조에 언급하고 있다. 국가회계법 제1조(목적)에서는 "국가회계와 이와 관계되는 기본적인 사항을 정하여 국가회계를 투명하게 처리하고, 재정에 관한 유용하고 적정한 정보를 생산·제공하는 것을 목적으로 한다"라고 규정하고 있고, 동법 제4조(국가회계의 원칙)에서는 "국가회계는 신뢰할 수 있도록 객관적인 자료와 증빙에 의하여 공정하게 처리되어야 하고, 재정활동의 내용과 그 성과를 쉽게 파악할 수 있도록 충분한 정보를 제공하고, 간단 · 명료하게 처리되어야 한다"라고 규정하고 있다. 지방회계법 제1조(목적)에서도 "지방자치단체의 회계 및 자금관리에 관한 기본적인 사항을 정하여 지방자치단체의 회계를 투명하게 처리하고, 자금을 효율적으로 관리하도록 하는 것을 목적으로 한다"라고 규정하고 있다. 또한 '국가회계기준에 관한 규칙 및 지방자치단체회계기준에 관한 규칙'에서도 목적을 규정하고 있는데 다음과 같다.

표 1-1 재무제표 및 재무보고의 목적

국가회계기준에 관한 규칙	지방자치단체 회계기준에 관한 규칙
제5조(재무제표와 부속서류) ③ 재무제표는 국가의 재정활동에 직접적 또는 간접적으로 이해관계를 갖는 정보이용자가 국가의 재정활동 내용을 파악하고, 합리적으로 의사결정을 할 수 있도록 유용한 정보를 제공하는 것을 목적으로 한다. ④ 재무제표는 국가가 공공회계책임을 적절히 이행하였는지를 평가하는 데 필요한 다음 각 호의 정보를 제공하여야 한다. 1. 국가의 재정상태 및 그 변동과 재정운영결과에 관한 정보 2. 국가사업의 목적을 능률적, 효과적으로 달성하였는 지에 관한 정보 3. 예산과 그 밖에 관련 법규의 준수에 관한 정보	제4조(재무보고의 목적) ① 재무보고는 지방자치단체와 직간접적 이해관계가 있는 정보이용자가 재정활동 내용을 파악하여 합리적인 의사결정을 하는 데에 유용한 정보를 제공하는 것을 목적으로 한다. ② 재무보고는 지방자치단체가 공공회계책임을 적절히 이행하였는가 여부를 평가하는 데에 필요한 다음 각호의 정보를 제공하여야 한다. 1. 재정상태 · 재정운영성과 · 현금흐름 및 순자산 변동에 관한 정보 2. 당기(當期)의 수입이 당기(當期)의 서비스를 제공하기에 충분하였는지 또는 미래의 납세자가 과거에 제공된 서비스에 대한 부담을 지게 되는지에 대한 기간간 형평성에 관한 정보 3. 예산과 그 밖의 관련 법규의 준수에 관한 정보

<표 1-1>에서 설명하고 있는 바와 같이, 정부회계는 의사결정에 유용한 정보를 제공할 수 있어야 하며, 공공회계책임을 적절히 이행하였는지 그 여부를 평가할 수 있는 정보를 제공할 수 있어야 한다. 다만 "의사결정에 유용한 정보제공"은 다소 추상적인 개념이다. 왜냐하면 의사결정에 유용한 정보제공에 따른 이해관

계자는 내·외부 정보이용자로 그 범위를 한정할 수 없으며, 그 수요가 다양할 뿐 아니라 국민 대다수가 정부재정활동에 직·간접적인 이해관계가 있기 때문이다. 따라서 정부회계는 공공회계책임 이행여부로 평가하는 것이 더 타당하다고 할 수 있다. 다만 국가회계기준에 관한 규칙 및 지방자치단체 회계기준에 관한 규칙에서도 규정하고 있듯이, 정부회계는 기업회계와는 달리 예산 및 그 밖에 관련 법규의 준수에 관한 정보를 제공하고 있다. 왜냐하면 정부재정활동은 세금 등에 기초한 예산이 뒷받침되어야 하고, 이러한 활동은 법규에 따라 집행되기 때문이다.

3. 정부회계정보 이용자

정부회계정보 이용자는 크게 내부정보이용자와 외부정보이용자로 구분할 수 있다. 공무원 등 내부정보이용자는 정책결정시 유용한 기초자료로 활용할 수 있다. 정책결정시 다양한 정부회계정보(재무제표 등)를 활용할 수 있고, 재정관리시스템(중앙정부, dBrain)의 내부 모듈에는 OLAP(On-Line Analytical Processing)과 EIS (Executive Information System)의 기초자료를 활용할 수 있다. 외부정보이용자는 국회 등(결산검사), 국민(납세자 및 유권자), 투자자 등이다. 우선 국회(지방의회 포함)는 승인한 예산(t-1)을 결산검사(t+1)를 통하여 예산집행의 효과성 등을 평가하고, 아울러 법규준수 여부 등을 평가하며 차기년도 예산편성에 반영하게 된다. 따라서 정부회계는 이러한 다양한 목적을 달성하기 위해 국회에 정보를 제공하고 있다. 아울러 일반국민은 납세자로서 정부재정활동의 적법성 등을 평가할 수 있고, 또한 자신이 선출한 공직자를 평가할 수 있으며, 궁극적으로는 국민의 알권리 충족차원에서 정부회계정보가 제공되어야 한다. 이는 수탁관리책임 관점에서 볼 때 국민은 '설명받을 권리를 가진 자'이며, 정부는 '설명할 의무를 가진 자'이다. 정부도 민간기업(주식 및 기업채)과 같이 채권(국채 또는 지방채)투자를 하게 되는데, 투자자의 입장에서 정부회계정보는 자신이 취득한 채권이 미래에 원리금 수취가 가능한지 파악하기 위해 활용된다.

4. 정부회계관련 법령의 변천

1951년 우리나라는 재정의 근간이 되는 「재정법」을 제정한 이래 1961년 재정법을 대체하는 「예산회계법」을 제정하였으며, 1963년에는 「지방재정법」을 제정하였다. 다만 이러한 법률은 주로 예산회계에 기초한 현금주의 단식부기를 근간으로 하였다. 1990년대 들어 시민단체는 물론 학계에서 발생주의 복식부기로의 회계개혁이 필요하다는 공감대가 형성되었으며, 외환위기 이후 회계정보의 투명성이 강조되는 가운데 2006년 발생주의 복식부기 회계제도가 전면도입되게 된다.

이후 발생주의 복식부기 회계기준의 도입을 뒷받침하기 위해 중앙정부는 종래 「예산회계법」을 대체하여 「국가재정법」, 「국가회계법」을 2006년, 2007년에 각각 제정하였다. 또한 2009년 국가회계법에 근거하여 「국가회계기준에 관한 규칙」을 제정하여 2009회계연도 국가결산보고서에 발생주의 복식부기방식에 의한 재무제표가 포함되기 시작하였으며, 2011회계연도부터 재무제표를 국회에 제출하기 시작하였다.

한편, 지방자치단체는 1999년 행정자치부가 발생주의 복식부기 회계도입을 구체화하면서 부천시와 강남구 등을 시범기관으로 선정하였으며, 2004년부터 예산회계와 재무회계를 통합하는 재정관리시스템 개발에 착수하였다. 2005년에는 지방재정법을 개정하여 발생주의 복식부기회계기준의 도입을 위한 법적 근거를 마련하였으며, 이에 근거하여 2006년 「지방자치단체 회계기준에 관한 규칙」을 제정하여 2007회계연도부터 발생주의 복식부기방식에 의한 재무제표가 작성되기 시작하였다. 2011년에는 국가회계기준에 관한 규칙 일부를 개정하였고, 2014년에는 지방재정법 및 동법 시행령, 지방자치단체 회계기준에 관한 규칙을 일부 개정하여 두 회계기준 간 용어 등의 불일치를 해소하였다. 2016년에는 지방재정법 및 동법 시행령에 규정되던 지방회계관련 부분을 별도의 「지방회계법」 및 「지방회계법 시행령」으로 제정하였다. 이러한 법률에 기초하여 중앙정부차원에서는 국가회계사무를 보조하기 위해 사무국 형태의 국가회계재정통계센터(2014년, 한국조세재정연구원 산하), 지방회계사무를 보조하기 위해 사무국 형태의 지방회계통계센터(2017년, 한국지방재정공제회 산하)를 설치하였다. 설치의 법적 근거는 국가회계재정통계센터는 국가회계법 제11조, 지방회계통계센터는 지방회계법 제13조이며, 이는 회계기준 제정 등 전문성을 제고하기 위함이다. 현행 두 센터의 조직구성에 관해 알아보면 다음과 같다.

(2018년 10월 1일 기준)

국가회계재정통계센터(3팀)	지방회계통계센터(2팀)
국가회계팀(10명): 국가회계기준의 제정 및 개정, 국가회계제도 연구, 국가재무결산지원 재정통계팀(10명): 재정통계산출, 공공기관결산지원, 연구 및 분석 결산교육팀(5명): 재무결산교육	연구기획부(5명): 지방회계관련 연구 통계관리부(4명): 재정통계산출

아울러 국가와 지방자치단체의 두 회계기준(「국가회계기준에 관한 규칙」과 「지방자치단체 회계기준에 관한 규칙」)은 조문형식으로 규정하고 있기 때문에 모든 회계처리 방법을 망라할 수 없다. 따라서 국가는 국가회계예규를 비롯한 준칙과 지침 등을 추가로 제정하여 실무에 활용하고 있다.

제2절 국가재정법의 개관

국가재정법은 "국가의 예산·기금·결산·성과관리 및 국가채무 등 재정에 관한 사항을 정함으로써 효율적이고 성과 지향적이며 투명한 재정운용과 건전재정의 기틀을 확립하는 것을 목적으로" 제정된 법률로 총칙, 예산, 결산, 기금, 재정건전화, 보칙 및 벌칙으로 구성되어 있다. 다만 본 절은 정부회계와 관련된 총칙, 예산 및 결산의 일부 내용을 소개한다.

1. 회계연도 및 회계구분

국가의 회계연도는 매년 1월 1일에 시작하여 12월 31일에 종료한다(회계연도). 각 회계연도의 경비는 그 연도의 세입 또는 수입으로 충당하여야 한다(회계연도 독립의 원칙). 국가의 회계는 일반회계와 특별회계로 구분한다. 일반회계는 조세수입 등을 주요 세입으로 하여 국가의 일반적인 세출에 충당하기 위하여 설치한다. 특별회계는 국가에서 특정한 사업을 운영하고자 할 때, 특정한 자금을 보유하여 운용하고자 할 때, 특정한 세입으로 특정한 세출에 충당함으로써 일반회계와 구분하여 회계처리할 필요가 있을 때에 법률로써 설치하되, 규정된 법률에 의하지 아니하고는 이를 설치할 수 없다. 기금은 국가가 특정한 목적을 위하여 특정한 자금을 신축적으로 운용할 필요가 있을 때에 한하여 법률로써 설치하되, 정부의 출연금 또는 법률에 따른 민간부담금을 재원으로 하는 기금은 규정된 법률에 의하지 아니하고는 이를 설치할 수 없다. 기금은 세입세출예산에 의하지 아니하고 운용할 수 있다.

2. 국가재정운용계획 수립

정부는 재정운용의 효율화와 건전화를 위하여 매년 당해 회계연도부터 5회계연도 이상의 기간에 대한 "국가재정운용계획"을 수립하여 회계연도 개시 120일 전까지 국회에 제출하여야 하며, 국가재정운용계획에는 다음 각 호의 사항이 포함되어야 하며(1. 재정운용의 기본방향과 목표, 2. 중・장기 재정전망 및 그 근거, 3. 분야별 재원배분계획 및 투자방향, 4. 재정규모증가율 및 그 근거, 4의2. 의무지출(재정지출 중 법률에 따라 지출의무가 발생하고 법령에 따라 지출규모가 결정되는 법정지출 및 이자지출을 말하며, 그 구체적인 범위는 대통령령으로 정한다)의 증가율 및 산출내역, 4의3. 재량지출(재정지출에서 의무지출을 제외한 지출을 말한다)의 증가율에 대한 분야별 전망과 근거 및 관리계획, 4의4. 세입・세외수입・기금수입 등 재정수입의 증가율 및 그 근거, 5. 조세부담률 및 국민부담률 전망, 6. 통합재정수지에 대한 전망과 근거 및 관리계획, 8. 그 밖에 대통령령이 정하는 사항), 국회에 제출하는 국가재정운용계획에는 다음 각 호의 서류를 첨부하여야 한다(1. 전년도에 수립한 국가재정운용계획 대비 변동사항, 변동요인 및 관리계획 등에 대한 평가・분석보고서, 2. 제73조의3에 따른 중장기 기금재정관리계획, 3. 제91조에 따른 국가채무관리계획, 4. 「국세기본법」 제20조의2에 따른 중장기 조세정책운용계획).

3. 성과중심(성과관리체계)의 재정운용

각 중앙관서의 장과 법률에 따라 기금을 관리・운용하는 자("기금관리주체"라 한다)는 재정활동의 성과관리체계를 구축하여야 한다. 각 중앙관서의 장은 예산요구서를 제출할 때에 다음 연도 예산의 성과계획서 및 전년도 예산의 성과보고서(「국가회계법」 제14조 제4호에 따른 성과보고서)를 기획재정부장관에게 함께 제출하여야 하며, 기금관리주체는 기금운용계획안을 제출할 때에 다음 연도 기금의 성과계획서 및 전년도 기금의 성과보고서를 기획재정부장관에게 함께 제출하여야 한다. 각 중앙관서의 장과 기금관리주체는 「국가회계법」에서 정하는 바에 따라 예산 및 기금의 성과보고서를 작성하여야 한다. 기획재정부장관은 성과계획서 등에 관한 지침을 작성하여 각 중앙관서의 장과 기금관리주체에게 각각 통보하여야 한다.

ref 성과계획서는 예산상계획서이며, 성과보고서는 결산상보고서이다.

4. 회계 및 기금 간 여유재원의 전입 및 전출

정부는 국가재정의 효율적 운용을 위하여 필요한 경우에는 다른 법률의 규정에 불구하고 회계 및 기금의 목적 수행에 지장을 초래하지 아니하는 범위 안에서 회계와 기금 간 또는 회계 및 기금 상호 간에 여유재원을 전입 또는 전출하여 통합적으로 활용할 수 있다.

5. 예산총계주의 및 예산의 구성

한 회계연도의 모든 수입을 세입으로 하고, 모든 지출을 세출로 한다. 제53조[1]에 규정된 사항을 제외하고는 세입과 세출은 모두 예산에 계상하여야 한다(예산총계주의). 예산은 예산총칙 · 세입세출예산 · 계속비 · 명시이월비 및 국고채무부담행위를 총칭하며(예산의 구성), 그 내용은 다음과 같다.

1) ① 각 중앙관서의 장은 용역 또는 시설을 제공하여 발생하는 수입과 관련되는 경비로서 대통령령이 정하는 경비(이하 "수입대체경비"라 한다)에 있어 수입이 예산을 초과하거나 초과할 것이 예상되는 때에는 그 초과수입을 대통령령이 정하는 바에 따라 그 초과수입에 직접 관련되는 경비 및 이에 수반되는 경비에 초과지출할 수 있다.
② 국가가 현물로 출자하는 경우와 외국차관을 도입하여 전대(轉貸)하는 경우에는 이를 세입세출예산 외로 처리할 수 있다.
③ 차관물자대(借款物資貸)의 경우 전년도 인출예정분의 부득이한 이월 또는 환율 및 금리의 변동으로 인하여 세입이 그 세입예산을 초과하게 되는 때에는 그 세출예산을 초과하여 지출할 수 있다.
④ 전대차관을 상환하는 경우 환율 및 금리의 변동, 기한 전 상환으로 인하여 원리금 상환액이 그 세출예산을 초과하게 되는 때에는 초과한 범위 안에서 그 세출예산을 초과하여 지출할 수 있다.

구 분	내 용
예산총칙	예산총칙에는 세입세출예산 · 계속비 · 명시이월비 및 국고채무부담행위에 관한 총괄적 규정을 둔다.
세입세출예산 / 예비비	세입세출예산은 필요한 때에는 계정으로 구분할 수 있고, 독립기관 및 중앙관서의 소관별로 구분한 후 소관 내에서 일반회계 · 특별회계로 구분한다. 정부는 예측할 수 없는 예산 외의 지출 또는 예산초과지출에 충당하기 위하여 일반회계 예산총액의 100분의 1 이내의 금액을 예비비로 세입세출예산에 계상할 수 있다. 다만, 예산총칙 등에 따라 미리 사용목적을 지정해 놓은 예비비는 본문의 규정에 불구하고 별도로 세입세출예산에 계상할 수 있다.
계속비	완성에 수년도를 요하는 공사나 제조 및 연구개발사업은 그 경비의 총액과 연부액(年賦額)을 정하여 미리 국회의 의결을 얻은 범위 안에서 수년도에 걸쳐서 지출할 수 있다. 이 경우, 국가가 지출할 수 있는 연한은 그 회계연도부터 5년 이내로 하되, 사업규모 및 국가재원 여건상 필요한 경우에는 예외적으로 10년 이내로 할 수 있다.
명시이월비	세출예산 중 경비의 성질상 연도 내에 지출을 끝내지 못할 것이 예측되는 때에는 그 취지를 세입세출예산에 명시하여 미리 국회의 승인을 얻은 후 다음 연도에 이월하여 사용할 수 있다.
국가채무부담행위	국가는 법률에 따른 것과 세출예산금액 또는 계속비의 총액의 범위 안의 것 외에 채무를 부담하는 행위를 하는 때에는 미리 예산으로써 국회의 의결을 얻어야 한다.

6. 성인지 예산서의 작성

정부는 예산이 여성과 남성에게 미칠 영향을 미리 분석한 보고서["성인지(性認知) 예산서"]를 작성하여야 한다. 성인지 예산서에는 성평등 기대효과, 성과목표, 성별 수혜분석 등을 포함하여야 한다.

7. 예산안의 편성 및 예산의 집행

각 중앙관서의 장은 제29조의 규정에 따른 예산안편성지침에 따라 그 소관에 속하는 다음 연도의 세입세출예산 · 계속비 · 명시이월비 및 국고채무부담행위 요구서("예산요구서")를 작성하여 매년 5월 31일까지 기획재정부장관에게 제출하여야 한다. 기획재정부장관은 예산요구서에 따라 예산안을 편성하여 국무회의의 심의를 거친 후 대통령의 승인을 얻어야 한다. 정부는 대통령의 승인을 얻은 예산안을 회계연도 개시 120일 전까지 국회에 제출하여야 한다.

예산안 첨부서류는 다음과 같다(세입세출예산 총계표 및 순계표; 세입세출예산사업별 설명서; 계속비에 관한 전년도말까지의 지출액 또는 지출추정액, 당해 연도 이후의 지출예정액과 사업전체의 계획 및 그 진행상황에 관한 명세서; 총사업비 관리대상 사업의 사업별 개요, 전년도 대비 총사업비 증감 내역과 증감 사유, 해당 연도까지의 연부액 및 해당 연도 이후의 지출예정액; 국고채무부담행위 설명서; 국고채무부담행위로서 다음 연도 이후에 걸치는 것에 있어서는 전년도말까지의 지출액 또는 지출추정액과 당해 연도 이후의 지출예정액에 관한 명세서; 완성에 2년 이상이 소요되는 사업으로서 대통령령으로 정하는 대규모 사업의 국고채무부담행위 총규모; 예산정원표와 예산안편성기준단가; 국유재산의 전전년도말에 있어서의 현재액과 전년도말과 당해 연도말에 있어서의 현재액 추정에 관한 명세서; 성과계획서; 성인지 예산서; 「조세특례제한법」에 따른 조세지출예산서; 독립기관의 세출예산요구액을 감액하거나 감사원의 세출예산요구액을 감액한 때에는 그 규모 및 이유와 감액에 대한 당해 기관의 장의 의견; 회계와 기금 간 또는 회계 상호 간 여유재원의 전입·전출 명세서 그 밖에 재정의 상황과 예산안의 내용을 명백히 할 수 있는 서류; 「국유재산특례제한법」에 따른 국유재산특례지출예산서; 예비타당성조사를 실시하지 아니한 사업의 내역 및 사유; 지방자치단체 국고보조사업 예산안에 따른 분야별 총 대응지방비 소요 추계서).

8. 예산의 전용 및 이용

각 중앙관서의 장은 예산의 목적범위 안에서 재원의 효율적 활용을 위하여 대통령령이 정하는 바에 따라 기획재정부장관의 승인을 얻어 각 세항 또는 목의 금액을 전용할 수 있다(예산의 전용). 그러나 각 중앙관서의 장은 예산이 정한 각 기관 간 또는 각 장·관·항 간에 상호 이용(移用)할 수 없다. 다만, 다음 각 호의 어느 하나에 해당하는 경우에 한정하여 미리 예산으로써 국회의 의결을 얻은 때에는 기획재정부장관의 승인을 얻어 이용하거나 기획재정부장관이 위임하는 범위 안에서 자체적으로 이용할 수 있다(예산의 이용).

또한 매 회계연도의 세출예산은 다음 연도에 이월하여 사용할 수 없다. 그러나 명시이월비, 연도 내에 지출원인행위를 하고 불가피한 사유로 인하여 연도 내에 지출하지 못한 경비 등은 다음회계연도에 이월하여 사용할 수 있다(세출예산의 이월) 다만 지출원인행위를 하고 연도 내 지출하지 못한 경비는 재이월할 수 없다.

ref 전용 및 이용

예산의 전용은 예산집행상의 필요에 의하여 각 중앙관서의 장이 기획재정부장관의 개별적 승인 또는 미리 정한 범위 안에서 각 세항 또는 목간의 금액을 서로 융통하는 것이다. 비목전용(費目轉用) 또는 예산의 피차전용이라고도 한다. 예산의 이용은 예산집행상 필요에 의하여 미리 예산으로써 국회의 의결을 얻은 경우에 예산이 정한 각 기관간, 각 장·관·항간의 금액을 기획재정부장관의 승인을 받아 서로 융통하는 것이다(daum.net).

9. 결산의 원칙

정부는 결산이 「국가회계법」에 따라 재정에 관한 유용하고 적정한 정보를 제공할 수 있도록 객관적인 자료와 증거에 따라 공정하게 이루어지게 하여야 한다.

10. 성인지 결산서의 작성

정부는 여성과 남성이 동등하게 예산의 수혜를 받고 예산이 성차별을 개선하는 방향으로 집행되었는지를 평가하는 "성인지 결산서"를 작성하여야 한다. 성인지 결산서에는 집행실적, 성평등 효과분석 및 평가 등을 포함하여야 한다.

11. 결산보고서 작성 및 제출, 감사원의 결산검사, 국회제출

각 중앙관서의 장은 「국가회계법」에서 정하는 바에 따라 회계연도마다 작성한 중앙관서결산보고서를 다음 연도 2월 말일까지 기획재정부장관에게 제출하여야 한다. 국회의 사무총장, 법원행정처장, 헌법재판소의 사무처장 및 중앙선거관리위원회의 사무총장은 회계연도마다 예비금사용명세서를 작성하여 다음 연도 2월말까지 기획재정부장관에게 제출하여야 한다. 기획재정부장관은 「국가회계법」에서 정하는 바에 따라 회계연도마다 작성하여 대통령의 승인을 받은 국가결산보고서를 다음 연도 4월 10일까지 감사원에 제출하여야 한다. 감사원은 제출된 국가결산보고서를 검사하고 그 보고서를 다음 연도 5월 20일까지 기획재정부장관에게 송부하여야 한다. 정부는 감사원의 검사를 거친 국가결산보고서를 다음 연도 5월 31일까지 국회에 제출하여야 한다. 그 절차와 일정을 도식화하면 다음과 같다.

표 1-2 결산보고서의 제출 절차

구 분(제출기한)	내 용
중앙관서결산보고서의 기재부제출 (2월말)	각 중앙관서의 장은 국가회계법에서 정하는 바에 따라 회계연도마다 작성한 중앙관서결산보고서를 다음 연도 2월 말일까지 기획재정부장관에게 제출
국가결산보고서의 감사원 제출 (4월 10일)	기획재정부장관은 국가회계법에서 정하는 바에 따라 회계연도마다 작성하여 대통령의 승인을 받은 국가결산보고서를 다음 연도 4월 10일까지 감사원에 제출
국가결산보고서의 감사원 결산검사 후 기재부 재송부(5월 20일)	감사원은 제출된 국가결산보고서를 검사하고 그 보고서를 다음 연도 5월 20일까지 기획재정부장관에게 송부
국가결산보고서의 국회제출 (5월 31일)	정부는 감사원의 검사를 거친 국가결산보고서를 다음 연도 5월 31일까지 국회에 제출

제3절 국가회계법의 개관

국가회계법은 "국가회계와 이와 관계되는 기본적인 사항을 정하여 국가회계를 투명하게 처리하고, 재정에 관한 유용하고 적정한 정보를 생산·제공하는 것을 목적"으로 제정된 법률로 총칙, 회계처리의 기준, 결산, 보칙으로 구성되어 있다.

1. 적용범위 및 원칙

국가회계법은 「국가재정법」에 따른 일반회계, 특별회계 및 기금에 대하여 적용한다. 국가회계는 신뢰할 수 있도록 객관적인 자료와 증빙에 의하여 공정하게 처리되어야 하며, 재정활동의 내용과 그 성과를 쉽게 파악할 수 있도록 충분한 정보를 제공하고, 간단·명료하게 처리되어야 한다.

2. 회계연도 및 사무관장, 회계책임관 및 국가회계제도심의위원회

국가의 회계연도는 매년 1월 1일에 시작하여 12월 31일에 종료한다. 기획재정부장관은 국가회계에 관한 사무를 총괄하고, 중앙관서의 장과 기금관리주체는 그 소관의 회계에 관한 사무를 관리한다. 또한, 중앙관서의 장은 그 소관에 속하는 회계업무를 총괄적으로 수행하도록 하기 위하여 회계책임관을 임명하여야 한다. 또한 국가회계업무의 수행과 관련한 사항을 심의하기 위하여 기획재정부에 국가회계제도심의위원회(위원장 1인 포함 15인 이내의 위원)를 둔다.

3. 회계처리의 기준

국가의 재정활동에서 발생하는 경제적 거래 등을 발생 사실에 따라 복식부기 방식으로 회계처리하는 데에 필요한 기준("국가회계기준")은 기획재정부령으로 정한다. 이에 근거하여 「국가회계기준에 관한 규칙」이 제정되었다. 국가회계기준은 회계업무 처리의 적정을 기하고 재정상태 및 재정운영의 내용을 명백히 하기 위하여 객관성과 통일성이 확보될 수 있도록 하여야 한다. 기획재정부장관은 국가회계기준에 관한 업무를 대통령령으로 정하는 바에 따라 전문성을 갖춘 기관 또는 단체에 위탁할 수 있다.

ref 이 법에 근거하여 기획재정부는 2010년 한국공인회계사회를 '국가회계기준센터'의 위탁기관으로 발족하였다. 그 이후 2014년에 국가회계기준센터는 '국가회계재정통계센터'로 조직을 변경하여 한국조세재정연구원의 부설기관으로 통합하였다.

4. 결산, 결산서 구성 및 결산서 첨부서류

중앙관서의 장은 회계연도마다 제14조·제15조 및 제15조의2에 따라 그 소관에 속하는 일반회계·특별회계 및 기금을 통합한 중앙관서결산보고서를 작성하여야 한다. 중앙관서의 장이 아닌 기금관리주체는 회계연도마다 기금결산보고서를 작성하여 소관 중앙관서의 장에게 제출하여야 한다. 이 경우 기금운용규모 등(5천억원 이상)을 고려하여 대통령령으로 정하는 기준에 해당하는 기금은 기금결산보고서에 공인회계사법에 따른 회계법인의 감사보고서를 첨부하여야 한다. 기획재정부장관은 회계연도마다 중앙관서결산보고서를 통합하여 국가결산보고서를 작성한 후 국무회의의 심의를 거쳐 대통령의 승인을 받아야 한다.

5. 국가결산보고서 구성

국가결산서 체계는 다음과 같이 구성된다.

1. 결산개요
2. 세입세출결산(중앙관서결산보고서 및 국가결산보고서의 경우에는 기금의 수입지출결산을 포함, 기금결산보고서의 경우에는 기금의 수입지출결산을 의미)
3. 재무제표(재정상태표, 재정운영표, 순자산변동표)
4. 성과보고서

결산개요는 결산의 내용을 요약하여 예산 및 기금의 집행 결과, 재정의 운영 내용과 재무상태를 분명하게 파악할 수 있도록 작성하여야 한다. 세입세출결산은 세입세출예산 또는 기금운용계획과 같은 구분에 따라 그 집행 결과를 종합하여 작성하여야 한다. 재무제표는 국가회계기준에 따라 작성하여야 한다. 성과보고서는 「국가재정법」에 따른 성과계획서에서 정한 성과목표와 그에 대한 실적을 대비하여 작성하여야 한다.

결산보고서의 부속서류는 다음과 같다. 첫째, 세입세출결산(기금의 수입지출결산은 제외)에는 첨부되는 서류는 계속비 결산명세서, 세입세출결산 사업별설명서, 총액계상 사업집행명세서, 수입대체경비 사용명세서, 이월명세서, 명시이월비 집행명세서, 정부기업특별회계 회전자금운용명세서, 성인지(性認知) 결산서, 예비금 사용명세서, 「국가재정법」에 따른 총사업비 관리대상 사업의 사업별 집행명세서, 「국가재정법」에 따른 현물출자명세서, 「국고금관리법」에 따른 재정증권의 발행 및 한국은행 일시차입금의 운용명세서, 「국가재정법」에 따른 전년도 세계잉여금의 처리명세서, 그 밖에 대통령령으로 정하는 서류이다. 둘째 기금의 수입지출결산에 첨부되어야 하는 서류는 재원조성실적표, 성인지 기금결산서, 그 밖에 대통령령으로 정하는 서류이다. 셋째, 국가결산보고서의 세입세출결산에 포함되어야 하는 서류는 통합재정수지표, 통합계정자금 운용 및 수익금사용명세서이다. 넷째, 재무제표에 포함되어야 할 서류는 국가채무관리보고서, 국가채권현재액보고서 등이다.

제4절 지방재정법의 개관

1. 목적 및 기본원칙

지방재정법은 지방자치단체의 재정에 관한 기본원칙을 정함으로써 지방재정의 건전하고 투명한 운용과 자율성을 보장함을 목적으로 한다. 지방자치단체는 주민의 복리 증진을 위하여 그 재정을 건전하고 효율적으로 운용하여야 하며, 국가의 정책에 반하거나 국가 또는 다른 지방자치단체의 재정에 부당한 영향을 미치게 하여서는 아니 된다. 지방자치단체는 예산이 여성과 남성에게 미치는 효과를 평가하고, 그 결과를 지방자치단체의 예산에 반영하기 위하여 노력하여야 한다.

2. 성과중심의 지방재정운용

지방자치단체의 장은 재정활동의 성과관리체계를 구축하여야 한다. 지방자치단체의 장은 행정안전부령으로 정하는 바에 따라 예산의 성과계획서 및 성과보고서를 작성하여야 한다. 지방자치단체의 장은 대통령령으로 정하는 바에 따라 주요 재정사업을 평가하고 그 결과를 재정운용에 반영할 수 있다. 성과중심의 지방재정 운용을 위하여 필요한 그 밖의 사항은 행정안전부령으로 정한다.

3. 회계연도, 회계연도 독립의 원칙 및 회계의 구분

지방자치단체의 회계연도는 매년 1월 1일에 시작하여 12월 31일에 끝난다. 각 회계연도의 경비는 해당 연도의 세입으로 충당하여야 한다. 지방자치단체의 회계는 일반회계와 특별회계로 구분한다. 특별회계는 「지방공기업법」에 따른 지방직영기업이나 그 밖의 특정사업을 운영할 때 또는 특정자금이나 특정세입·세출로서 일반세입·세출과 구분하여 회계처리할 필요가 있을 때에만 법률이나 조례로 설치할 수 있다. 다만, 목적세에 따른 세입·세출은 다른 법률에 특별한 규정이 있는 경우를 제외하고는 특별회계를 설치·운용하여야 한다. 지방자치단체가 특별회계를 설치하려면 5년 이내의 범위에서 특별회계의 존속기한을 해당 조례에 명시하여야 한다. 다만, 법률에 따라 의무적으로 설치·운용되는 특별회계는 그러하지 아니하다. 지방자치단체의 장은 특별회계를 신설하거나 그 존속기한을 연장하려면 해당 조례안을 입법예고하기 전에 지방재정계획심의위원회의 심의를 거쳐야 한다. 다만, 법률에 따라 의무적으로 설치·운용되는 특별회계는 그러하지 아니하다.

4. 중기지방재정계획의 수립

지방자치단체의 장은 지방재정을 계획성 있게 운용하기 위하여 매년 다음 회계연도부터 5회계연도 이상의 기간에 대한 중기지방재정계획을 수립하여 예산안과 함께 지방의회에 제출하고, 회계연도 개시 30일 전까지 행정안전부장관에게 제출하여야 한다. 지방자치단체의 장은 중기지방재정계획을 수립할 때에는 행정안전부장관이 정하는 계획수립 절차 등에 따라 그 중기지방재정계획이 관계 법령에 따른 국가계획 및 지역계획과 연계되도록 하여야 한다. 행정안전부장관은 각 지방자치단체의 중기지방재정계획을 기초로 매년 종합적인 중기지방재정계획을 수립하고, 국무회의에 보고하여야 한다. 이 경우 행정안전부장관은 지방자치단체의 의견을 최대한 반영하도록 노력하여야 한다. 행정안전부장관은 종합적인 중기지방재정계획을 수립할 때에는 「국가재정법」에 따른 국가재정운용계획과의 연계성을 높일 수 있도록 관계 중앙관서의 장과 협의하여야 한다.

5. 예산총계주의원칙

한 회계연도의 모든 수입을 세입으로 하고 모든 지출을 세출로 한다. 세입과 세출은 모두 예산에 편입하여야 한다. 다만 지방자치단체가 현물로 출자하는 경우, 「지방자치단체 기금관리기본법」에 따른 기금을 운용하는 경우 또는 그 밖에 대통령령으로 정하는 사유로 보관할 의무가 있는 현금이나 유가증권이 있는 경우에는 이를 세입·세출예산 외로 처리할 수 있다.

6. 성인지 예산서의 작성

지방자치단체의 장은 예산이 여성과 남성에게 미칠 영향을 미리 분석한 성인지 예산서를 작성하여야 한다.

7. 예산의 내용

예산은 예산총칙, 세입·세출예산, 계속비, 채무부담행위 및 명시이월비(明示移越費)를 총칭한다. 예산총칙에는 세입·세출예산, 계속비, 채무부담행위 및 명시이월비에 관한 총괄적 규정과 지방채 및 일시차입금의 한도액, 그 밖에 예산 집행에 필요한 사항을 정하여야 한다. 지방자치단체의 세입예산은 그 내용의 성질과 기능을 고려하여 장(章)·관(款)·항(項)으로 구분하고, 지방자치단체의 세출예산은 그 내용의 기능별·사업별 또는 성질별로 주요항목 및 세부항목으로 구분한다. 이 경우 주요항목은 분야·부문·정책사업으로 구분하고, 세부항목은 단위사업·세부사업·목으로 구분한다.

ref '정책사업'은 중앙정부의 '프로그램'을 말한다.

계속비는 지방자치단체의 장은 공사나 제조, 그 밖의 사업으로서 그 완성에 수년을 요하는 것은 필요한 경비의 총액과 연도별 금액에 대하여 지방의회의 의결을 얻어 계속비로서 여러 해에 걸쳐 지출할 수 있다. 계속비로 지출할 수 있는 연한(年限)은 그 회계연도부터 5년 이내로 한다. 다만, 필요하다고 인정될 때에는 지방의회의 의결을 거쳐 다시 그 연한을 연장할 수 있다.

지방자치단체는 예측할 수 없는 예산 외의 지출 또는 예산 초과 지출에 충당하기 위하여 일반회계 예산 총액의 100분의 1 범위 내의 금액을 예비비로 예산에 계상하여야 한다. 다만, 특별회계(교육비특별회계는 제외한다)의 경우에는 예비비를 계상하지 아니할 수 있다. 다만, 재해·재난 관련 목적 예비비는 별도로 예산에 계상할 수 있다. 지방자치단체의 장은 지방자치단체에 채무부담의 원인이 될 계약의 체결이나 그 밖의 행위를 할 때에는 미리 예산으로 지방의회의 의결을 얻어야 한다.

예산안의 첨부서류는 재정운용상황개요서, 세입·세출예산 사업별 설명서, 계속비사업에 대한 설명서, 지출상황 및 투자계획, 채무부담행위에 대한 설명서, 지출상황 및 전망금액, 「지방세특례제한법」에 따른 지방세지출보고서(추정액 기준), 지역통합재정통계 보고서(예산액 기준), 성인지 예산서, 성과계획서, 예산정원표 및 편성기준 단가, 명시이월 명세서, 중기지방재정계획서, 공유재산 관련 서류, 회계와 기금 간의 이전 관련 서류 등이다.

8. 예산의 목적 외 사용금지와 예산이체

지방자치단체의 장은 세출예산에서 정한 목적 외의 용도로 경비를 사용하거나 세출예산에서 정한 각 정책사업 간에 서로 이용할 수 없다. 다만, 예산 집행에 필요하여 미리 예산으로서 지방의회의 의결을 얻었을 때에는 이용할 수 있다. 지방자치단체의 기구·직제 또는 정원에 관한 법령이나 조례의 제정·개정 또는 폐지로 인하여 관계 기관 사이에 직무권한이나 그 밖의 사항이 변동되었을 때에는 그 예산을 상호 이체(移替)할 수 있다.

9. 예산의 전용과 세출예산의 이월

지방자치단체의 장은 대통령령으로 정하는 바에 따라 각 정책사업 내의 예산액 범위에서 각 단위사업 또는 목의 금액을 전용(轉用)할 수 있다. 다만 전용한 경비의 금액은 세입·세출결산서에 명시하고, 그 이유를 적어야 한다.

세출예산 중 경비의 성질상 그 회계연도에 그 지출을 마치지 못할 것으로 예상되어 명시이월비로서 세입·세출예산에 그 취지를 분명하게 밝혀 미리 지방의회의 의결을 얻은 금액은 다음 회계연도에 이월하여 사용할 수 있다. 또한 세출예산 중 사고이월비는 다음 회계연도에 이월하여 사용할 수 있는데, 회계연도 내에 지출원인행위를 하고 불가피한 사유로 회계연도 내에 지출하지 못한 경비와 지출하지 아니한 그 부대 경비, 지출원인행위를 위하여 입찰공고를 한 경비 중 입찰공고 후 지출원인행위를 할 때까지 오랜 기간이 걸리는 경우로서 대통령령으로 정하는 경비, 공익·공공 사업의 시행에 필요한 손실보상비, 경상적 성격의 경비로서 대통령령으로 정하는 경비 등이다.

제5절 지방회계법의 개관

지방회계법은 "지방자치단체의 회계 및 자금관리에 관한 기본적인 사항을 정하여 지방자치단체의 회계를 투명하게 처리하고, 자금을 효율적으로 관리하도록 하는 것을 목적"으로 제정된 법률로 총칙, 회계처리의 기준, 결산, 수입, 지출, 현금과 유가증권, 회계관계공무원, 보칙으로 구성되어 있다.

1. 적용범위 및 지방자치단체 회계원칙

지방회계법은 「지방자치법」 및 「지방재정법」에 따른 일반회계 및 특별회계 및 「지방자치단체 기금관리기본법」에 따른 기금에 대하여 적용한다. 지방자치단체의 회계는 신뢰할 수 있도록 객관적인 자료와 증명서류에 의하여 공정하게 처리되어야 하고, 재정활동의 내용과 그 성과를 쉽게 파악할 수 있도록 충분한 정보를 제공하고, 간단·명료하게 처리되어야 한다.

2. 회계연도, 출납폐쇄기한 및 출납사무 완결기한

지방자치단체의 회계연도는 매년 1월 1일에 시작하여 12월 31일에 끝난다. 지방자치단체의 출납은 회계연도가 끝나는 날 폐쇄한다. 다만, 해당 회계연도의 예산에 포함된 경우로서 다음 회계연도 1월 20일까지 수입 또는 지출 처리를 할 수 있는데, 회계연도 말에 계약 이행이 완료되어 회계연도 내에 지출하기가 곤란한 경우, 국가나 다른 지방자치단체 등으로부터 자금이 교부되지 아니하여 회계연도 내에 지출하기가 곤란한 경우, 그 밖에 해당 회계연도 내에 지출 또는 수입 처리하기가 곤란한 경우로서 대통령령으로 정하는 경우 등이다.

회계관계공무원인 출납원이 위 경우외의 부분 단서에 따라 다음 회계연도 1월 20일까지 수납한 세입금은 같은 기한까지 지방자치단체 금고에 납입할 수 있으며, 관서 운영에 드는 경비 또는 일상경비 등은 다음 회계연도 1월 20일까지 반납할 수 있다. 해당 회계연도에 속하는 세입·세출의 출납에 관한 사무는 다음 회계연도 2월 10일까지 마쳐야 한다.

3. 회계책임관 및 지방회계제도심의위원회

지방자치단체의 장은 그 소관에 속하는 회계업무를 총괄적으로 수행하도록 하기 위하여 회계책임관을 임명하여야 한다. 다만, 지방자치단체의 장은 소속 기관에 설치된 직위를 지정함으로써 회계책임관의 임명을 갈음할 수 있다. 또한 지방회계 관련 주요정책, 회계 및 결산제도, 지방회계 법령의 제정・개정 사항 등을 심의하기 위하여 행정안전부장관 소속으로 지방회계제도 심의위원회를 둔다(위원장 1명을 포함 15명 이내의 위원으로 구성).

4. 회계처리의 기준

지방재정활동에 따라 발생하는 경제적 거래 등을 발생사실에 따라 복식부기 방식으로 회계처리하는 데에 필요한 기준("지방회계기준")은 행정안전부장관이 기획재정부장관과 협의하여 행정안전부령으로 정한다. 이에 근거하여 「지방자치단체회계기준에 관한 규칙」이 제정되었다. 지방회계기준은 지방자치단체의 회계업무가 적정하게 처리되도록 하고, 지방자치단체의 재정상태 및 재정운용의 내용을 객관적이고 통일적이며 명백하게 나타낼 수 있도록 정하여야 한다. 또한 행정안전부장관은 지방회계에 관한 업무 중 대통령령으로 정하는 업무를 효율적으로 추진하기 위하여 대통령령으로 정하는 지정기준에 적합한 기관을 전문기관으로 지정하여 그 업무를 수행하게 할 수 있다.

ref 이 법에 근거하여 행정자치부는 2016년 한국지방재정공제회의 소속기관으로 지방회계통계센터를 설치하였다.

Government Accounting & Finance Statistics

제2장
예산(현금주의)회계와 재무(발생주의)회계

제1절 예산회계와 재무회계의 개관

제2절 예산회계(현금주의)와 재무회계(발생주의)의 연계

제3절 발생주의 회계의 의미

Government Accounting & Finance Statistics

제 1 절 예산회계와 재무회계의 개관

예산회계는 예산이나 현금의 유입 유출에 영향을 주는 사건을 인식대상으로 하며 예산, 수입, 지출, 세계잉여금의 구조이다. 수입의 경우 예산액, 징수액이나 수납액, 미수납액 등과 지출의 경우 예산액, 지출원인 행위액, 지출액, 불용액, 이월액 등 재정집행 관리에 필요한 정보를 제공하고 있다. 예산회계는 예산행위를 통해 회계기록이 이루어지며, 해당 회계연도에 수납된 세입액에서 지출된 세출액을 차감하여 운영수지인 세계잉여금을 산출한다. 예산회계의 주목적은 예산의 적절한 배분 및 각 부처의 역할 강조를 통해 정부의 예산 관리 통제를 강화하고 각 부처의 회계책임성을 확보하는 것이다. 다만 예산회계는 예산행위를 통한 현금의 수입, 지출을 포괄범위로 하기 때문에 재무회계(발생주의 회계)의 자산이나 부채 관련 정보가 나타나지 않고 수익이나 비용이 측정되지 않아 프로그램(지방정부의 경우, 정책사업이라 명명) 등 정부활동의 원가 등의 정보를 제공할 수 없다.

발생주의 · 복식부기 회계는 경제주체의 재정상태와 운영성과를 거래가 발생한 시점에 거래의 인과관계를 대차평균의 원리(복식부기)에 의해 회계처리하는 방식이다. 회계적 개념의 거래(transaction)란 국가회계실체의 자산, 부채 및 순자산의 증감변화를 일으키는 모든 경제적 사건을 말한다.

1. 현금주의와 발생주의

현금주의는 현금이 유입되면 수입으로, 유출되면 지출로 인식한다. 즉, 재화와 서비스를 제공했다 하더라도 현금으로 회수가 되지 않는 동안은 수익으로 계상하지 않으며, 재화와 서비스를 제공받았다 하더라도 현금으로 지급되기 전에는 비용으로 계상하지 않는다. 반면, 발생주의는 현금의 수수와 관계없이 거래가 발생된 시점에 기록하는 방식이다. 따라서 거래는 발생하였으나 현금의 유입과 유출이 이루어지기 이전 시점에 인식되는 미수채권, 미수수익, 미지급금, 선수수익, 선급비용 등의 경우에는 발생주의 계정을 사용한다.

2. 단식부기와 복식부기

단식부기는 현금, 채권, 채무 등을 대상으로 발생된 거래의 한쪽 면만을 기록하는 방식으로, 전통적으로 정부회계에서 사용하여 온 기록방식이다. 복식부기는 하나의 거래를 둘 이상 계정(account)의 왼쪽(차변)과 오른쪽(대변)에 이중 기록하는 기록방식이다. 복식부기에서는 모든 거래의 차변금액 합계와 대변금액 합계가 항상 일치하도록 기록하는데, 이를 거래의 이중성이라고 한다. 복식부기에서 각 계정의 잔액을 합산하는 경우 '자산=부채+순자산'의 등식이 성립되는데 이를 '대차평균의 원리'라고 한다.

ref 세계최초 복식부기: 개성 복식부기 장부

'개성 복식부기 장부'(등록문화재 제587호)는 근대기 개성지역에서 활동했던 박재도(朴在燾) 상인 집안의 회계장부 14책과 다수의 문서로 구성되어 있다. 회계장부는 1887년에서 1912년까지 25년 동안의 대략 30만 건의 거래 내역이 상세하게 기재되어 있으며, 이들 회계 자료는 복식부기로 작성되어 있어 현대식 회계 방식과도 정확히 일치하고 있는 것으로 확인된다. 특히 입출금과 잉여금의 분담 등에 있어서 회계의 생명이라고 할 수 있는 성실성과 진정성이 담겨 있어 근대 회계방식을 조명할 수 있는 귀중한 자료이고, 일기장(분개장), 장책(원장), 주회계(결산서) 등 회계장부가 서양부기 못지않게 합리적으로 구성되어 있다. 또 투자자와 경영인과의 이익배분계약 관계까지 확인시켜 주는 근대 시기에 기록된 '현대 방식의 복식부기 실무회계기록'이라는 회계사적 의의를 갖추고 있다(문화재청 자료).

구 분	2008년 이전	2009년 이후
회계기록방식	단식부기(예산회계)	복식부기(재무회계)
회계인식원칙	현금주의	발생주의
결산보고서	세입세출결산 등 9종의 결산서	세입세출결산서 재무제표(재정상태표 등) 성과보고서
회계기준	체계적 회계기준이 아닌 현금주의 결산을 위한 결산지침	결산지침 외에 재무제표 작성에 적용되는 국가회계기준

구 분	Dual system	
	예산회계	재무회계
회계기록	예산의 집행실적 기록 (분야－부문－프로그램－단위사업)	재정상태 및 재정운영결과 보고 (자산과 부채, 수익과 비용 등)
회계방식	현금주의 단식부기 (공기업회계는 발생주의 복식부기)	발생주의 복식부기
보고형식	회계단위별 분리보고	회계단위간 연계와 통합보고
가치지향	행정 내부조직 중심 －예산집행 통제, 법규 준수	대국민 공개 －투명한 공개, 효율적 집행
자기검증	없음	회계오류의 자동 검증(대차평균)

3. 거래(거래의 8요소), 분개, 전기

(1) 거래 8요소

회계상 거래의 조건은 회계실체가 소유한 자산, 부채, 자본의 증감 및 수익과 비용의 발생을 가져오는 일체의 현상을 의미한다. 이때 회계상의 거래는 일상생활에서 거래인 상품매매, 현금의 수입과 지출, 채권 및 채무의 발생과 소멸, 자산구입 등과 일상생활에서 거래가 아니지만 화재, 분실, 도난 및 천재지변에 의한 손실이 포함된다. 한편 회계상의 거래가 아닌 거래는 상품의 계약 및 건물의 임대차계약이 포함된다. 왜냐하면 계약만 한 것으로 실제 회계상 거래는 이루어지지 않았기 때문이다.

(2) 분개의 법칙(거래 8요소)

분개는 거래 내용을 차변과 대변으로 나누어 기입하는 것을 의미하며 거래의 8요소에 따른 결합관계를 차변과 대변의 해당 계정과목에 의해 나타내는 복식부기의 가장 기본적인 논리구조이며 다음과 같다.

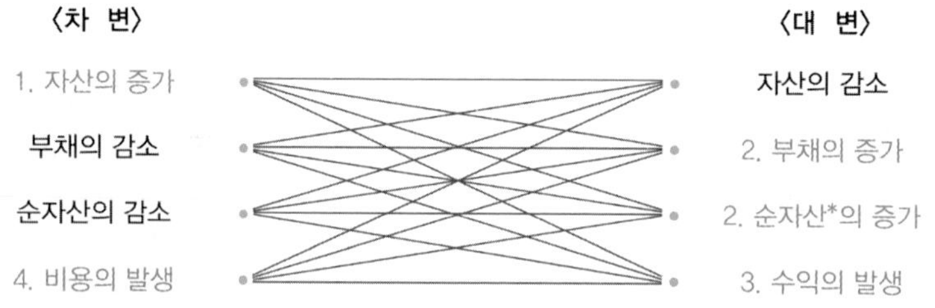

거래의 요소는 하나의 원리(원칙)이므로 1, 2, 3, 4 순으로 암기해야 한다.
다만 1, 2, 3에 각각 대응되는 것만 암기하면 된다(자산 증가 → 자산 감소, 부채 · 순자산 증가 → 부채 · 순자산 감소, 수익의 발생 → 비용의 발생).
* 여기서 '순자산'은 기업회계의 '자본'의 개념과 동일.

위 그림을 하나의 원칙으로 설명하면, 차변에는 1. 자산의 증가, 대변에는 2. 부채의 증가, 2. 자본의 증가, 3. 수익의 발생, 차변에 4. 비용의 발생을 염두에 두어야 한다. 다시 말해 차변의 자산의 증가는 대변의 자산의 감소로, 대변의 부채와 자본의 증가는 차변의 부채와 자본의 감소로, 대변의 수익의 발생은 차변의 비용의 발생과 연계된다.

거래의 종류는 교환거래, 손익거래, 혼합거래로 구성된다.

교환거래는 회계실체의 자산, 부채, 자본은 증감하지만 수익과 비용이 발생하지 않는 거래이다(예 상품을 10,000원에 매입하고, 대금은 현금으로 지급한다).

(차변) 자산(상품)의 증가 10,000 (대변) 자산(현금)의 감소 10,000

손익거래는 회계실체의 자산, 부채, 자본은 증감과 함께 어느 한쪽의 거래 금액 전체가 수익 또는 비용으로 발생하는 거래이다(예 건물임대료 500,000원을 현금으로 받다).

(차변) 자산(현금)의 증가 500,000 (대변) 자산(현금)의 감소 500,000

결합거래는 회계실체가 하나의 거래에서 교환거래와 손익거래가 혼합되어 동시에 발생되는 거래이다(예 상품원가 70,000원을 90,000원에 매출하고 대금은 현금으로 받다).

(차변) 자산(현금)의 증가 90,000 (대변) 자산(상품)의 감소 70,000
수익(상품매출이익)의 발생 20,000

ref 회계의 기본원칙 두 가지는 거래의 이중성과 대차평균의 원리가 있다. 거래의 이중성은 회계상 모든 거래는 차변의 항목과 대변의 항목이 서로 결합되어 동일한 금액으로 동시에 발생한다. 즉, 차변의 금액과 대변의 금액은 동일해야 한다. 대차평균의 원리는 일정 기간 모든 거래를 분개하여 총계정원장에 전기했을 때 원장의 모든 계정 차변 총합계액과 대변 총합계액이 항상 일치해야 한다.

– 거래의 이중성 :

(차변)	비품	500,000	(대변)	현금	500,000

– 대차평균의 원리 :

(차변)	비용(급여)	100,000	(대변)	수익(상품매출이익)	350,000
	비용(이자비용)	30,000		수익(임대료)	50,000
	비용(세금)	20,000			
	비용(당기순이익)	250,000			
		400,000			400,000

(3) 분 개

분개(分介)란 각 계정의 차변, 대변으로 나누어 기입하는 것이다. 예를 들면 우편집중국에서 우편물을 신속 정확하게 배달하기 위해 동별로 분류하는 것이라고 생각하면 된다. 여기서 동(洞)은 자산, 부채, 자본, 수익 및 비용 계정을 의미한다. 이제 회계관점에서 분개를 설명하면 기록의 오류나 누락을 방지(예방)하기 위해 어느 계정(예 현금, 자본금)에, 차변과 대변 중 어느 쪽에(거래 8요소), 얼마를 기입할 것인지를 결정하는 과정이다. 이러한 과정을 거쳐 분개장에 기록이 된다.

분기과정 :

그렇다면 이제 거래 8요소를 떠올려 보면서, 업무용 책상은 비품이기 때문에 자산의 증가로 차변에, 현금은 자산의 감소로 대변에 기록해야 한다. 분개의 과정은 다음과 같다.

12.15. 업무용 책상을 250,000원에 구입하고 대금은 현금으로 지급하다.

(차변) 자산(비품)의 증가 250,000 (대변) 자산(현금)의 감소 250,000

(4) 전 기

전기(傳記)란 분개를 해당 계정(총계정원장)에 옮겨서 적는 것이다. 우편물을 가정에 정확하게 배달하는 행위라고 생각하면 된다. 좀 더 자세히 설명하면 분개 계정을 현금, 외상매입금, 이자비용 등으로 보내는 것이며, 개별 장부를 분개장이라고 하고 이를 합치면 총계정원장이라 부른다.

전기과정 :

거래 12.15. 업무용 책상을 250,000원에 구입하고 대금은 현금으로 지급하다.

분개	12.15 (차변) 비품	250,000	(대변) 현금		250,000
전기	비품		현금		
(계정기입)	12.15. 현금 250,000			12.15. 비품	250,000

(5) 사 례

사례 1 비용 발생 ⇔ 자산 감소

- 공무원 급여를 현금으로 3억원 지급하다.

(예산회계)

지출(세출)
인건비 3억원

⇔

(복식부기회계)

비용(발생)	자산(감소)
공무원 급여 3억원	현금 3억원

- 인건비 지출은 현금(자산) 감소와 비용 발생으로 구분하여 계리
- 자산 감소는 재정상태표에 반영, 비용 발생은 재정운영표에 반영

사례 2 자산 증가 ⇔ 자산 감소, 수익 발생

- 장부가액 100억원의 토지를 120억원에 매각(매각이익 20억)하다.

(예산회계)

수입(세입)
매각대금 120억원

⇔

(복식부기회계)

자산(증가)	자산(감소) 수익(발생)
현금 120억원	토지 100억원 처분이익 20억원

- 현금수입을 원인별로 매각대금과 수익으로 구분하여 계리
- 자산변동과 수익발생 내역을 실시간으로 제공

사례 3 **자산 증가 ⇔ 자산 감소**

- 건물신축 : 금년투자 150억원(기투자 100억원, 총투자 250억원)

(예산회계)

지출(세출)
공사비 150억원

⇔

기투자 100억원 자동파악 불가

(연도간 독립회계)

(복식부기회계)

자산(증가)	자산(감소)
건물 150억원	현금 150억원
↓	↓
건물 250억원	현금 250억원

(연도간 누적처리)

- 장기계속사업의 연도간 소요 재원의 명확화
- 공사기간 투자비용의 누적표시로 종합하여 계리

사례 4 **자산 증가 ⇔ 부채 발생**

- 하수도시설을 위한 지방채 발행 100억원(기발행 200억원)

(예산회계)

수입(세입)
지방채수입 100억원

⇔

기발행 지방채 200억원과 자동연계 불가

(세입만 단순계리)

(복식부기회계)

자산(증가)	부채(증가)
현금 100억원	지방채증권 100억원
↓	↓
수질정화시설 300억원	지방채증권 300억원

(자산, 부채 종합관리)

- 자산과 부채를 동시 인식 → 현금의 유입원천 자동표시
- 자산, 부채의 자동누적 관리 → 지자체 재정상태 종합 측정

제2절 예산회계(현금주의)와 재무회계(발생주의)의 연계

발생주의 기준에 근거하여 재무제표를 작성하고 있음에도 불구하고 현금주의 기준에 근거하여 세입·세출결산서를 작성하고 있다. 왜냐하면 국회에서 승인한 대로 예산이 잘 집행되었는지 사후적으로 확인하고 평가할 필요가 있기 때문이다. 이는 현행 예산회계제도를 보완(Dual System)하는 체계로 이해하면 된다. 즉, 예산

회계를 대체하는 것이 아니라 이를 보완하는 것으로 종전의 예산회계를 그대로 유지하면서 재무회계를 추가하여 두 종류의 회계정보를 재정관리시스템에서 산출하고 있다. 재정관리시스템을 활용하는 이유는 특정거래에 대한 회계처리를 예산회계와 재무회계로 구분하여 두 번 회계처리한다면 시간은 물론 경비가 낭비되기 때문에 시스템에서 한 번의 분개작업으로 예산회계와 재무회계 보고서가 작성될 수 있도록 한 것이다. 중앙정부의 경우 디브레인시스템(dBrain)을 통해 세입 및 세출, 국유재산, 물품 등 기존의 예산업무를 처리함은 물론 재무회계계정으로 자동분개가 되도록 하여 예산회계와 재무회계의 정보를 동시에 산출한다. 지방정부의 경우 이호조(e-hojo)시스템을 통하여 예산회계와 재무회계의 정보를 동시에 산출한다. 예산은 지출에 대한 통제 및 관리기능, 성과평가기능을 수행하기 때문에 단순히 예산과 그 집행실적을 단순히 대비하는 수준을 넘어 예산회계와 재무회계를 연계시켜 재정상태 및 재정운영의 결과를 파악할 수 있도록 하는 것이 중요하다. 궁극적으로 는 정부(지자체 포함)의 재정상태(자산, 부채)와 운영성과(수익, 비용)의 변동내역을 일반회계원칙에 입각하여 기록·분류하고 국회(지방의회 포함), 국민 등 이해관계자가 필요로 하는 재무정보를 제공하는 것이다.

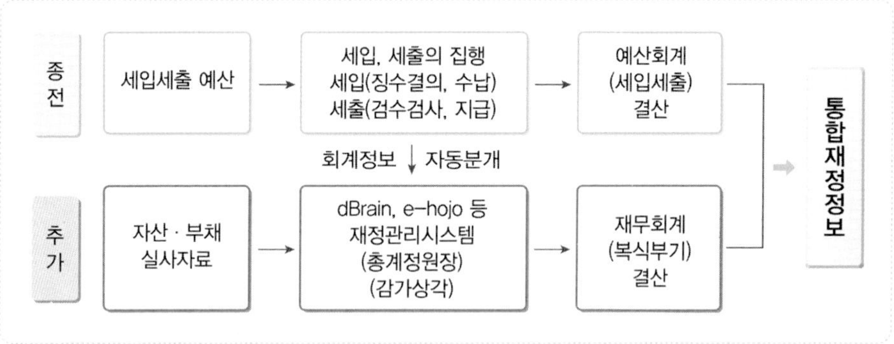

자료: 행정안전부(2017). 재무회계운영규정.

1. 국가회계

국가회계법 및 국가회계기준에 관한 규칙의 제정에 따라 발생주의·복식부기에 의한 회계처리시 사용할 표준화된 계정과목이 필요하므로 이에 재무제표 계정과목 총괄표를 제시하고 있다. 국가회계기준상의 계정과목은 대분류, 중분류, 회계과목,

관리과목, 세부관리과목의 5단계 구조(Level Ⅰ, Ⅱ, Ⅲ, Ⅳ, Ⅴ)이다.

ref 계정과목 체계

대분류(Ⅰ)	중분류(Ⅱ)	회계과목(Ⅲ)	관리과목(Ⅳ)	세부관리과목(Ⅴ)
자산	유동자산	단기투자증권	채무증권	국채

표 2-1 재무회계 계정과목

구 분	내 용
대분류(Level Ⅰ)	발생주의·복식부기회계에 의한 재무제표 기본요소인 자산, 부채, 순자산, 수익 및 비용의 구분을 말하며, 이는 다시 일정기준에 따라 중분류 항목으로 구분
중분류(Level Ⅱ)	대분류를 국가회계기준(유동성 기준)에 따라 구분(예 유동자산, 투자자산, 일반유형자산 등)
회계과목(Level Ⅲ)	예산과목에 대응되는 재무결산 보고의 기본단위로 재무제표에 표시되는 공시과목(예 현금및현금성자산, 단기금융상품, 단기투자증권, 미수채권 등)
관리과목(Level Ⅳ) 세부관리과목(Level Ⅴ)	회계과목의 상세한 정보제공을 위하여 회계처리시 사용되는 기표과목이며, 관리과목 및 세부관리과목은 향후 필요시 추가로 설정 가능

대분류, 중분류 및 회계과목은 공시과목으로서 국가회계기준상의 분류를 따르는 것을 원칙으로 하며, 해당 회계 및 기금 또는 중앙관서에서 임의로 수정·추가할 수 없다.

- 대분류 : 제9조(자산의 정의 및 인식기준), 제17조(부채의 정의 및 인식기준), 제23조(순자산의 구분), 제28조(수익·비용의 정의 및 구분)
- 중분류 : 제10조(자산의 분류), 제18조(부채의 분류), 제23조(순자산의 구분), 제25조(재정운영표의 구분) 및 제52조(순자산변동표)에 의한 분류
- 회계과목 : 중분류 과목에 대한 세부기준에 의한 계정과목분류와 동 과목의 평가기준에 의해 파생되는 과목
- 관리과목 또는 세부관리과목은 기표과목으로서 회계 및 기금의 고유 특성에 따라 필요한 경우 기획재정부와 협의하여 추가로 설정할 수 있으며, 추가되는 관리과목 및 세부관리과목은 지침 등을 통하여 각 회계 및 기금에 전달될 예정이다. 그러나 이미 존재하는 표준관리과목 또는 세부관리과목과 유사한 과목을 신설하거나, 기존 과목들을 통합하여 단일 과목으로 설정할 수는 없다.

ref 계정과목 매핑표 예시

예산과목 구분				매핑구분	재무계정과목	레벨별 계정과목			
목		세목		세부항목	Code	I	II	III	IV
201	운영비	01	일반 수용비	안내홍보물 등 제작비	51040200	비용	프로그램총원가/ 관리운영비/ 비배분비용	소모품비	홍보 물품비
201	운영비	01	일반 수용비	소모성물품 구입비	51040300	비용	프로그램총원가/ 관리운영비/ 비배분비용	소모품비	소모성 물품비

2. 지방자치단체 회계

「지방회계법」 및 지방회계기준의 제정에 따라 발생주의 · 복식부기에 의한 회계처리시 사용할 표준화된 재무회계과목코드가 필요한데, 그 코드를 재무회계과목총괄표(Chart of Accounts, COA)라 한다. 즉, 재무회계를 처리하기 위한 자산, 부채, 순자산, 수익, 비용의 계정은 대분류, 중분류, 회계과목, 관리과목의 4단계로 구성되어 있으며 다음과 같다.

구 분	내 용
대분류(Level Ⅰ)	복식부기회계에 의한 재무제표 기본요소인 자산, 부채, 순자산, 수익 및 비용의 구분
중분류(Level Ⅱ)	대분류는 다시 일정기준에 따라 중분류 항목으로 구분
회계과목(Level Ⅲ)	예산과목에 대응되는 재무보고의 기본단위로 재무제표에 표시되는 공시과목
관리과목(Level Ⅳ)	회계과목의 상세한 정보 제공을 위하여 회계처리 시 사용되는 기표과목

대분류, 중분류 및 회계과목은 공시과목으로서 지방회계기준상의 분류를 따르는 것을 원칙으로 하며, 지방자치단체에서 임의로 수정 · 추가할 수 없다.

- 대분류 : 제11조(자산, 부채 및 순자산의 정의)와 제27조(수익과 비용의 정의)에 의한 분류
- 중분류 : 제14조(자산의 분류), 제21조(부채의 분류), 제25조(순자산의 분류), 제30조(수익의 분류) 및 제39조(순자산의 증가 및 감소)에 의한 분류

ref 자산(대분류) 내 유동자산(중분류)의 회계과목은 지방회계기준 제15조에 열거된 현금 및 현금성자산, 단기금융상품, 미수세금, 미수세외수입금 외에 미수징수교부금, 미수정부간이전수익, 단기대여금, 재고자산, 기타유동자산으로 분류하고, 이들 항목을 평가하는 미수세금 대손충당금, 미수세외수입금 대손충당금, 장기대여금 대손충당금, 장기(단기)대여금 현재가치할인차금의 항목이 포함된다.

- 회계과목 : 중분류 과목에 대한 세부기준(제15조(유동자산), 제16조(투자자산), 제17조(일반유형자산) 등)에 의한 과목분류, 과목의 평가기준(제46조(미수세금 등의 평가), 제49조(일반유형자산과 주민편의시설의 평가) 등)에 의해 파생되는 과목
- 관리과목은 기표과목으로서 지방자치단체별 특수성에 따라 특히 필요한 경우 행정자치부에 질의하여 추가로 설정할 수 있으며, 추가되는 관리과목은 재무회계 운영규정 등을 통하여 각 지방자치단체에 전달된다. 그러나 이미 존재하는 표준관리과목과 유사한 과목을 신설하거나, 기존 과목들을 통합하여 단일 과목으로 설정할 수는 없다.

지방자치단체의 재무제표에는 회계과목까지만 공시하고 관리과목은 회계처리(분개)시 활용되는 과목이다. 지방자치단체 재무회계총괄표는 다음과 같다. 간략히 설명하면 지방자치단체의 자산(1100)은 6가지 항목(유동자산, ..., 기타비유동자산)으로 구성되며, 이러한 항목은 회계과목(1401 도서관, ..., 1499 건설중인 주민편의시설)과 관리과목(1401－01 도서관토지, 1401－02 토지를 제외한 도서관)으로 다시 세분화된다.

표 2-2 지방자치단체 재무회계총괄표 예시

대분류	중분류	회계과목(공시과목)	관리과목(기표과목)
자산	1100 유동자산		
	1200 투자자산		
	1300 일반유형자산		
	1400 주민편의시설	1401 도서관	1401－01 도서관토지 1402－02 토지를 제외한 도서관
		1402 도서관감가상각누계액 .... 1499 건설중인 주민편의시설	
	1500 사회기반시설		
	1600 기타비유동자산		

자료: 행정안전부(2017). 재무회계운영규정 중 일부발췌.

지방자치단체회계는 예산회계과 재무회계와의 연계 및 분개를 위해 분개연계표(Journalizing Mapping Table, JMT)를 활용한다. 분개연계표(JMT)는 예산과목과 재무회계와의 연결 및 분개를 위해서 예산집행에 따르는 거래유형을 예산과목, 회계처리유형, 관리과목의 차변과 대변으로 연계시킨 표이며, 거래의 형태에 따라 수입거래연계표, 지출거래연계표, 예산외거래연계표의 3종류로 분류하고 있다.

거 래	분 류	예산과목	분개연계표	분 개	
				차 변	대 변
예산거래	수입거래에 대한 분개연계표	세입	수입거래 분개연계표	관리과목	관리과목
	지출거래에 대한 분개연계표	세출	지출거래 분개연계표	관리과목	관리과목
예산외 거래	기타예산외 거래 및 결산보정거래, 재수정분개에 대한 분개연계표		예산외거래 분개연계표	관리과목	관리과목

자료: 행정안전부(2017). 재무회계운영규정 중 일부발췌.

공무원 기본급을 지출한 경우 예산과목은 보수(10101), 회계처리유형은 일반지출 보수지출(002), 관리과목은 차변에 「2199－05 일반미지급비용」에 분개되고, 대변에 「1101－01 현금과 예금」으로 회계처리(분개)하도록 되어 있다.

예산과목	회계처리유형	차변과목	대변과목
10101 보수	일반지출 002 보수지출	2199－05 일반미지급비용	1101－01 현금과 예금

3. 회계의 순환과정

정부회계에서 특정거래를 분개하고 분개한 내역에 기초하여 원장 및 시산표를 작성하고, 시산표를 통하여 재무제표를 작성하는 일련의 순환과정은 다음과 같다.

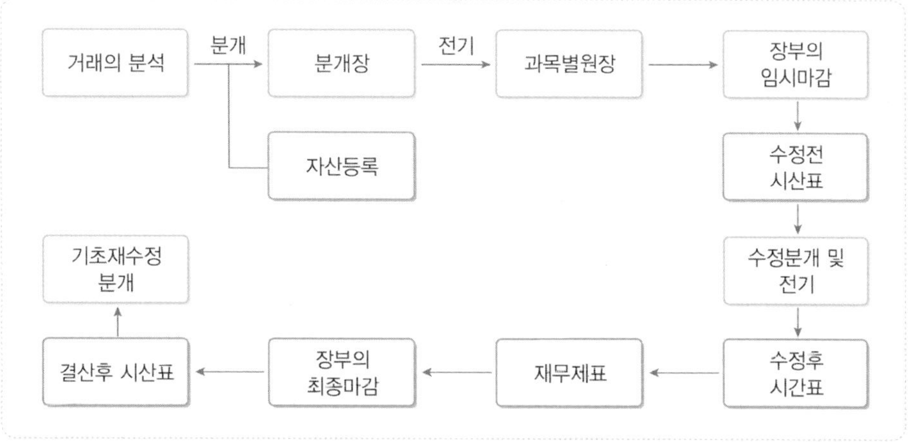

자료: 행정안전부(2017). 재무회계운영규정.

정부활동과 관련하여 거래가 발생하면 복식부기방식으로 분개하여 분개장에 기록한다. 동시에 자산취득과 관련된 거래라면 자산등록이 이루어진다. 분개장의 내역에 기초하여 해당 과목별 원장에 그 내역과 금액이 기록된다. 결산시점에 해당 과목별 원장의 금액을 종합하여 수정전 시산표가 작성되고, 여기에 결산 수정분개를 반영하면 수정후 시산표가 작성된다. 수정후 시산표로부터 각종 재무제표가 작성되는데, 다음 연도 이월을 위해 자산, 부채 및 순자산과 관련된 원장의 마감이 이루어진다. 다만 국가회계는 중앙관서의 재무제표를 국가통합재무제표로 통합하는 과정이 필요하다(국가회계 결산부분에서 설명).

제3절 발생주의 회계의 의미

1. 발생주의 회계

발생주의회계는 현금주의와 상반된 개념으로, 현금의 수수와는 관계없이 수익이 실현되었을 때와 비용이 발생되었을 때 각각 인식되는 개념이다. 기업회계에서는 기간손익(期間損益)을 계산할 때 수익과 비용을 대응시켜야 한다. 즉, 발생주의 회계는 수익과 비용의 경제가치량의 증가 또는 감소의 사실이 발생한 때가 인식시점이다. 발생주의회계는 수익과 비용을 인식할 때 귀속시점에 따른 문제가 발생하게 된다. 회계기간 중 발생한 거래를 기록할 때 그 경제적 효과를 수익이나 비용으로 기록할 것인지? 만약 기록한다면 그 기록시점(귀속시점)을 당기로 또는 차기로 할 것인지? 등을 결정해야 한다. 거래의 귀속시점에 따라 당기의 이익. 자산 및 부채가 달라지게 된다.

현금기준(cash-basis) 회계	발생기준(accrual-basis) 회계
현금의 수입과 지출이 있을 때 수익과 비용을 인식	발생기준에 따라 수익과 비용을 인식 현금의 유출 또는 유입을 동시에 수반하지 않는 거래나 사건을 거래의 발생 시 인식함으로써 기업실체의 자산과 부채 및 이들의 변동에 관한 정보를 제공한다.

예제

㈜재정은 손익을 월별로 계산하는 기업이다.

① 2019년 1월 2일 : 상품을 외상으로 1,000,000원에 구입
② 2019년 1월 5일 : 구입한 상품을 1,200,000원에 외상으로 판매
③ 2019년 2월 1일 : 상품을 외상으로 1,500,000원에 구입
④ 2019년 2월 10일 : 구입한 상품을 2,000,000원에 외상으로 판매
⑤ 2019년 2월 15일 : 외상으로 판매한 상품 대금 3,200,000원을 현금으로 수령
⑥ 2019년 2월 20일 : 외상으로 구입한 상품 대금 2,500,000원을 현금으로 지불

	2019년 1월		2019년 2월	
	발생주의	현금주의	발생주의	현금주의
매출	1월 5일) 1,200,000원	0원	2월 10일) 2,000,000원	2월 15일) 3,200,000원
매출원가	1월 2일) 1,000,000원	0원	2월 1일) 1,500,000원	2월 20일) 2,500,000원
매출이익	200,000원	0원	500,000원	700,000원

위 도표에서 설명하고 있는 것과 같이, 발생주의회계는 현금의 수반이 없는 미실현이익인 외상매출을 거래의 발생시점에 인식하지만, 현금주의회계는 현금의 수반이 있는 경우에만 이익을 계상한다. 따라서 거래의 인식시점으로 인해 발생주의와 현금주의는 월별 매출이익에 차이를 보인다.

(1) 발 생

발생(發生, accrual)은 수익과 비용이 인식되는 거래가 일어났지만, 거래에 관련된 현금의 수입 및 지출이 이루어지지 않는 상황을 의미한다. 따라서 장래 받을 금액을 나타내는 자산을 관련 수익이나 부채와 함께 인식하고, 장래 지급할 금액을 나타내는 부채를 관련 비용이나 자산과 함께 인식한다. 재화 및 용역을 신용으로 판매할 때에는 자산과 수익으로 인식하고, 현금이 지급되지 않는 이자가 발생하는 경우에는 부채와 비용으로 인식한다.

(2) 이 연

이연(移延, deferral)은 수익 및 비용과 관련된 현금의 수입 및 지출이 이루어졌지만, 그 수익·비용의 인식시점을 미래의 일정 시점까지 연기(이연)되어야 하는 것을 의미한다. 따라서 현재의 현금유입액을 장래의 수익으로 인식하려는 목적인 경우 부채로 인식하고, 현재의 현금유출액을 장래의 비용으로 인식할 목적인 경우 자산으로 인식한다.

	발생기준	현금기준
수익인식 시점	재화의 판매 또는 용역의 제공 시점	현금수입 시점
비용인식 시점	수익창출 위한 자산 감소 또는 부채 발생 시점	현금지출 시점
장점	정확한 손익계산	현금흐름 정보 제공
단점	현금흐름과 발생손익의 불일치	정확한 손익 계산 곤란

2. 재무제표의 요소와 구조

(1) 재무제표의 구조

재무제표	－서로 연관되어 있으며 전체적으로 하나의 체계를 구성
재무상태표 (재정상태표)	－일정시점(회계기말) 현재의 재무상태(Stock)에 관한 정보를 제공 －자산, 부채, 자본
포괄손익계산서 (재정운영표)	－회계기간 동안의 성과에 관한 정보(Flow)
현금흐름표	－회계기간 동안의 현금흐름에 관한 정보
자본변동표 (순자산변동표)	－회계기간 동안 자본의 변동에 관한 정보
주석	－재무제표 본문 표시 정보를 이해하는 데 도움되는 추가 정보 －자원, 의무 등에 대한 재무제표, 본문에 표시되지 않은 정보

주: 괄호(　) 안의 재무제표 용어는 정부회계임.

(2) 재무제표 요소의 인식기준

인식은 거래나 사건의 경제적 효과를 자산·부채·수익·비용 등으로 재무제표에 표시하는 것을 의미한다. 거래나 사건의 경제적 효과를 최초로 기록하는 것뿐만 아니라, 동일한 항목에 대한 후속적인 변화의 기록과 기록되었던 항목의 제거를 모두 포함한다. 재무제표 요소의 인식기준은 미래 경제적 편익이 기업실체에 유입 또는 유출될 가능성이 높아야 하고, 그 항목의 원가 또는 가치를 신뢰성 있게 측정할 수 있어야 한다.

또한 미래 경제적 편익이 기업실체에 유입 또는 유출될 가능성이 높은 경우에만 인식기준을 충족하는데, 여기서 가능성은 특정항목과 관련된 미래 경제적 편익이 기업실체에 유입 또는 유출될 불확실성의 정도를 의미한다. 재무제표 작성시점에서 이용가능한 증거를 근거로 미래 경제적 편익의 발생가능성 정도를 평가해야 한다.

(3) 재무제표 구성요소

1) 재무상태표(재정상태표)

자산 (Assets)	- 과거 사건의 결과로 현재 기업이 통제하고 있고 미래 경제적 편익이 유입될 것으로 기대되는 자원 - 인식: 당해 항목에 내재된 미래의 경제적 편익이 기업실체에 유입될 가능성이 높고, 해당 항목의 원가 또는 가치를 신뢰성 있게 측정할 수 있을 때 - 단, 어떤 거래로 인한 지출이 발생하였을 때, 관련된 미래 경제적 편익의 유입가능성이 낮은 경우, 당해 지출은 자산이 아니라 비용으로 인식
부채 (Liabilities)	- 과거 사건에 의해 발생했으며, 미래 경제적 편익이 내재된 자원이 유출됨으로써 이행될 것으로 기대되는 현재의무 - 인식: 현재의 의무를 미래에 이행할 때, 경제적 편익의 유출가능성이 높고, 결제될 금액을 신뢰성 있게 측정할 수 있을 때 - 단, 미래의 일정 시점에서 자산을 취득하겠다는 단순한 약정에 따른 의무는 부채로 인식하지 아니한다.
자본 (Equity)	- 기업실체의 자산총액에서 부채총액을 제외한 금액, 순자산 - 자산은 기업에 편익을 창출하는 반면, 부채는 기업의 편익을 사용, 이들을 상계하고 남은 부분을 자본이라 명명 - (정부회계에서는 자본이 아닌 순자산이라는 명칭 사용)

기본 회계등식	자산(asset) = 부채(liability) + 자본(equity, 순자산) 차변(debit) = 대변(credit)

예시 재무상태표

재무상태표

(주)재정 2018년 12월 31일 현재 (단위 : 원)

계 정 식

자 산		부 채	
현금	1,000	매입채무	1,000
매출채권	3,000	단기차입금	2,000
상품	4,000	장기차입금	10,000
토지	20,000	자 본	
FVOCI금융자산	2,000	자본금	15,000
특허권	1,500	이익잉여금	3,500
자산총계	31,500	부채 및 자본 총계	31,500

보 고 식

자 산	
현금	1,000
매출채권	3,000
상품	4,000
토지	20,000
FVOCI금융자산	2,000
특허권	1,500
자산총계	31,500
부 채	
매입채무	1,000
단기 차입금	2,000
장기 차입금	10,000
부채총계	13,000
자 본	
자본금	15,000
이익잉여금	3,500
자본총계	18,500
부채 및 자본 총계	31,500

2) 포괄손익계산서(재정운영표)

수익 (income)	−자산 증가 또는 부채 감소에 따라 자본증가를 초래하는 특정회계기간에 발생한 경제적 편익의 증가(단, 소유주에 의한 출자와 관련된 것은 제외) −광의의 수익(income) : 수익(revenue)과 차익(gain) 모두 포함 −수익(gain) : 기업의 정상영업활동의 일환으로 발생하며 매출액, 수수료수익, 이자수익, 배당수익, 로열티수익 및 임대료수익 등 다양한 명칭으로 구분 −수익발생결과 재화 또는 용역 제공 대가로 현금, 수취채권 수령: 자산 증가, 순자산 증가 차입금 상환 위해 대여자에 재화 또는 용역을 제공: 부채 감소, 순자산 증가
비용 (expenses)	−자산 유출·소멸 또는 부채 증가에 따라 자본의 감소를 초래하는 특정회계기간에 발생한 경제적 편익의 감소(단, 소유주에 대한 분배와 관련된 것은 제외) −광의의 비용 : 기업의 정상영업활동의 일환으로 발생하는 비용(매출원가, 급여 및 감가상각비 등)과 차손(loss) 모두 포함 −비용발생결과 일반적으로 현금 및 현금성자산, 재고자산 또는 유형자산 등 자산의 유출·소모의 형태로 또는 부채의 증가로 나타남 : 자산 유출 또는 부채 증가

수익 비용 인식	수익 : 경제적 편익이 유입됨으로써 자산이 증가하거나 부채가 감소하고, 그 금액을 신뢰성 있게 측정할 수 있을 때 인식 비용 : 자산감소 또는 부채의 증가와 관련하여 미래 경제적 편익이 감소하고, 이를 신뢰성 있게 측정할 수 있을 때 인식

기본 회계등식	수익 − 비용 = 당기순이익(손익계산서) 수익 − 비용 + [기타포괄이익 − 기타포괄손실] = 총포괄이익

예시 포괄손익계산서

포괄손익계산서

(주)재정 2018년 1월 1일 ~ 2018년 12월 31일 (단위 : 원)

계 정 식

비 용		수 익	
매출원가	12,000	매출액	18,000
급여	3,000	FVOCI*금융자산	
임차료	600	평가이익	300
광고선전비	300		
이자비용	200		
총포괄이익	2,200		
[당기순이익	1,900]		
합계	18,300	합계	18,300

보 고 식

매출액	18,000
매출원가	(12,000)
매출총이익	₩6,000
급여	(3,000)
임차료	(600)
광고선전비	(300)
이자비용	(200)
당기순이익	1,900
FVOCI금융자산	
평가이익	300
총포괄이익	2,200

* FVOCI는 공정가치(fair value)의 변동을 의미.

3) 현금흐름표 / 자본변동표(순자산변동표)

현금흐름표는 일정기간 동안 기업의 현금흐름에 대해 활동별로 분류하고 요약한 보고서이다. 기업의 활동을 영업활동, 투자활동 및 재무활동으로 구분하고 각 활동별로 현금유입과 현금유출에 관한 내역을 보여준다.

자본변동표(순자산변동표)는 일정기간 동안 자본의 크기와 그 변동에 관한 정보를 제공하는 재무보고서이다. 소유주 투자와 현금배당 등 소유주에 대한 분배, 포괄이익에 대한 정보를 제공해준다. 자본금, 자본잉여금, 자본조정, 기타포괄손익누계액 및 이익잉여금으로 구성되며, 정부회계에서는 공공기관을 제외하고는 주식을 발행하지 않기 때문에 그 의미에서 조금 차이를 보인다.

예시 자본변동표

자본변동표

(주)재정 2018년 1월 1일 ~ 2018년 12월 31일 (단위 : 원)

구 분	자본금	자본잉여금	자본조정	기타포괄손익누계액	이익잉여금	합 계
2018.1.1(보고금액)	₩7,000	₩1,000	₩(100)	₩1,500	₩4,600	₩14,000
전기분 현금배당					(500)	(500)
처분 후 이월이익잉여금					₩4,100	₩13,500
유상증자	1,000	500				1,500
당기순이익					2,000	2,000
2018.12.31	₩8,000	₩1,500	₩(100)	₩1,500	₩6,100	₩17,000

Government Accounting & Finance Statistics

제3장
국가회계

제1절 국가회계의 개관
제2절 적용범위 및 일반원칙
제3절 재무제표

Government Accounting & Finance Statistics

제1절 국가회계의 개관

1. 국가회계기준의 의의 및 목적

국가회계의 근거법률은 국가재정법과 국가회계법이 있다. 국가재정법은 국가재정운영 전반을 규율하는 기본법인 반면 국가회계법은 국가회계의 처리기준과 결산보고서의 작성에 관한 사항을 규정하고 있다. 국가회계법에서는 국가의 재정활동에서 발생하는 경제적 거래 등을 발생 사실에 따라 복식부기 방식으로 회계처리하는 데에 필요한 기준(이하 "국가회계기준"이라 한다)은 기획재정부령으로 정하도록 규정하고 있는데, 이러한 국가회계법에 근거하여 2009년 국가회계기준에 관한 규칙(국가회계기준)을 제정함으로써 전반적인 정부회계기준의 체계가 완성되었다고 할 수 있다.

국가회계기준은 국가회계실체가 발생주의 복식부기 원칙에 따라 재무제표를 작성하도록 하여 국가의 재정상태와 재정운영의 현황을 체계적으로 파악할 수 있게 되었다. 특히 프로그램별 원가계산 및 성과평가는 물론 국가의 자산과 부채를 체계적인 관리를 위한 기반을 마련하였다.

2. 국가회계법령체계

국가회계법령 체계는 국가회계법, 국가회계기준, 국가회계예규로 구성되어 있다.

국가회계법
- 결산보고서 체계, 구성

↓

국가회계기준
- 재무제표(재정상태표, 재정운영표, 순자산변동표) 작성방법
- 자산 · 부채 정의, 평가방법 등

↓

국가회계예규(22개)
- (국가 회계 예규) 법령식으로 구성된 기준을 보완하여 실무적용에 필요한 사안에 대해 상세해설과 회계처리 사례를 문단식으로 제시

[국가회계법령체계]

국가회계기준은 총 7장으로 본문 58조와 부칙으로 구성되어 있으며 각 장별 주요 내용은 다음 <표 3-1>과 같다.

표 3-1 국가회계기준의 주요 내용

구 분 (장, 조문)	주요 내용
제1장 총칙 (제1조~제6조)	회계기준의 제정 목적, 적용범위, 용어의 정의, 재무제표의 종류 및 작성원칙
제2장 재정상태표 (제7조~제23조)	재정상태표의 작성기준, 자산·부채·순자산의 정의 및 인식기준
제3장 재정운영표 (제24조~제31조)	재정운영표의 작성기준, 수익과 비용의 정의 및 인식기준
제4장 자산과 부채의 평가 (제32조~제51조)	자산과 부채의 세부 항목별 평가방법
제5장 순자산변동표 (제52조~제53조)	순자산변동표의 작성방법
제6장 필수보충정보, 주석, 부속명세서 등 (제54조~제56조)	필수보충정보, 주석 및 부속명세서의 내용
제7장 보칙 (제57조~제58조)	국유재산관리운용보고서 등의 작성 및 세부회계처리기준

국가회계법에 근거하여 제정된 국가회계기준만으로 국가의 모든 회계처리를 적용하기란 불가능하다. 이에 국가회계기준의 하위지침으로서 국가회계처리를 실무적으로 적용하는 데 필요한 사안에 관한 상세해설과 회계처리사례 등 국가회계예규 22개를 제정하였다. 종전 국가회계예규의 편제는 기준(부령)·고시(5개), 예규(20개)를 포함하여 25개에서 기준(부령)·예규(22개)로 바뀌게 되었으며 2015회계연도부터 적용하게 되었다. 근본적인 이유는 동일한 내용을 중복규정하거나 서술방법 등이 섞어 있었으며, 색인이 없어 이용에 불편이 많다는 지적이 있었기 때문이다. 그 변화체계를 도식화하면 다음 [그림 3-1]과 같다.

그림 3-1 국가회계예규의 변천

자료: 기획재정부 · 한국조세재정연구원(2016). 국가회계편람.

국가회계예규는 22개로 구성되어 있으며 그 구성은 다음과 같다.

1. 재무제표의 표시와 부속서류의 작성에 관한 지침
2. 재무제표의 통합에 관한 지침
3. 금융자산과 금융부채 회계처리지침
4. 일반유형자산과 사회기반시설 회계처리지침
5. 무형자산 회계처리지침
6. 기타의 자산과 기타의 부채 회계처리지침
7. 리스 회계처리지침
8. 우발상황 회계처리지침
9. 교환수익 회계처리지침
10. 비교환수익 회계처리지침
11. 비용 회계처리지침
12. 연금 회계처리지침
13. 보험 회계처리지침
14. 보증 회계처리지침
15. 융자 회계처리지침
16. 민간투자사업(BTO·BTL) 회계처리지침
17. 국유재산위탁개발사업 회계처리지침
18. 원가계산에 관한 지침
19. 국고금 회계처리지침
20. 세입·세출외거래 회계처리지침
21. 회계정책·회계추정의 변경과 오류수정에 관한 지침
22. 정부조직개편 회계처리지침

제2절 적용범위 및 일반원칙

1. 적용범위

국가회계기준은 「국가재정법」에 따른 일반회계, 특별회계 및 같은 법에 따른 기금의 회계처리에 대하여 적용한다. 2018년 현재, 중앙정부의 재정체계구성은 일

반회계 1개, 특별회계 19개, 기금 67개로 운영된다. 국가회계기준의 해석과 실무회계처리에 관한 사항은 기획재정부장관이 정하는 바에 따르며, 이 기준에서 정하는 것 외의 사항에 대해서는 일반적으로 인정되는 회계원칙과 일반적으로 공정하고 타당하다고 인정되는 회계관습에 따른다.

ref 일반적으로 인정되는 회계원칙은 일반기업회계기준 또는 기업회계에서 적용되는 한국채택국제회계기준(K-IFRS)을 의미한다.

국가회계는 일반회계와 특별회계로 구분되는데, 일반회계는 조세수입 등을 주요 세입으로 하여 국가의 일반적인 세출에 충당하기 위하여 설치된 회계이다. 특별회계는 국가에서 특정한 사업을 운영하고자 할 때, 특정한 자금을 보유하여 운용하고자 할 때, 특정한 세입으로 특정한 세출에 충당함으로써 일반회계와 구분하여 회계처리할 필요가 있을 때에 법률로써 설치된 회계이다. 기금은 국가가 특정한 목적을 위하여 특정한 자금을 신축적으로 운용할 필요가 있을 때에 한하여 법률로써 설치하되, 정부의 출연금 또는 법률에 따른 재원으로 하는 기금은 법률에 의하지 아니하고는 이를 설치할 수 없다. 또한 세입세출예산에 의하지 아니하고 운용할 수 있는 특징을 지닌다. 특별회계는 기타특별회계(우체국보험특별회계, 농어촌구조개선특별회계, 교통시설특별회계, 주한미군기지이전특별회계, 행정중심복합도시건설특별회계 등)와 기업특별회계(양곡특별회계 등)로 구성된다.

한편 국가회계는 행정형 회계와 사업형 회계를 구분[2]하기도 하는데, 이에 관해서는 재무제표의 표시와 부속서류의 작성에 관한 지침(문단 3)에서 규정하고 있다. 문단 3의 (4)에는 행정형 회계란 "일반회계와 특별회계(기업특별회계 제외)와 같이 징수한 세금 등을 재원으로 하여 공공재를 공급하는 국가의 일반적이고 고유한 행정활동을 수행하는 회계실체를 말한다"라고 규정하고 있으며, 문단 3의 (5)에는 사업형 회계란 "기업특별회계(책임운영기관특별회계를 포함한다)나 기금과 같이 개별적인 보상관계가 적용되는 독립적인 수익 창출활동을 수행하는 회계실체를 말한다"라고 규정하고 있다.

---

2) 행정형회계는 일반회계와 기타특별회계를 포괄하고, 사업형회계는 기금과 기업특별회계를 포괄한다.

「정부기업예산법」 제3조에 따른 특별회계, 「책임운영기관의 설치 · 운영에 관한 법률」 제27조에 따른 책임운영기관특별회계는 사업형 회계실체에 포함된다.

- 정부기업예산법 제3조(특별회계의 설치) 정부기업을 운영하기 위하여 다음 각 호의 특별회계를 설치하고 그 세입으로써 그 세출에 충당한다.
  1. 우편사업특별회계 2. 우체국예금특별회계 3. 양곡관리특별회계 4. 조달특별회계
- 책임운영기관의 설치 · 운영에 관한 법률 제27조(특별회계의 설치 등) ① 제4조 제1항제2호의 사무를 주로 하는 소속책임운영기관의 사업을 효율적으로 운영하기 위하여 책임운영기관특별회계를 둔다.
  ② 제1항에 따라 책임운영기관특별회계로 운영할 필요가 있는 소속책임운영기관은 재정수입 중 자체 수입의 비율 등 대통령령으로 정하는 기준에 따라 기획재정부장관이 행정자치부장관 및 해당 중앙행정기관의 장과 협의를 거쳐 정한다.
  ③ 제2항에 따라 정하여진 소속책임운영기관(이하 "책임운영기관특별회계기관")을 제외한 소속책임운영기관은 일반회계로 운영하되, 대통령령으로 정하는 회계 변경이 곤란한 특별한 사유가 있는 경우에는 다른 법률에 따라 설치된 특별회계로 운영할 수 있다. 이 경우 일반회계 또는 특별회계에 별도의 책임운영기관 항목을 설치하고 책임운영기관특별회계기관에 준하는 예산 운영상의 자율성을 보장하여야 한다.

자료: 기획재정부 · 한국조세재정연구원(2016). 국가회계편람.

2. 일반원칙

표 3-2 일반원칙

구 분	내 용
신뢰성(객관성)	회계처리는 신뢰할 수 있도록 객관적인 자료와 증거에 따라 공정하게 이루어져야 한다.
명료성(이해가능성)	재무제표의 양식, 과목 및 회계용어는 이해하기 쉽도록 간단명료하게 표시하여야 한다.
충분성	중요한 회계방침, 회계처리기준, 과목 및 금액에 관하여는 그 내용을 재무제표에 충분히 표시하여야 한다.
비교가능성	회계처리에 관한 기준과 추정은 기간별 비교가 가능하도록 기간마다 계속하여 적용하고 정당한 사유 없이 이를 변경하여서는 아니된다.
중요성	회계처리와 재무제표 작성을 위한 계정과목과 금액은 그 중요성에 따라 실용적인 방법으로 결정하여야 한다.
경제적 실질 우선	회계처리는 거래 사실과 경제적 실질을 반영할 수 있어야 한다.

일반원칙에 관해서는 국가회계편람(2016)의 실무해설2에서 더욱 상세하게 설명하고 있다. "신뢰성은 객관적 자료와 증거에 따라 공정한 회계처리가 되어야 함을 의미하며, 명료성(이해가능성)은 재무제표의 양식, 과목 및 회계용어는 간단·명료하게 처리되어야 한다는 것이다. 이 원칙은 어느 정도 지식을 갖춘 이용자가 회계정보를 충분히 이해할 수 있을 정도로 재무제표의 양식, 과목 및 용어의 사용을 고려하여야 한다는 것이다. 충분성은 재정활동의 내용과 그 성과를 쉽게 파악할 수 있도록 국가회계가 충분한 정보를 제공하고, 중요한 회계방침, 회계처리기준, 과목 및 금액에 관하여는 그 내용을 재무제표 상에 충분히 표시하여야 하며 특정 거래나 사건을 충실히 표현하기 위해 필요한 중요한 정보는 누락이 없어야 함을 의미한다. 비교가능성은 회계처리에 관한 기준 및 추정은 기간별 비교가 가능하도록 매기 계속하여 적용하고 정당한 사유 없이 이를 변경하여서는 아니 된다는 것이다. 또한 회계정보에 대한 비교가능성을 높이기 위해 기업회계기준과 마찬가지로 국가회계기준에서도 재무제표를 당해 연도와 과거 연도를 비교하는 방식으로 작성·표시하도록 하고 있다. 중요성은 회계처리와 재무제표 작성을 위한 계정과목과 금액은 그 중요성에 따라 실용적인 방법에 의하여 결정한다는 원칙으로 회계항목이 정보로 제공되기 위한 최소한의 요건이다. 특정 정보가 생략되거나 잘못 표시된 재무제표가 정보이용자의 판단이나 의사결정에 영향을 미칠 수 있다면 개념적으로 볼 때 그러한 정보는 중요한 정보이다. 중요성은 일반적으로 당해 항목의 성격과 금액의 크기에 의해 결정된다. 그러나 어떤 경우에는 금액의 크기와는 관계없이 정보의 성격 자체만으로도 중요한 정보가 될 수 있다. 경제적 실질의 원칙은 회계정보의 유용성을 높이기 위한 원칙으로 회계처리대상이 되는 거래나 사건의 형식보다는 그 경제적 실질에 따라 회계처리하고 보고하여야 한다는 것이다."

제3절 재무제표

1. 재무제표의 종류 및 목적

재무제표는 「국가회계법」에 따라 재정상태표, 재정운영표, 순자산변동표로 구성하되, 재무제표에 대한 주석을 포함한다. 재무제표의 부속서류는 필수보충정보와 부속명세서로 한다. 재정상태표는 특정시점 중앙관서(중앙관서결산보고서) 또는 국가(국가결산보고서)의 자산 및 부채현황을 보여주는 재무제표이며, 기업의 재무상태표라 할 수 있다. 재정운영표는 일정기간 동안 중앙관서 또는 국가가 공공서비스 제공에 소요된 원가와 수익을 보여주는 재무제표로 기업의 (포괄)손익계산서라 할 수 있다. 순자산변동표는 일정기간 동안 중앙관서 또는 국가가 순자산의 변동을 보여주는 재무제표로 기업의 자본변동표라 할 수 있다. 재무제표는 국가의 재정활동에 직접적 또는 간접적으로 이해관계를 갖는 정보이용자가 국가의 재정활동 내용을 파악하고, 합리적으로 의사결정을 할 수 있도록 유용한 정보를 제공하는 것을 목적으로 한다. 또한 재무제표는 국가가 공공회계책임을 적절히 이행하였는지를 평가하는 데 필요한 다음 각 호의 정보를 제공하여야 한다.

1. 국가의 재정상태 및 그 변동과 재정운영결과에 관한 정보
2. 국가사업의 목적을 능률적, 효과적으로 달성하였는지에 관한 정보
3. 예산과 그 밖에 관련 법규의 준수에 관한 정보

2. 재무제표 작성원칙

국가의 재무제표를 작성할 때 준수해야 할 원칙은 다음과 같다.

표 3-3 재무제표 작성원칙

구 분	내 용
비교가능성	재무제표는 당해 회계연도분과 직전 회계연도분을 비교하는 형식으로 작성
계속성	비교하는 형식으로 작성되는 두 회계연도의 재무제표는 계속성의 원칙에 따라 작성하며, 「국가회계법」에 따른 적용 범위, 회계정책 또는 이 규칙 등이 변경된 경우에는 그 내용을 주석으로 공시
중요성	재무제표의 과목은 해당 항목의 중요성에 따라 별도의 과목으로 표시하거나 다른 과목으로 통합하여 표시
내부거래의 상계	재무제표를 통합하여 작성할 경우 내부거래는 상계하여 작성

국가재무제표 작성원칙은 국가회계편람(2016)의 실무해설 3~5를 참고할 수 있다. 작성원칙 중 중요성에 관한 내용 중 재무제표의 계정과목 및 재무제표의 표시 수준은 다음과 같다.

ref 계정과목의 체계 및 재무제표의 표시 수준

(1) 국가회계기준상의 계정과목은 대분류, 중분류, 회계과목, 관리과목, 세부관리과목의 5단계 구조로 구성(Level Ⅰ, Ⅱ, Ⅲ, Ⅳ, Ⅴ)된다.
(2) 대분류(Level Ⅰ)는 발생주의·복식부기회계에 의한 재무제표 기본요소인 자산, 부채, 순자산, 수익 및 비용의 구분을 말하며, 이는 다시 일정기준에 따라 중분류 항목으로 나눠진다.
(3) 중분류(Level Ⅱ)는 대분류를 국가회계기준(유동성 기준 등)에 따라 구분(예 유동자산, 투자자산, 일반유형자산 등)하는 것을 말한다.
(4) 회계과목(Level Ⅲ)은 예산과목에 대응되는 재무결산 보고의 기본단위로 재무제표에 표시되는 공시과목(예 현금및현금성자산, 단기금융상품, 단기투자증권, 미수채권 등)을 말한다.
(5) 관리과목(Level Ⅳ) 및 세부관리과목(Level Ⅴ)은 회계과목의 상세한 정보제공을 위하여 회계처리 시 사용되는 기표과목이며, 관리과목 및 세부관리과목은 향후 필요 시 추가로 설정가능하다.

ref 중요성은 항목이 정보로 제공되기 위한 최소한의 요건으로서, 특정 정보가 생략되거나 잘못 표시된 재무제표가 정보이용자의 판단이나 의사결정에 영향을 미칠 수 있다면 개념적으로 볼 때 그러한 정보는 중요한 정보이다. 중요성은 일반적으로 당해 항목의 성격과 금액의 크기에 의해 결정된다. 그러나 어떤 경우에는 금액의 크기와는 관계없이 정보의 성격 자체만으로도 중요한 정보가 될 수 있다. 중요성은 재무제표 전체적인 수준에서의 중요성과 개별 계정잔액, 거래 및 공시사항 수준에서의 중요성을 동시에 고려하여야 하

며, 법률과 제 규정상의 요구사항 그리고 개별 계정잔액이나 계정잔액 간 상호 관련성에 의해서도 영향을 받을 수 있다. 따라서 이러한 요소들의 영향에 따라서는 대상 재무제표에 따라 중요성 수준이 달라질 수도 있다. 이와 같이 중요성 판단은 회계실체가 처한 모든 요소들을 고려하여 이루어져야 하며, 상대적으로 적은 금액도 질적인 측면에서 재무제표에 중요한 영향을 미칠 수 있다.

ref 질적 요소가 중요성 기준의 설정에 영향을 미치는 경우

(1) 재무비율이나 재무상태와 관련하여 일정 수준을 유지해야 하는 압력을 받고 있는 회계실체가 그 약정의 위반위험에 처한 상황에서(또는 그러한 약정위반을 피할 수 있는) 회계변경효과를 공시할 경우에는, 재무상태가 양호한 국가회계실체보다 더욱 낮은 금액적 중요성 기준을 적용하는 것이 타당하다.

(2) 계정과목 분류 오류의 경우, 선박 및 항공기로 분류되어야 할 항목을 기계장치로 잘못 분류한 경우에는 계정과목 분류 오류와 관계없이 모두 일반유형자산으로 분류될 것이므로 중요하지 않을 수 있다. 그러나 같은 금액의 분류 오류인 경우에도 선박 및 항공기가 현금 및 현금성자산으로 분류된 경우에는 중요할 수 있다.

「국고금관리법 시행령」에 따른 출납정리기한 중에 발생하는 거래에 대한 회계처리는 해당 회계연도에 발생한 거래로 보아 회계처리하도록 규정하고 있다(납입과 지출은 해당회계연도 말일 기준).

3. 재정상태표

재정상태표는 재정상태표일 현재의 자산과 부채의 명세 및 상호관계 등 재정상태를 나타내는 재무제표로서 자산, 부채 및 순자산으로 구성된다. 이미 설명한 바와 같이 재정상태표는 일반기업의 재무상태표와 그 성격이 유사하다. 다만 국가의 경우 주주 등 소유주가 존재하지 않기 때문에 자본(자산－부채)이란 개념을 활용하지 않고 순자산 개념이 활용된다.

또한 국가회계실체는 일반회계, 특별회계 및 기금으로 구분되지만 회계단위별로 구분하지 않고 합계액을 표시하게 된다. 다만 기금관리주체가 해당기금의 재무제표를, 중앙관서의 장은 중앙관서의 일반회계, 특별회계 및 기금을 합한 총액의 재무제표를, 국가는 중앙관서 등의 재무제표를 통합하여 국가재무제표를 작성하게 된다. 재정상태표 양식은 기금, 중앙관서 및 국가가 모두 동일하다. 다만 재정운영표 및 순자산변동표의 경우 국가와 기금 및 중앙관서와 다소 차이가 있는데, 이에 관해서는 추후 설명할 것이다.

(1) 재정상태표 체계

■ 국가회계기준에 관한 규칙 [별지 제1호서식]

재정상태표

당기: 20XY년 12월 31일 현재
전기: 20XX년 12월 31일 현재

○○기금, ○○부처, 대한민국 정부 (단위:)

	주석	20XY		20XX	
자산					
Ⅰ. 유동자산			XXX		XXX
1. 현금 및 현금성자산	X		XXX		XXX
2. 단기금융상품	X		XXX		XXX
3. 단기투자증권	X		XXX		XXX
4. 미수채권	X	XXX		XXX	
…		XXX		XXX	
5. 단기대여금	X	XXX		XXX	
…		XXX		XXX	
6. 기타 유동자산	X		XXX		XXX
Ⅱ. 투자자산			XXX		XXX
1. 장기금융상품	X		XXX		XXX
2. 장기투자증권	X		XXX		XXX
3. 장기대여금	X	XXX		XXX	
…		XXX		XXX	
4. 기타 투자자산	X		XXX		XXX
Ⅲ. 일반유형자산			XXX		XXX
1. 토지	X	XXX		XXX	
…		XXX		XXX	
2. 건물	X	XXX		XXX	
…		XXX		XXX	
3. 구축물	X	XXX		XXX	
…		XXX		XXX	
4. 기계장치	X	XXX		XXX	
…		XXX		XXX	
5. 집기·비품·차량운반구	X	XXX		XXX	
…		XXX		XXX	
6. 전비품	X	XXX		XXX	
…		XXX		XXX	
7. 기타 일반유형자산	X	XXX		XXX	
…		XXX		XXX	
8. 건설 중인 일반유형자산	X		XXX		XXX
Ⅳ. 사회기반시설			XXX		XXX
1. 도로	X	XXX		XXX	

…		XXX		XXX	
2. 철도	*X*	XXX		XXX	
…		XXX		XXX	
3. 항만	*X*	XXX		XXX	
…		XXX		XXX	
4. 댐	*X*	XXX		XXX	
…		XXX		XXX	
5. 공항	*X*	XXX		XXX	
…		XXX		XXX	
6. 하천	*X*	XXX		XXX	
…		XXX		XXX	
7. 상수도	*X*	XXX		XXX	
…		XXX		XXX	
8. 국가어항	*X*	XXX		XXX	
…		XXX		XXX	
9. 기타 사회기반시설	*X*	XXX		XXX	
…		XXX		XXX	
10. 건설 중인 사회기반시설	*X*		XXX		XXX
Ⅴ. 무형자산			XXX		XXX
1. 산업재산권	*X*		XXX		XXX
2. 광업권	*X*		XXX		XXX
3. 소프트웨어	*X*		XXX		XXX
4. 기타무형자산	*X*		XXX		XXX
Ⅵ. 기타 비유동자산			XXX		XXX
1. 장기미수채권	*X*	XXX		XXX	
2. …	*X*	XXX		XXX	
자산계			XXX		XXX
부채					
Ⅰ. 유동부채			XXX		XXX
1. 단기국채	*X*	XXX		XXX	
…		XXX		XXX	
2. 단기공채	*X*	XXX		XXX	
…		XXX		XXX	
3. 단기차입금	*X*		XXX		XXX
4. 유동성장기차입부채	*X*		XXX		XXX
5. 기타 유동부채	*X*	XXX		XXX	
…		XXX		XXX	
Ⅱ. 장기차입부채			XXX		XXX
1. 국채	*X*	XXX		XXX	
…		XXX		XXX	
2. 공채	*X*	XXX		XXX	
…		XXX		XXX	
3. 장기차입금	*X*		XXX		XXX
4. 기타 장기차입부채	*X*		XXX		XXX
Ⅲ. 장기충당부채			XXX		XXX
1. 퇴직급여충당부채	*X*		XXX		XXX

2. 연금충당부채	X		XXX		XXX
3. 보험충당부채	X		XXX		XXX
4. 기타 장기충당부채	X		XXX		XXX
Ⅳ. 기타 비유동부채			XXX		XXX
1. 장기미지급금	X	XXX		XXX	
2. …	X	XXX		XXX	
부채계			XXX		XXX
순자산					
Ⅰ. 기본순자산			XXX		XXX
Ⅱ. 적립금 및 잉여금			XXX		XXX
Ⅲ. 순자산조정			XXX		XXX
순자산계			XXX		XXX
부채와순자산계			XXX		XXX

재정상태표를 작성할 때 유동성이 높은 항목부터 배열해야 하고, 총액으로 표시해야 한다. 자산과 부채는 유동성이 높은 항목부터 배열한다(유동성배열). 이 경우 유동성이란 현금으로 전환되기 쉬운 정도를 말한다. 또한 자산, 부채 및 순자산은 총액으로 표시한다(총액표시). 이 경우 자산 항목과 부채 또는 순자산 항목을 상계함으로써 그 전부 또는 일부를 재정상태표에서 제외해서는 아니 된다.

(2) 재정상태표의 구성

재정상태표는 자산, 부채, 순자산으로 구성된다. 먼저 자산은 과거의 거래나 사건의 결과로 현재 국가회계실체가 소유(실질적으로 소유하는 경우 포함) 또는 통제하고 있는 자원이다. 미래에 공공서비스를 제공할 수 있거나 직접 또는 간접적으로 경제적 편익*을 창출하거나 창출에 기여할 것으로 기대되는 자원을 말한다. 여기서 기업회계와 다른 부분은 미래 경제적 편익을 창출하는 자원만이 아닌 공공서비스를 제공하는 경제주체 개념이 포함된다. 따라서 도로, 철도, 항만 등 사회기반시설이 자산에 포함된다.

ref 회계학분야에서는 편익을 효익*이라 명명하지만, 편익으로 명명할 것이다.

(3) 인식기준 및 분류

1) 인식기준

국가회계기준(제10조, 제18조)에 규정된 자산과 부채의 인식기준은 다음과 같다.

표 3-4 자산과 부채의 정의 및 인식기준

구 분	내 용
자 산	자산은 공용 또는 공공용으로 사용되는 등 공공서비스를 제공할 수 있거나 직접적 또는 간접적으로 경제적 편익을 창출하거나 창출에 기여할 가능성이 매우 높고 그 가액을 신뢰성 있게 측정할 수 있을 때에 인식
부 채	부채는 국가회계실체가 부담하는 현재의 의무 중 향후 그 이행을 위하여 지출이 발생할 가능성이 매우 높고 그 금액을 신뢰성 있게 측정할 수 있을 때 인식

국가회계에서는 현재 세대와 미래 세대를 위하여 정부가 영구히 보존하여야 할 자산으로서 역사적, 자연적, 문화적, 교육적 및 예술적으로 중요한 가치를 갖는 유산자산을 공시하고 있다. 다만 유산자산은 자산으로 인식하지 아니하고 그 종류와 현황 등을 필수보충정보로 공시하고 있는데, 이는 유산자산을 자산으로 인식하지 않기 때문에 유산자산 취득과 관련된 지출은 자산으로 인식하지 않고 비용으로 처리해야 한다. 또한 국가안보와 관련된 자산은 기획재정부장관과 협의하여 자산으로 인식하지 않을 수 있도록 규정하고 있는데, 이 경우 해당 중앙관서의 장은 해당 자산의 종류, 취득시기 및 관리현황 등을 별도의 장부에 기록하여야 한다.

2) 자산의 분류

자산은 유동자산, 투자자산, 일반유형자산, 사회기반시설, 무형자산 및 기타 비유동자산 등으로 구성되며, 그 세부내용은 다음과 같다(국가회계기준 제11조~제16조).

표 3-5 자산의 세부내역

구 분	내 용
유동자산	재정상태표일부터 1년 이내에 현금화되거나 사용될 것으로 예상되는 자산으로서, 현금 및 현금성자산, 단기금융상품, 단기투자증권, 미수채권, 단기대여금 및 기타 유동자산 등

	–단기투자증권은 만기가 1년 이내이거나 1년 이내에 처분 예정인 채무증권, 지분증권 및 기타 단기투자증권이며, 기타 유동자산은 미수수익, 선급금, 선급비용 및 재고자산 등
투자자산	투자 또는 권리행사 등의 목적으로 보유하고 있는 자산으로서, 장기금융상품, 장기투자증권, 장기대여금 및 기타 투자자산 등 –장기투자증권은 만기가 1년 후이거나 1년 후에 처분 예정인 채무증권, 지분증권 및 기타 장기투자증권
일반 유형자산	고유한 행정활동에 1년 이상 사용할 목적으로 취득한 자산(제14조에 따른 사회기반시설 제외)으로서, 토지, 건물, 구축물, 기계장치, 집기·비품·차량운반구, 전비품, 기타 일반유형자산 및 건설 중인 일반유형자산 등 –전비품은 전쟁의 억제 또는 수행에 직접적으로 사용되는 전문적인 군사장비와 탄약 등
사회 기반시설	국가의 기반을 형성하기 위하여 대규모로 투자하여 건설하고 그 경제적 효과가 장기간에 걸쳐 나타나는 자산으로서 도로, 철도, 항만, 댐, 공항, 하천, 상수도, 국가어항, 기타 사회기반시설 및 건설 중인 사회기반시설 등
무형자산	일정기간 독점적·배타적으로 이용할 수 있는 권리인 자산으로서, 산업재산권, 광업권, 소프트웨어, 기타 무형자산 등
기타 비유동자산	유동자산, 투자자산, 일반유형자산, 사회기반시설 및 무형자산에 해당하지 아니하는 자산으로서 장기미수채권 등

3) 자산의 평가

재정상태표에 표시하는 자산의 가액은 해당 자산의 취득원가를 기초로 하여 계상해야 한다. 다만, 무주부동산의 취득, 국가 외의 상대방과의 교환 또는 기부채납 등의 방법으로 자산을 취득한 경우에는 취득 당시의 공정가액을 취득원가로 한다. 국가회계실체 사이에 발생하는 관리전환은 무상거래일 경우에는 자산의 장부가액을 취득원가로 하고, 유상거래일 경우에는 자산의 공정가액을 취득원가로 한다.

재정상태표에 표시하는 자산은 자산의 물리적인 손상 또는 시장가치의 급격한 하락 등으로 해당 자산의 회수가능가액이 장부가액에 미달하고 그 미달액이 중요한 경우에는 장부가액에서 직접 빼서 회수가능가액으로 조정하고, 장부가액과 회수가능가액의 차액을 그 자산에 대한 감액손실의 과목으로 재정운영순원가에 반영하며 감액명세를 주석으로 표시한다. 다만, 감액한 자산의 회수가능가액이 차기 이후에 해당 자산이 감액되지 아니하였을 경우의 장부가액 이상으로 회복되는 경우에는 그 장부가액을 한도로 하여 그 자산에 대한 감액손실환입 과목으로 재정운영순원가에 반영한다. 한편 「군수품관리법」에 따라 관리되는 전비품 등의 평가기준은 국방부장관이 따로 정하는 바에 따를 수 있다.

유가증권은 매입가액에 부대비용을 더하고 종목별로 총평균법 등을 적용하여 산정한 가액을 취득원가로 한다. 유가증권은 자산의 분류기준에 따라 단기투자증권과 장기투자증권으로 구분한다. 채무증권은 상각후취득원가로 평가하고 지분증권과 기타 장기투자증권 및 기타 단기투자증권은 취득원가로 평가한다. 다만, 투자목적의 장기투자증권 또는 단기투자증권인 경우에는 재정상태표일 현재 신뢰성 있게 공정가액을 측정할 수 있으면 그 공정가액으로 평가하며, 장부가액과 공정가액의 차이금액은 순자산변동표에 조정항목으로 표시한다. 유가증권의 회수가능가액이 장부가액 미만으로 하락하고 그 하락이 장기간 계속되어 회복될 가능성이 없을 경우에는 장부가액과의 차액을 감액손실로 인식하고 재정운영순원가에 반영한다.

미수채권, 장기대여금 또는 단기대여금은 신뢰성 있고 객관적인 기준에 따라 산출한 대손추산액을 대손충당금으로 설정하여 평가해야 한다. 즉, 대손예상액을 추정하여 대손충당금을 설정하고 상계한다. 대손예상액은 기간경과분석, 거래처별 신용 및 재무상태분석, 과거경험률 등에 기초하여 추정할 수 있다.

재고자산은 판매 또는 용역제공을 위하여 보유하거나 생산과정에 있는 자산, 생산과정 또는 용역제공과정에 투입될 원재료나 소모품 형태로 존재하는 자산을 말한다. 재고자산은 제조원가 또는 매입가액에 부대비용을 더한 금액을 취득원가로 하고 품목별로 선입선출법을 적용하여 평가한다. 다만, 실물흐름과 원가산정 방법 등에 비추어 다른 방법을 적용하는 것이 보다 합리적이라고 인정되는 경우에는 개별법, 이동평균법 등을 적용하고 그 내용을 주석으로 표시한다.

또한, 선택된 재고자산의 평가 방법은 정당한 사유 없이 변경할 수 없으며, 평가 방법의 정당한 변경 사유가 발생한 경우에는 추후 설명하는 회계변경의 회계처리에 따라 회계처리한다. 재고자산의 시가가 취득원가보다 낮은 경우에는 시가를 재정상태표 가액으로 한다. 이 경우 원재료 외의 재고자산의 시가는 순실현가능가액을 말하며, 생산과정에 투입될 원재료의 시가는 현재 시점에서 매입하거나 재생산하는 데 드는 현행대체원가를 말한다.

압수품 및 몰수품은 화폐성자산과 비화폐성자산으로 구분하여 평가한다. 화폐성자산은 압류 또는 몰수 당시의 시장가격으로 평가하고, 비화폐성자산은 압류 또는 몰수 당시의 감정가액 또는 공정가액 등으로 평가하며, 평가된 가액을 주석으로 표시한다.

일반유형자산은 해당 자산의 건설원가 또는 매입가액에 부대비용을 더한 금액을 취득원가로 하고, 객관적이고 합리적인 방법으로 추정한 기간에 정액법 등을 적용하여 감가상각한다. 일반유형자산에 대한 사용수익권은 해당 자산의 차감항목에 표시한다.

사회기반시설의 취득원가 결정 및 감가상각은 일반유형자산의 회계처리를 준용한다. 이 경우 감가상각은 건물, 구축물 등 세부 구성요소별로 감가상각한다. 사회기반시설 중 관리·유지 노력에 따라 취득 당시의 용역 잠재력을 그대로 유지할 수 있는 시설에 대해서는 감가상각하지 아니하고 관리·유지에 투입되는 비용으로 감가상각비용을 대체할 수 있다. 다만, 효율적인 사회기반시설 관리시스템으로 사회기반시설의 용역 잠재력이 취득 당시와 같은 수준으로 유지된다는 것이 객관적으로 증명되는 경우로 한정한다. 사회기반시설에 대한 사용수익권은 해당 자산의 차감항목에 표시한다.

일반유형자산과 사회기반시설을 취득한 후 재평가할 때에는 공정가액으로 계상하여야 한다. 다만, 해당 자산의 공정가액에 대한 합리적인 증거가 없는 경우 등에는 재평가일 기준으로 재생산 또는 재취득하는 경우에 필요한 가격에서 경과연수에 따른 감가상각누계액 및 감액손실누계액을 뺀 가액으로 재평가하여 계상할 수 있다.

무형자산은 해당 자산의 개발원가 또는 매입가액에 부대비용을 더한 금액을 취득원가로 하여 평가한다. 무형자산은 정액법에 따라 해당 자산을 사용할 수 있는 시점부터 합리적인 기간 동안 상각한다. 이 경우 상각기간은 독점적·배타적인 권리를 부여하고 있는 관계 법령이나 계약에서 정한 경우를 제외하고는 20년을 초과할 수 없다.

일반유형자산 및 사회기반시설의 내용연수를 연장시키거나 가치를 실질적으로 증가시키는 지출은 자산의 증가로 회계처리하고, 원상회복시키거나 능률유지를 위한 지출은 비용으로 회계처리한다.

4) 부채의 분류 및 평가

부채는 유동부채, 장기차입부채, 장기충당부채, 기타 비유동부채 등으로 구성되며, 그 세부내용은 다음과 같다(국가회계기준 제19조~제22조).

표 3-6 부채의 세부내역

구 분	내 용
유동부채	재정상태표일부터 1년 이내에 상환하여야 하는 부채로서 단기국채, 단기공채, 단기차입금, 유동성장기차입부채 및 기타 유동부채 등 －기타 유동부채는 미지급금, 미지급비용, 선수금, 선수수익 등
장기 차입부채	재정상태표일부터 1년 후에 만기가 되는 확정부채로서 국채, 공채, 장기차입금 및 기타 장기차입부채 등
장기 충당부채	지출시기 또는 지출금액이 불확실한 부채로서 퇴직급여충당부채, 연금충당부채, 보험충당부채 및 기타 장기충당부채 등
기타 비유동부채	유동부채, 장기차입부채 및 장기충당부채에 해당하지 아니하는 부채로서 장기미지급금 등

재정상태표에 표시하는 부채의 가액은 국가회계기준에서 따로 정한 경우를 제외하고 원칙적으로 만기상환가액으로 평가한다. 국채는 국채발행수수료 및 발행과 관련하여 직접 발생한 비용을 뺀 발행가액으로 평가한다. 국채의 액면가액과 발행가액의 차이는 국채할인(할증)발행차금 과목으로 액면가액에 빼거나 더하는 형식으로 표시하며, 그 할인(할증)발행차금은 발행한 때부터 최종 상환할 때까지의 기간에 유효이자율로 상각 또는 환입하여 국채에 대한 이자비용에 더하거나 뺀다. 퇴직급여충당부채는 재정상태표일 현재 「공무원연금법」 및 「군인연금법」을 적용받지 아니하는 퇴직금 지급대상자가 일시에 퇴직할 경우 지급하여야 할 퇴직금으로 평가한다. 퇴직금산정명세, 퇴직금추계액, 회계연도 중 실제로 지급한 퇴직금 등은 주석으로 표시한다.

연금충당부채 및 보험충당부채는 「연금회계처리지침」을 적용한다. 공무원 및 군인연금(GFS에서 고용관련연금으로 명명)은 보험수리적 가정을 반영한다. 반면 사립학교교직원 및 국민연금은 재정상태일 현재 지급기일이 도래하였으나 지급하지 않은 연금지급액 및 환급금을 연금미지급금으로 인식한다. 즉 공무원 및 군인연금과 달리 보험수리적 가정을 적용하지 않는다.

융자보조원가충당금은 융자사업에서 발생한 융자금 원금과 추정 회수가능액의 현재가치와의 차액으로 평가한다. 보증충당부채는 보증약정 등에 따른 피보증인인 주채무자의 채무불이행에 따라 국가회계실체가 부담하게 될 추정 순현금유출액의 현재가치로 평가한다.

장기연불조건의 거래, 장기금전대차거래 또는 이와 유사한 거래에서 발생하는 채권 · 채무로서 명목가액과 현재가치의 차이가 중요한 경우에는 현재가치로 평가한다. 이때 현재가치 가액은 해당 채권 · 채무로 미래에 받거나 지급할 총금액을 해당 거래의 유효이자율(유효이자율을 확인하기 어려운 경우에는 유사한 조건의 국채 유통수익률을 말함)로 할인한 가액으로 한다. 채권 · 채무의 명목가액과 현재가치 가액의 차액인 현재가치할인차금은 유효이자율로 매 회계연도에 환입하거나 상각하여 재정운영순원가에 반영한다.

화폐성 외화자산과 화폐성 외화부채는 재정상태표일 현재의 적절한 환율로 평가한다. 환율변동효과는 외화평가손실 또는 외화평가이익의 과목으로 하여 재정운영순원가에 반영해야 한다. 비화폐성 외화자산과 비화폐성 외화부채는 역사적 원가로 측정하는 경우 해당 자산을 취득하거나 해당 부채를 부담한 당시의 적절한 환율로 평가하고, 공정가액으로 측정하는 경우 공정가액이 측정된 날의 적절한 환율로 평가한다. 비화폐성 외화자산과 비화폐성 외화부채에서 발생한 손익을 조정항목에 반영하는 경우에는 그 손익에 포함된 환율변동효과도 해당 조정항목에 반영하고, 재정운영순원가에 반영하는 경우에는 그 손익에 포함된 환율변동효과도 해당 재정운영순원가에 반영한다. 화폐성 외화자산과 화폐성 외화부채는 화폐가치의 변동과 상관없이 자산과 부채의 금액이 계약 등에 의하여 일정 화폐액으로 확정되었거나 결정가능한 경우의 자산과 부채를 말한다. 다만, 화폐성과 비화폐성의 성질을 모두 가지고 있는 외화자산과 외화부채는 해당 자산과 부채의 보유 목적이나 성질에 따라 구분한다. 외화자산과 외화부채의 내용, 평가기준 및 평가손익의 내용은 주석으로 표시한다.

리스는 일정기간 설비 등 특정 자산의 사용권을 리스회사로부터 이전받고, 그 대가로 사용료를 지급하는 계약을 말하며, 금융리스와 운용리스로 구분된다. 금융리스는 리스자산의 소유에 따른 위험과 편익이 실질적으로 리스이용자에게 이전되는 리스를 말한다. 따라서 금융리스는 리스료를 내재이자율로 할인한 가액과 리스자산의 공정가액 중 낮은 금액을 리스자산과 리스부채로 각각 계상하여 감가상각해야 한다. 운영리스는 금융리스 외의 리스를 말하며, 운용리스는 리스료를 해당 회계연도의 비용으로 회계처리한다.

파생상품은 해당 계약에 따라 발생한 권리와 의무를 각각 자산 및 부채로 계상하여야 하며, 공정가액으로 평가한 금액을 재정상태표 가액으로 한다. 파생상품에서 발생한 평가손익은 발생한 시점에 재정운영순원가에 반영한다. 다만, 미래예상거래의 현금흐름변동위험을 회피하는 계약에서 발생하는 평가손익은 순자산변동표의 조정항목 중 파생상품평가손익으로 표시한다. 파생상품 거래는 그 거래 목적 및 거래명세 등을 주석으로 표시한다. 이 경우 위험회피 목적의 파생상품 거래인 경우에는 위험회피 대상항목, 위험회피 대상범위, 위험회피 활동을 반영하기 위한 회계처리방법, 이연된 손익금액 등을 표시한다.

충당부채는 지출시기 또는 지출금액이 불확실한 부채를 말하며, 현재의무의 이행에 소요되는 지출에 대한 최선의 추정치를 재정상태표 가액으로 한다. 이 경우 추정치 산정 시에는 관련된 사건과 상황에 대한 위험과 불확실성을 고려하여야 한다. 우발부채는 "과거의 거래나 사건으로 발생하였으나, 국가회계실체가 전적으로 통제할 수 없는 하나 이상의 불확실한 미래 사건의 발생 여부로만 그 존재 유무를 확인할 수 있는 잠재적 의무"와 "과거의 거래나 사건으로 발생하였으나, 해당의무를 이행하기 위하여 경제적 편익이 있는 자원을 유출할 가능성이 매우 높지 않거나, 그 금액을 신뢰성 있게 측정할 수 없는 경우에 해당하여 인식하지 아니하는 현재의 의무 다음에 해당하는 의무"를 말한다. 우발부채는 의무를 이행하기 위하여 경제적 편익이 있는 자원이 유출될 가능성이 희박하지 않는 한 주석에 공시해야 한다. 그 반대의 개념으로 우발자산은 과거의 거래나 사건으로 발생하였으나 국가회계실체가 전적으로 통제할 수 없는 하나 이상의 불확실한 미래 사건의 발생 여부로만 그 존재 유무를 확인할 수 있는 잠재적 자산을 말하며, 경제적 편익의 유입 가능성이 매우 높은 경우 주석에 공시한다.

5) 순자산의 분류

순자산은 자산에서 부채를 뺀 금액으로 기본순자산, 적립금 및 잉여금, 순자산조정으로 분류되며, 그 세부내용은 다음과 같다(국가회계기준 제23조).

표 3-7 순자산의 세부내역

구 분	내 용
기본순자산	순자산에서 적립금 및 잉여금과 순자산조정을 뺀 금액으로 표시
적립금 및 잉여금	임의적립금, 전기이월결손금ㆍ잉여금, 재정운영결과 등을 표시
순자산조정	투자증권평가손익, 파생상품평가손익 및 기타 순자산의 증감 등을 표시

ref 국가회계편람(2016) 실무해설서에 따르면 유가증권의 평가에 따라 인식한 투자증권평가손익은 관련 유가증권의 처분, 감액 시 투자증권처분손익 또는 투자증권감액손실에 반영된다. 파생상품평가손익은 미래예상거래의 현금흐름변동위험을 회피하기 위해 지정된 파생상품 계약에서 발생하는 평가손익 중 위험회피에 효과적인 부분을 의미한다. 또한, 자산의 장부금액이 재평가로 인하여 증가된 경우에 그 증가액은 "자산재평가이익(순자산조정)"으로 인식한다. 그러나 동일한 자산에 대하여 이전에 인식한 "자산재평가손실(비배분비용)"이 있다면 그 금액을 한도로 "자산재평가손실환입(비배분수익)"으로 우선 인식한 후 나머지를 "자산재평가이익(순자산조정)"으로 인식한다.

4. 재정운영표

(1) 재정운영표의 체계

이미 설명한 바와 같이 재정운영표는 기업회계의 (포괄)손익계산서와 유사하다. 재정운영표는 회계연도 동안 수행한 정책 또는 사업의 원가와 재정운영에 따른 원가의 회수명세 등을 포함한 재정운영결과를 나타내는 재무제표를 말한다. 다만 기업회계의 (포괄)손익계산서는 수익에서 비용을 차감하여 순손익을 표시하는 구조인 반면 국가의 재정운영표는 비용에서 수익을 차감하여 재정운영결과를 보여주는 구조이다.

중앙관서 또는 기금의 재정운영표는 프로그램순원가, 재정운영순원가, 재정운영결과로 구분하여 표시하며, 각 중앙관서 및 기금이 수행하는 프로그램별로 원가가 얼마인지? 얼마나 성과를 얻었는지 보여준다. 프로그램순원가는 프로그램을 수행하기 위하여 투입한 원가 합계에서 다른 프로그램으로부터 배부받은 원가를 더하고, 다른 프로그램에 배부한 원가는 빼며, 프로그램 수행과정에서 발생한 수익 등을 빼서 표시한다. 재정운영순원가는 프로그램순원가에서 관리운영비 및 비배분비용은 더하고, 비배분수익은 빼서 표시한다. 재정운영결과는 재정운영순원가에서 비교환수익(제28조 제2항 제2호의 비교환수익) 등을 빼서 표시한다. 다만, 「국고금관리법 시행령」 제50조의2에 따라 통합관리하는 일반회계 및 특별회계의 자금에서 발생하는 비교환수익 등은 순자산변동표의 재원의 조달 및 이전란에 표시한다.

중앙관서 또는 기금의 재정운영표를 통합하여 작성하는 국가의 재정운영표는 내부거래를 제거하여 작성하되 재정운영순원가, 비교환수익 등 및 재정운영결과로 구분하여 표시하고, 재정운영순원가는 각 중앙관서별로 구분하여 표시하며, 재정운영결과는 재정운영순원가에서 비교환수익 등을 빼서 표시한다. 다만 재정운영결과는 민간기업과 달리 이윤을 창출하는 것이 아니라 공공서비스를 제공하기 위해 프로그램을 수행한다는 관점에서 여기에 소요되는 비용 (원가)에서 수익을 차감하여 순원가를 산출한다.

ref 관리운영비, 비배분비용, 비배분수익, 비교환수익

- **관리운영비**: 기관운영비와 같이 기관의 여러 정책이나 사업, 활동을 지원하는 비용(「정부기업예산법」 제3조에 따른 특별회계나 기금의 경우에는 관리업무비를 말한다)
- **비배분비용**: 투입한 비용 중 프로그램과 직접적·간접적인 대응관계가 없거나, 프로그램에 배분하는 것이 합리적이지 아니한 비용
- **비배분수익**: 프로그램과 관련 없이 발생하거나 프로그램 외의 업무로부터 발생한 수익
- **비교환수익**: 직접적인 반대급부 없이 발생하는 국세, 부담금, 기부금, 무상이전 및 제재금 등의 수익

표 3-8 재정운영표의 구조

중앙관서 및 기금의 순자산변동표		대한민국 정부의 순자산변동표	
	프로그램 총원가(프로그램별로 배부가능한 원가)		
−	프로그램 수익(교환수익으로써 프로그램별 직접 추적가능한 수익)		
=	프로그램 순원가		
+	관리운영비(프로그램 수행지원비용)		
+	비배분비용(프로그램 직접대응이 곤란한 비용)		
−	비배분수익(프로그램 직접대응이 곤란한 수익)		
=	재정운영순원가		재정운영순원가
±	비교환수익(반대급부없이 발생한 수익, 국세수익 미포함)	±	비교환수익(국세수익 포함)
=	재정운영결과	=	재정운영결과

재정운영표는 중앙관서 또는 기금과 국가의 재정운영표로 구분되며 전체 양식은 다음과 같다.

■ 국가회계기준에 관한 규칙 [별지 제2호서식]

재정운영표

당기: 20XY년 1월 1일부터 20XY년 12월 31일까지
전기: 20XX년 1월 1일부터 20XX년 12월 31일까지

○○기금, ○○부처 (단위:)

	주석	20XY			20XX		
		총원가	수익	순원가	총원가	수익	순원가
Ⅰ. 프로그램순원가	X	XXX	(XXX)	XXX	XXX	(XXX)	XXX
1. 프로그램(A)		XXX	(XXX)	XXX	XXX	(XXX)	XXX
2. 프로그램(B)		XXX	(XXX)	XXX	XXX	(XXX)	XXX
3. 프로그램(C)		XXX	(XXX)	XXX	XXX	(XXX)	XXX
4. 프로그램(D)		XXX	(XXX)	XXX	XXX	(XXX)	XXX
5. …		XXX	(XXX)	XXX	XXX	(XXX)	XXX
Ⅱ. 관리운영비	X			XXX			XXX
1. 인건비				XXX			XXX
2. 경비				XXX			XXX
Ⅲ. 비배분비용	X			XXX			XXX
1. 자산처분손실				XXX			XXX
2. 기타비용				XXX			XXX
3. …				XXX			XXX

Ⅳ. 비배분수익	X	XXX	XXX
1. 자산처분이익		XXX	XXX
2. 기타수익		XXX	XXX
3. …		XXX	XXX
Ⅴ. 재정운영순원가 (Ⅰ+Ⅱ+Ⅲ-Ⅳ)		XXX	XXX
Ⅵ. 비교환수익 등	X	XXX	XXX
1. 부담금수익		XXX	XXX
2. 제재금수익		XXX	XXX
3. 사회보험수익		XXX	XXX
4. 채무면제이익		XXX	XXX
5. 기타비교환수익		XXX	XXX
6. 기타재원조달및이전		XXX	XXX
Ⅶ. 재정운영결과 (Ⅴ-Ⅵ)		XXX	XXX

■ 국가회계기준에 관한 규칙 [별지 제3호서식]

재정운영표

당기: 20XY년 1월 1일부터 20XY년 12월 31일까지
전기: 20XX년 1월 1일부터 20XX년 12월 31일까지

대한민국 정부 (단위:)

	주석	20XY		20XX	
Ⅰ. 재정운영순원가			XXX		XXX
1. 대통령비서실			XXX		XXX
2. …			XXX		XXX
3. …			XXX		XXX
4. …			XXX		XXX
Ⅱ. 비교환수익 등			XXX		XXX
1. 국세수익	X				
(1) 국세수익		XXX		XXX	
(2) 대손상각비		XXX		XXX	
(3) 대손충당금환입		XXX	XXX	XXX	XXX
2. 부담금수익	X		XXX		XXX
3. 제재금수익	X		XXX		XXX
4. 사회보험수익			XXX		XXX
5. 채무면제이익			XXX		XXX
6. 기타비교환수익			XXX		XXX
7. 기타재원조달및이전			XXX		XXX
Ⅲ. 재정운영결과(Ⅰ-Ⅱ)			XXX		XXX

재정운영표의 모든 수익과 비용은 발생주의 원칙에 따라 거래나 사실이 발생한 기간에 표시하며, 재정운영표 작성체계는 다음과 같다.

그림 3-2 재정운영표 작성체계

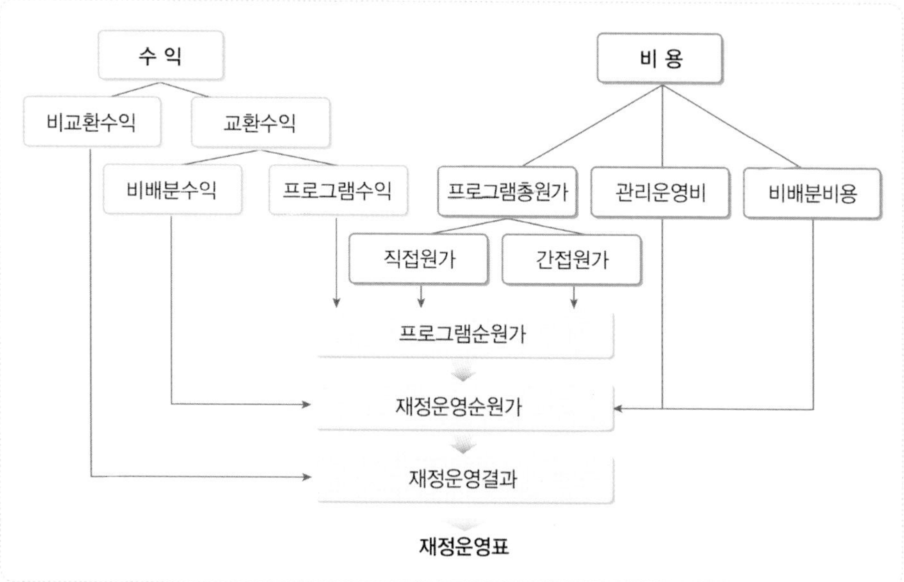

자료: 기획재정부 · 한국조세재정연구원(2016). 국가회계편람. p.63.

1) 재무제표(재정운영표 vs. 순자산변동표)상 비교환수익의 기록

[그림 3-2]에서 설명하고 있듯이 수익은 교환수익과 비교환수익으로 구분된다. 교환수익은 국가회계실체가 재화와 서비스를 제공한 대가로 발생한 수익으로 재정운영이 성과로 기록해야 한다. 따라서 교환수익은 국가회계실체의 포괄범위(일반회계, 특별회계, 기금)에 관계없이 재정운영표에 기록해야 한다.

한편, 비교환수익은 해당 중앙관서의 재정활동의 성격에 따라 재정운영표에 기록할 것인지? 아니면 순자산변동표에 기록할 것인지가 달라진다. 왜냐하면 비교환수익이 해당 중앙관서의 재정운영의 성과와 관계가 없을 경우 이를 재정운영표에 반영한다면 성과가 왜곡될 수 있기 때문이다. 일반회계 및 기타특별회계(행정형회계)는 재정의 공적 활동이기 때문에 여기서 발생한 비교환수익은 해당 중앙관서의 재정운영성과라기보다는 모든 중앙관서의 재정지출에 충당할 재원에 해당한다. 따라서 순자산변동표의 '재원의 조달 및 이전'에 기록해야 한다. 반면 기업특별회계 및 기금(사업형회계)은 해당 실체의 기업활동이자 주 수입원이므로 기업특별회계와 기금에서 발생한 비교환수익은 해당 중앙관서의 재정운영성과이기 때문에 재정운영표의'비교환수익 등'에 기록해야 한다. 국고금회계 통합 여부에 대해서는 국고금회계에서 설명한다.

표 3-9 재무제표의 비교환수익 기록

구 분	재무제표 기록	비 고
일반회계 및 기타특별회계(행정형회계)에서 발생한 비교환수익(국세수익 제외)	순자산변동표 'Ⅲ. 재원의 조달 및 이전'에 기록	국고금회계에 통합*
기업특별회계 및 기금(사업형회계)에서 발생한 비교환수익	재정운영표 'Ⅵ. 비교환수익 등'에 기록	국고금회계에서 제외
국세수익	국세징수활동표에 기록	

* 다만 기타특별회계(우체국보험특별회계 중 예산외 우체국보험특별회계(보험적립금))는 국고금통합회계에서 제외.

ref 국고징수활동표

별지 제6호서식

국세징수활동표

당기: 20XY년 1월 1일부터 20XY년 12월 31일까지
전기: 20XX년 1월 1일부터 20XX년 12월 31일까지

	20XY		20XX	
Ⅰ. 국세수익		XXX		XXX
(1) 국세수익발생금액		XXX		XXX
1. 소득세수익	XXX		XXX	
2. 법인세수익	XXX		XXX	
3. 상속세수익	XXX		XXX	
4. 증여세수익	XXX		XXX	
5. 부가가치세수익	XXX		XXX	
6. 개별소비세수익	XXX		XXX	
7. 주세수익	XXX		XXX	
8. 증권거래세수익	XXX		XXX	
9. 인지세수익	XXX		XXX	
10. 관세수익	XXX		XXX	
11. 방위세수익	XXX		XXX	
12. 교통·에너지·환경세수익	XXX		XXX	
13. 교육세수익	XXX		XXX	
14. 농어촌특별세수익	XXX		XXX	
15. 종합부동산세수익	XXX		XXX	
16. 기타내국세수익	XXX		XXX	
(2) 대손상각비		(XXX)		(XXX)
(3) 대손충당금환입		XXX		XXX
Ⅱ. 처분		XXX		XXX
(1) 국고이전지출		XXX		XXX
(가) 총현금수입	XXX		XXX	
1. 소득세수입	XXX		XXX	
2. 법인세수입	XXX		XXX	
3. 상속세수입	XXX		XXX	
4. 증여세수입	XXX		XXX	
5. 부가가치세수입	XXX		XXX	
6. 개별소비세수입	XXX		XXX	
7. 주세수입	XXX		XXX	
8. 증권거래세수입	XXX		XXX	
9. 인지세수입	XXX		XXX	
10. 관세수입	XXX		XXX	
11. 방위세수입	XXX		XXX	
12. 교통·에너지·환경세수입	XXX		XXX	
13. 교육세수입	XXX		XXX	
14. 농어촌특별세수입	XXX		XXX	
15. 종합부동산세수입	XXX		XXX	
16. 기타내국세수입	XXX		XXX	
(나) 국세환급금	(XXX)		(XXX)	
(2) 타회계이전		XXX		XXX
(3) 물납이전		XXX		XXX
(4) 미수국세의증감		XXX		XXX
(5) 대손충당금의증감		XXX		XXX
Ⅲ. 차감 계		-		-

☞ 관련문단 33~37

비교환수익 중 국세수익은 국세청(관세청 등)이 징수한다. 그러나 이 수익은 징수기관의 재정운영성과가 아니고 국가 전체의 재정운영성과이기 때문에 중앙관서의 재정운영표에 기록하지 않는다(순자산변동표에도 기록하지 않음). 다만 국세수익은 정부 재정조달의 원천으로서 징수와 처분내역을 상세히 보고할 필요가 있기 때문에 국세징수활동표에 기록한다. 함축하면 국세징수활동표에 표시된 국세수익은 중앙관서의 재정운영표에는 기록되지 않고, 국가 재정운영표에 기록된다. 즉, 국세징수활동표의 국세수익은 국가 재정운영표의 국세수익으로 대체 회계처리된다.

표 3-10 재무제표의 비교환수익 기록의 세부차이 비교

재정운영표의 'Ⅵ. 비교환수익 등'	순자산변동표의 'Ⅲ. 재원조달 및 이전'
1. 부담금수익	1. 재원의 조달
2. 제재금수익	(1) 국고수입(국고금회계 해당)
3. 사회보험수익	(2) 부담금수익
4. 채무면제이익	(3) 제재금수익
5. 기타비교환수익	(4) 기타비교환수익
6. 기타재원조달 및 이전	(5) 무상이전수입
	(6) 채무면제이익
	(7) 기타재원조달
	2. 재원의 이전
	(1) 국고이전지출(국고금회계 해당)
	(2) 무상이전지출
	(3) 기타재원이전

5. 순자산변동표

순자산변동표는 한 회계연도 동안 순자산의 변동명세를 표시하는 재무제표로서 재정상태표의 기초순자산이 어떠한 사유로 변동이 되어 기말순자산을 형성하였는지를 보여준다. 중앙관서 또는 기금의 순자산변동표는 기초순자산, 재정운영결과, 재원의 조달 및 이전, 조정항목, 기말순자산으로 구분하여 표시한다. 중앙관서 또는 기금의 순자산변동표를 통합하여 작성하는 국가의 순자산변동표는 기초순자산, 재정운영결과, 조정항목, 기말순자산으로 구분하여 표시한다. 다만 중앙관서의 순자산변동의 가장 큰 요인은 재정운영결과이다. 또한 발생한 수익과 비용이 재정운

영의 성과가 아니라면 순자산변동이 발생하였다고 하더라도 재정운영표가 아닌 순자산변동표의 재원의 조달 및 이전에 표시해야 한다. 이는 중앙관서 및 기금의 순자산변동표와 대한민국정부의 순자산변동표에서 '재원의 조달 및 이전'항목의 차이와 연관된다. 중앙관서 및 기금 순자산변동표의 재원의 조달 및 이전항목은 일반회계와 기타특별회계의 비교환수익과 순자산의 증감을 발생시키는 중앙관서 간 무상이전으로 재정운영의 성과는 아니다. 따라서 이에 관해 재정운영표가 아닌 순자산변동표에 기록하는 것이다. 이와 달리 대한민국정부의 순자산변동표에는 재원의 조달 및 이전항목이 없는데, 이는 각 중앙관서 및 기금의 순자산변동표에 표시된 재원의 조달 및 이전항목 중 중앙관서 간 무상이전은 내부거래로 상계처리하고 나머지 금액(일반회계 및 기타특별회계의 비교환수익)은 국가의 재정운영표로 대체되기 때문이다. 이전조정항목에는 납입자본의 증감, 투자증권평가손익, 파생상품평가손익 및 기타 순자산의 증감 등을 포함된다.

표 3-11 순자산변동표의 구조

중앙관서 및 기금의 순자산변동표			대한민국 정부의 순자산변동표		
Ⅰ	기초순자산	×××	Ⅰ	기초순자산	×××
Ⅱ	재정운영결과	×××	Ⅱ	재정운영결과	×××
Ⅲ	재원의 조달 및 이전	×××			
	1. 재원의 조달	×××			
	2. 재원의 이전	×××			
Ⅳ	조정항목	×××	Ⅲ	조정항목	×××
Ⅴ	기말순자산(Ⅰ－Ⅱ＋Ⅲ＋Ⅳ)	×××	Ⅳ	기말순자산(Ⅰ－Ⅱ＋Ⅲ)	×××

(1) 순자산변동표의 기초순자산 및 조정항목

이제 순자산변동표의 세부항목에 관해 알아보자. 이미 설명한 바와 같이 각 중앙관서 및 기금과 대한민국정부의 순자산변동표는 '재원의 조달 및 이전'항목을 제외하고 동일하다. 기초순자산은 전기오류수정손익과 회계변동누적효과로, 조정항목은 납입자본의 증감, 투자증권평가손익, 파생상품평가손익, 기타순자산의 증감으로 각각 구성된다. 기초순자산과 조정항목에 관해 설명하면 다음과 같다.

■ 국가회계기준에 관한 규칙 [별지 제4호서식] <개정 2015.12.31.>

순자산변동표

당기: 20XY년 1월 1일부터 20XY년 12월 31일까지
전기: 20XX년 1월 1일부터 20XX년 12월 31일까지

○○기금, ○○부처 (단위:)

	주석	기본순자산	적립금및 잉여금	순자산조정	합계
Ⅰ. 기초순자산		XXX	XXX	XXX	XXX
1. 보고금액		XXX	XXX	XXX	XXX
2. 전기오류수정손익	X	XXX	XXX	XXX	XXX
3. 회계변경누적효과	X	XXX	XXX	XXX	XXX
Ⅱ. 재정운영결과			XXX		XXX
Ⅲ. 재원의 조달 및 이전			XXX		XXX
1. 재원의 조달			XXX		XXX
(1) 국고수입			XXX		XXX
(2) 부담금수익			XXX		XXX
(3) 제재금수익			XXX		XXX
(4) 기타비교환수익			XXX		XXX
(5) 무상이전수입			XXX		XXX
(6) 채무면제이익			XXX		XXX
(7) 기타재원조달			XXX		XXX
2. 재원의 이전			XXX		XXX
(1) 국고이전지출			XXX		XXX
(2) 무상이전지출			XXX		XXX
(3) 기타재원이전			XXX		XXX
Ⅳ. 조정항목		XXX	XXX	XXX	XXX
1. 납입자본의 증감	X	XXX	–	–	XXX
2. 투자증권평가손익	X	–	–	XXX	XXX
3. 파생상품평가손익	X	–	–	XXX	XXX
4. 기타 순자산의 증감	X	XXX	XXX	XXX	XXX
5. …	X	XXX	XXX	XXX	XXX
Ⅴ. 기말순자산(Ⅰ－Ⅱ＋Ⅲ＋Ⅳ)		XXX	XXX	XXX	XXX

■ 국가회계기준에 관한 규칙 [별지 제5호서식] <개정 2015.12.31.>

순자산변동표

당기: 20XY년 1월 1일부터 20XY년 12월 31일까지
전기: 20XX년 1월 1일부터 20XX년 12월 31일까지

대한민국 정부 (단위:)

	주석	기본순자산	적립금및 잉여금	순자산조정	합계
Ⅰ. 기초순자산		XXX	XXX	XXX	XXX
1. 보고금액		XXX	XXX	XXX	XXX
2. 전기오류수정손익	X	XXX	XXX	XXX	XXX
3. 회계변경누적효과	X	XXX	XXX	XXX	XXX
Ⅱ. 재정운영결과			XXX		XXX
Ⅲ. 조정항목		XXX	XXX	XXX	XXX
1. 납입자본의 증감	X	XXX	–	–	XXX
2. 투자증권평가손익	X	–	–	XXX	XXX
3. 파생상품평가손익	X	–	–	XXX	XXX
4. 기타 순자산의 증감	X	XXX	XXX	XXX	XXX
5. …	X	XXX	XXX	XXX	XXX
Ⅳ. 기말순자산(Ⅰ－Ⅱ＋Ⅲ)		XXX	XXX	XXX	XXX

1) 기초순자산

전기오류수정손익

중대한 전기오류가 발견된 경우, 재정상태표의 순자산에 이를 반영해야 하고, 동시에 순자산변동표의 기초순자산변동항목에 기록하고, 계정잔액을 수정해야 한다.

회계변경누적효과

회계정책을 변경하는 경우, 회계변경에 따른 영향은 재정상태표 순자산에 반영해야 하고, 동시에 순자산변동표의 기초순자산 변동항목에 기록해야 한다. 다만 회계정책변경에 따른 누적효과를 합리적으로 추정하기 어려운 경우 해당 회계연도와 회계연도 이후에 이를 반영해야 한다.

2) 조정항목

납입자본의 증감

기업특별회계(책임운영기관특별회계 포함)가 「정부예산기본법」 제10조에 따라 기존순자산을 증감시키는 경우 순자산변동표 조정항목에 이를 반영해야 한다.

투자증권평가손익

정부가 투자목적으로 취득한 투자증권(장 · 단기)은 재정상태표일 현재 신뢰성있게 공정가액을 추정할 수 있다면 공정가액으로 평가한다. 다만 장부가액과 공정가액의 차이는 투자증권평가손익이기 때문에 순자산변동표상 조정항목에 이를 반영해야 한다. 이는 기업회계에서 금융자산의 공정가치변동을 당기손익이 아닌 기타포괄손익으로 회계처리하는 것과 동일하다.

파생상품평가손익

정부는 지정된 파생상품에서 발생하는 평가손익 중에서 위험회피에 효과적인 부분은 순자산변동표상 조정항목에 반영해야 한다. 이는 기업회계에서 현금흐름위험회피 파생상품 평가손익을 당기손익이 아닌 기타포괄손익으로 회계처리하는 것과 동일하다.

기타순자산의 증감

지금까지 열거한 순자산의 변동항목 이외 순자산의 변동을 발생시키는 증감으로 무주물 취득, 양여 등으로 자산이 변동하는 경우 조정항목에 이를 반영해야 한다.

6. 국고금회계

국고금에 관한 정의는 국고금관리법과 재무제표의 계정으로 구분하여 설명이 가능하다. 국고금관리법(제2조)에서 국고금이란 "법령 또는 계약 등에 따라 국가의 세입으로 납입되거나 기금에 납입된 모든 현금 및 현금과 같은 가치를 가지는 것으로서 국가가 징수한 지방소비세를 지방세입으로 납입하기 전까지 일시적으로 보유한 현금 등, 한국은행 등에서 조달한 일시차입 및 재정증권의 매매 등을 의미한다. 이에 반해 재무제표 계정상 국고금이란 일반회계, 특별회계 및 중앙관서의 장이 관리하는 기금(공공기금)이 보유하고 있는 현금 및 현금성자산을 의미한다. 국고금은 다음과 같이 분류된다. 한국은행국가예금: 한국은행에 납입 또는 예탁한 국고금, 금고은행국가예금: 「국고금 관리법」에 따라 출납사무를 취급하고 있는 금고은행에 납입 또는 예치한 국고금, 국고예금: 「국고금 관리법」 제2조 제1호 가목에 따라 관서운영경비 지급을 위하여 금융회사 등에 예치한 국고금, 국고금여유자금운용액: 「국고금 관리법」 제34조에 따라 국고금의 여유자금 운용을 위해 국고금세부운용계정에서 취득한 운용자산(한국은행국가예금은 제외)에서 부채를 차감한 가액, 기타국고금: 현금과 동일한 가치를 가지는 금 등의 보유액 등이다.

국고금회계는 국고로 불입되어 관리되는 수입과 지출 및 국고여유자금운용 등 국고금에 관한 모든 거래를 효율적으로 통합관리하기 위해 설정된 회계를 말한다. 왜냐하면 개별 중앙관서마다 교환수익과 비교환수익을 수취할 수 있는데, 이렇듯 수취한 국고금을 개별 중앙관서가 직접 사용할 수 없기 때문에 기획재정부에 국고금회계라는 통합계정에 불입한 후 향후 자금배정 등을 통해 재정을 지출한다.

국가회계실체가 보유하는 모든 국고금이 국고금회계로 통합되는 것은 아니다. 일반회계와 기타특별회계(우체국보험특별회계는 제외)의 경우 국고통일주의 원칙에 따라 모든 세입을 기획재정부의 국고계정에 불입 후 예산배정을 통해 지출 재원을 마련한다. 따라서 일반회계와 기타특별회계(우체국보험특별회계는 제외)의 경우 수입과 지출이 발생할 때 국고금회계를 통해 국고계정에 불입되고, 국고계정에서 지출되는 회계처리를 하게 된다. 반면, 세입·세출예산의 적용을 받지 않고 특별한 자금을 운용하기 위한 기금, 자금운용의 특수성을 인정하여야 하는 기업특별회계(책임운영기관특별회계를 포함한다) 및 우체국보험특별회계의 국고금은 국고금회계 적용대상에서 제외한다.

표 3-12 국가회계실체별 재무제표상 국고금표시여부 등

구 분			국고금 관리법		국고금회계 적용 여부	국가회계실체 재무제표상 국고금 표시 여부
			국고금	통합관리 여부		
일반회계			○	○	○	×
특별회계	기타 특별회계	교통시설특별회계 등 12개(*1)	○	○	○	×
		우체국보험특별회계	○	×	×	○
	기업 특별회계	우체국예금특별회계	○	×	×	○
		양곡관리특별회계	○	×	×	○
		우편사업특별회계	○	○	×	○
		조달특별회계	○	○	×	○
		책임운영기관특별회계(*2)	○	○	×	○
기금	중앙관서의 장이 관리하는 기금		○	×	×	○
	중앙관서의 장이 관리하지 않는 기금		×	×	×	×

(*1) 농어촌구조개선특별회계, 교통시설특별회계, 등기특별회계, 교도작업특별회계, 에너지및자원사업특별회계, 환경개선특별회계, 지역발전특별회계, 주한미군기지이전특별회계, 행정중심복합도시건설특별회계, 국방·군사시설이전특별회계, 혁신도시건설특별회계, 아시아문화중심조성특별회계

(*2) 국립중앙과학관, 국립과천과학관, 국립재활원, 국립목포병원, 국립서울병원, 국립공주병원, 국립나주병원, 국립부곡병원, 국립춘천병원, 국립마산병원, 대산지방해양항만청, 경찰병원, 국립자연휴양림관리소, 특허청

자료: 기획재정부·한국조세재정연구원(2016). 국가회계편람. p.506.

이에 관해 세부적으로 설명하면 일반회계와 기타특별회계(우체국보험특별회계 제외)의 국고금은 국가회계실체의 재정상태표에 기록하지 않고 국고금회계의 재정상태표에 기록한다. 다시 말해 국가결산보고서 재정상태표에 기록하지 않고 기획재정부의 하부회계로 중앙관서 재무제표에 통합기록힌다.

이제 국고금회계의 비교환수익 표시에 관해 논의해보자. 앞의 절에서 이미 설명한 바와 같이, 비교환수익을 수취하면 회계실체의 특성에 따라 순자산변동표(행정형회계, 일반 및 기타특별회계(예산외 우체국보험특별회계제외)) 또는 재정운영표(사업형회계, 기업특별회계 및 기금)에 기록할 수 있다. 그 회계실체가 국고회계금의 통합대상인 경우 국고금이 국고금회계로 이전되면서 순자산변동표의 '재원의 조달 및 이전'의 '국고이전지출'로 기록한 후 중앙관서 등이 국고금회계로부터 국고금을 수령할 경우 순자산변동표의 '재원의 조달 및 이전'의 '국고수입'으로 기록한다. 국고

금의 이전거래는 중앙관서와 국고금회계 간 내부거래이므로 국가재무제표를 작성할 때 상계처리가 된다.

국고금회계의 회계처리는 국고금회계통합과 통합제외로 구분하며, 이에 관한 회계처리는 다음과 같다. 국고금회계통합대상인 중앙관서가 수취한 국고금을 국고금회계로 이전하는 경우 중앙관서의 순자산은 감소하지만 자산의 감소가 재정운영성과와 무관하기 때문에 (재정운영표가 아닌) 순자산변동표의 '재원의 이전'의 국고이전지출로 기록한다. 이때 국고금회계에서는 국고금을 수령하기 때문에 국고이전수입으로 회계처리한다. 반대로 중앙관서가 국고회계로부터 국고금을 수령하는 경우 중앙관서의 순자산은 증가하지만 그 자산의 증가가 재정운영성과와 무관하기 때문에 (재정운영표가 아닌) 순자산변동표의 '재원의 조달'의 국고수입으로 기록한다. 이때 국고금회계에서는 국고금을 지급하기 때문에 세출예산지출액으로 회계처리한다.

한편 기금, 기업특별회계, 기타특별회계 중 예산외 우체국보험특별회계는 국고금회계의 통합대상이 아니기 때문에 국고금회계 간 이전거래는 발생하지 않는다. 따라서 수익 및 비용발생시 재정상태표에 각각 기록하면 되고, 국고금회계에 회계처리할 필요가 없다.

표 3-13 국고금회계의 회계처리(국고금 통합대상)

구 분	대분류	중분류	회계과목
국고금회계로 국고금이전	순자산변동	재원의 이전	국고이전지출
		재원의 조달	국고이전수입
국고금회계로부터 국고금수령	순자산변동	재원의 조달	국고수입
		재원의 이전	세출예산지출액

7. 수익과 비용

(1) 수익과 비용의 정의

1) 수 익

수익은 국가의 재정활동과 관련하여 재화 또는 용역을 제공한 대가로 발생하거나, 직접적인 반대급부 없이 법령에 따라 납부의무가 발생한 금품의 수납 또는 자발적인 기부금 수령 등에 따라 발생하는 순자산의 증가로 정의된다. 국가의 수익은 교환수익과 비교환수익으로 구분되는데, 교환수익은 중앙관서 등 국가회계실체가 재화와 서비스를 제공한 대가로 발생하는 수익(순자산의 증가)인데 반해, 비교환수익은 직접적인 반대급부 없이 발생하는 국세, 부담금, 기부금, 무상이전 및 제재금 등의 수익(순자산 증가)을 말한다. [그림 3-2]에서 설명된 바와 같이 교환수익은 국가회계실체의 기업적 활동을 통해 조달된 재원을 의미하고, 비교환수익은 국가회계실체의 공적 활동을 통한 재정수입을 의미한다. 이미 설명한 바와 같이 재무회계계정과목은 Level Ⅰ~Level Ⅴ까지 분류되지만, 교환수익은 Level Ⅰ(대분류), Level Ⅱ(중분류) 및 Level Ⅲ(회계과목)에 따라 분류되며, 비교환수익 체계도 이와 동일하게 분류된다.

표 3-14 교환수익 분류

Level Ⅰ(대분류)	Levl Ⅱ(중분류)	Level Ⅲ(회계과목)
수익	프로그램수익 비배분수익	재화 및 서비스 제공수익
		이자수익
		평가이익
		자산처분이익
		기타수익(배당금, 외환차익, 충당부채환입, 대손충당금환입, 채무상환이익, 구상이익 등)

교환수익은 프로그램수익과 비배분수익으로 구분된다. 프로그램수익은 특정프로그램의 운영에 따른 재화 및 서비스를 제공한 대가로 발생한 수익으로 직접추적이 가능하기 때문에 프로그램총원가에서 차감하는 수익이다. 한편 비배분수익은 프로그램의 운영에 따른 재화와 서비스와 관계없이 발생한 수익으로 직접추적이 불가능한 수익이다. 다시 말해 수익이 특정프로그램에서 발생하였는지 추적할 수 있으면 프로그램수익, 추적할 수 없으면 비배분수익으로 분류한다.

비교환수익은 교환수익과 대비되는 개념으로 직접적인 반대급부없이 발생하는 수익을 말한다. 그 예는 국세수익, 부담금수익(환경개선부담금 등), 제재금수익(벌금 등), 사회보험수익(산재보험수익 등), 기타비교환수익, 채무면제이익, 기타재원조달 및 이전이다.

표 3-15 비교환수익 분류

Level Ⅰ(대분류)	Levl Ⅱ(중분류)	Level Ⅲ(회계과목)
수익	비교환수익 비배분수익	국세수익
		부담금수익
		제재금수익
		사회보험수익
		기타비교환수익
		채무면제이익
		기타재원조달 및 이전

2) 비 용

비용은 국가의 재정활동과 관련하여 재화 또는 용역을 제공하여 발생하거나, 직접적인 반대급부 없이 발생하는 자원 유출이나 사용 등에 따른 순자산의 감소를 말한다. 순자산의 감소는 원가와 재원의 이전으로부터 발생한다. 정부부문에서 원가는 중앙관서의 장 또는 기금관리주체가 프로그램의 목표를 달성하고 성과를 창출하기 위해 직·간접적으로 투입되는 경제적 자원의 가치이다. 일반적으로 기업회계에서 수익창출을 위해 투입되는 경제적 자원의 가치로 정의되는 원가와 그 개념이 다르다고 할 수 있다. 비용은 프로그램총원가, 관리운영비, 비배분비용으로 구분되며, 프로그램총원가는 프로그램별로 추적 또는 배부가 가능한 비용으로 정의되고, 관리운영비와 비배분비용은 프로그램별로 추적 또는 배부가 불가능한 비용으로 정의된다.

(2) 수익과 비용의 인식기준

1) 수익의 인식기준

표 3-16 수익의 인식기준

구 분	인식기준
교환수익	수익창출 활동이 끝나고 그 금액을 합리적으로 측정할 수 있을 때 인식

비교환수익	당 수익에 대한 청구권이 발생하고 그 금액을 합리적으로 측정할 수 있을 때 인식 – 수익유형에 따른 세부인식 기준 1. 신고·납부하는 방식의 국세: 납세의무자가 세액을 자진신고하는 때에 수익으로 인식 2. 정부가 부과하는 방식의 국세: 국가가 고지하는 때에 수익으로 인식 3. 원천징수하는 국세: 원천징수의무자가 원천징수한 금액을 신고·납부하는 때에 수익으로 인식 4. 연부연납(年賦延納) 또는 분납이 가능한 국세: 징수할 세금이 확정된 때에 그 납부할 세액 전체를 수익으로 인식 5. 부담금수익, 기부금수익, 무상이전수입, 제재금수익 등: 청구권 등이 확정된 때에 그 확정된 금액을 수익으로 인식. 다만, 제재금수익 중 벌금, 과료, 범칙금 또는 몰수품으로서 청구권이 확정된 때나 몰수품을 몰수한 때에 그 금액을 확정하기 어려운 경우에는 벌금, 과료 또는 범칙금이 납부되거나 몰수품이 처분된 때에 수익으로 인식

ref 무상이전수입 등의 인식기준은 다음과 같다.

(1) 일반회계전입금, 특별회계전입금과 기금전입금은 고지한 때에 그 확정된 금액을 수익으로 인식한다.

(2) 정부내자산수증, 정부외자산수증 및 기부금수익은 청구권이 확정되는 자산의 수취 시점에 그 확정된 금액을 수익으로 인식한다.

(3) 농특세이전수입과 주세이전수입은 실제 세수입이 수납되는 시점에 수납된 금액을 수익으로 인식한다.

(4) 채무면제이익은 실제 채무의 면제가 확정되는 시점에 수익으로 인식한다. 확정된 시점이란 합의에 의한 채무면제일 경우에는 합의일, 법원의 인가에 의한 채무면제일 경우에는 법원의 인가일을 말한다. 다만, 채권자와 채무자 간에 약정한 조건이 충족되지 않아서 합의일 또는 법원의 인가일에 자산 또는 지분증권의 이전, 새로운 계약조건의 시행 등의 사건이 이루어지지 않는 경우에는 그 조건이 충족되는 시점에 수익을 인식한다.

국가회계예규에 따르면 교환수익을 인식할 때 수익창출 등으로 인한 경제적 편익의 유입가능성이 낮거나 수입금액의 신뢰성있는 측정이 곤란한 경우 현금유입시점에 수익으로 인식할 수 있도록 규정하고 있다. 반면 비교환수익은 수익창출이라는 개념이 없기 때문에 청구권이 발생하는 시점을 수익 인식시점으로 본다. 교환수익과 비교환수익의 인식시점에 관한 예시는 다음과 같다.

ref 기획재정부가 A기업과 특정수익이 발생하는 계약을 체결하였는데, 계약기간은 20X1년 5월 1일부터 20X2년 4월 30일이며, 총 체결금액은 120억원이다. 기획재정부는 계약서에 "매 3개월단위로 20X1년 8월 1일, 11월 1일에 각각 35억원을 청구하고, 20X2년 2월

28일과 5월 1일에 25억을 청구할 수 있다" 약정하였다고 가정해보자. 이 경우 특정수익이 교환수익일 경우와 비교환수익일 경우가 있다. 그 예시는 다음과 같다.

교환수익이라 가정한 경우
기간경과에 따라 20X1년과 20X2년의 수익을 인식해야 한다. 즉, 20X1년도 수익은 8개월(120억×8/12)=800억원이 되고 20X2년도 수익은 4개월(120억×4/12)=400억원이 된다.

비교환수익이라 가정한 경우
청구권이 발생한 시점에 수익을 인식해야 한다. 즉, 20X1년도 수익은 8월과 11월(35억원+35억원)=70억원이 되고 20X2년도 수익은 2월과 5월(25억원+25억원)=50억원이 된다.

교환수익은 재화 및 용역제공수익, 이자수익, 평가이익, 자산처분이익, 기타수익 등으로 분류한다. "재화 및 용역제공수익"이란 재화의 판매, 용역의 제공 등을 통해 발생하는 교환수익으로 재화판매수익, 용역제공수익과 기타사업수익을 말한다.

"재화 및 용역제공수익" 중 재화판매수익은 재화의 소유에 따른 위험과 편익의 대부분이 구매자에게 이전되고, 국가회계실체가 판매한 재화에 대하여 소유권과 관련하여 통상적으로 행사하는 정도의 관리나 효과적인 통제를 할 수 없고, 수익금액을 신뢰성 있게 측정할 수 있고, 경제적 편익의 유입가능성이 매우 높으며, 거래와 관련하여 발생했거나 발생할 거래원가와 관련 비용을 신뢰성 있게 측정할 수 있어 위 조건을 모두 충족할 때 수익으로 인식한다. 재화판매의 경우 일반적으로 소유에 따른 위험과 편익의 이전은 법적 소유권의 이전 또는 재화의 물리적 이전과 동시에 일어나므로, 재화의 인도시점에 수익을 인식한다. 다만, 경우에 따라 거래 이후에도 판매자가 관련 재화의 소유에 따른 위험의 대부분을 부담하는 경우에는 그 거래를 판매로 보지 아니하며 수익을 인식하지 아니한다.

ref 재화판매수익의 예는 (1) 양곡관리특별회계의 미곡·잡곡·기타부산물 판매수입, (2) 조달특별회계의 비축물자 사업수입, (3) 복권기금의 복권사업수입, (4) 간행물, 영상물 판매수입과 행정용품 판매수입이다.

"재화 및 용역제공수익" 중 용역제공수익은 용역제공거래의 성과를 신뢰성 있게 추정할 수 있을 때 진행기준에 따라 인식한다. 다만 거래 전체의 수익금액을 신뢰성 있게 측정할 수 있고, 경제적 편익의 유입가능성이 매우 높고, 진행률을 신뢰성 있게 측정할 수 있으며, 이미 발생한 원가와 거래를 완료하기 위해 추가로 발생할 원가를 신뢰성 있게 측정할 수 있다는 기준을 모두 충족하는 경우에는 용역제공거래의 성과를 신뢰성 있게 추정할 수 있다고 본다. 다만, 용역제공과 관련하여 위의 조건을 하나라도 충족하지 못하는 경우에는 진행기준을 적용하지 아니하고 인식된 비용의 범위 내에서 회수가능한 금액을 수익으로 인식한다.

ref 용역제공수익의 예는 우편사업특별회계의 우편사업수입, 우편사업특별회계 우정사업부문의 수탁영업수입 등 기타수입, 조달특별회계의 내자구매 사업 관련수입(예 내자구매대행수익), 조달특별회계의 외자구매 사업 관련수입(예 외자구매대행수익), 조달특별회계의 시설계약 사업수입(예 시설계약대행수익), 병원운영에 따른 용역제공수입, 교도소운영에 따른 용역제공수입, 입학금과 수업료(국립학교 입학금, 수업료 및 기타사업수익으로 강의와 교육수익을 포함) 등과 같다.

"재화 및 용역제공수익"의 기타사업수익 중 사용료수익은 기간단위의 계약에 의하여 사용하는 경우 기간배분에 따라 인식한다. 입장료수입 등 1회성으로 사용하는 대가로 즉시 대금을 수취하는 경우에는 수납시점에 수익을 인식한다. 다만, 사용료수익과 별개로 보증금의 형태로 예치한 예납금은 사용수익 기간의 만료 시 반납하여야 하는 금액이므로 사용료수익이 아닌 부채("임대보증금")로 처리한다.

ref 사용료수익의 예는 전기통신 수탁사업수입, 입장료수입(관람료수입 포함), 항공과 항만시설 이용에 따른 수입(예 항행안전시설사용료 등), 토지 · 건물 대여수입, 토지와 건물 이외의 관유물대여 수입, 공업용수 사용료 등 용수이용에 따른 수입이다.

"재화 및 용역제공수익"의 기타사업수익 중 수수료수익은 관련된 계약의 경제적 실질을 반영하여 발생기준에 따라 수익을 인식한다. 증명발급에 따른 수수료와 고시수수료 등의 경우 기간단위의 계약이 아니라 1회성으로 발생하는 대가로 사용 즉시 대금을 수취하는 경우에는 수납시점에 수익을 인식한다. 검사수수료 등의 경우 계약에 따라 기간단위 또는 발생시점에 수익으로 인식한다.

ref 수수료수익의 예는 면허 허가, 인가 및 증명발급에 수반하는 수수료와 기타수수료, 고시수수료, 청원경찰수수료, 조달특별회계의 나라장터운영수입이다.

이자수익은 수익금액을 신뢰성 있게 측정할 수 있고 경제적 편익의 유입 가능성이 매우 높은 경우 수익을 인식한다. 이에 따라 대손발생가능성이 있을 경우 수익을 인식하지 아니한다.

기타수익 중 배당금수익은 배당금을 받을 권리와 금액이 확정되는 시점에 수익을 인식하며, 주식배당액은 수익으로 인식하지 아니한다.

기타수익 중 보험차익은 보험회사로부터 지급받을 보험금이 확정되는 시점에 수익을 인식한다. 교환수익의 수입금환급금은 해당 교환수익에서 차감한다. 교환수익의 과오납반환금은 당해 연도 발생한 수입금의 과오납금을 반환하는 경우에는 별도의 비용계정으로 처리하지 아니하고 기존 발생한 교환수익에서 차감하고, 전기 또는 전기 이전에 발생한 수입금의 과오납금을 반환하는 경우에는 재정운영표의 "전기과오납금반환금"으로 처리한다.

2) 비용의 인식기준

비용은 재화나 용역의 제공 등 국가재정활동 수행을 위하여 자산이 감소하고 그 금액을 합리적으로 측정할 수 있을 때 또는 법령 등에 따라 지출에 대한 의무가 존재하고 그 금액을 합리적으로 측정할 수 있을 때에 비용으로 인식하고, 과거에 자산으로 인식한 자산의 미래 경제적 편익이 감소 또는 소멸하거나 자원의 지출 없이 부채가 발생 또는 증가한 것이 명백한 때에 비용으로 인식한다. 또한 중앙관서의 장 또는 기금관리주체가 프로그램의 목표를 달성하고 성과를 창출하기 위하여 직접적·간접적으로 투입한 경제적 자원의 가치, 즉 원가를 집계하고 배부하여 재정운영표를 작성해야 한다. 원가 집계 대상과 배부기준 등 원가계산에 관한 세부적인 사항은 국가회계예규 중 「원가계산에 관한 지침」을 적용한다.

8. 기타공시 및 결산

(1) 필수보충정보

재무제표(재정상태표, 재정운영표, 순자산변동표 및 주석[3]) 이외에도 결산보고서의

---

3) 주석은 정보이용자에게 충분한 회계정보를 제공하기 위하여 채택한 중요한 회계정책과 재무제표에 중대한 영향을 미치는 사항을 설명한 것을 말한다. 이 규칙에서 규정한 주석 사항 외에 필요한 경우에는 다음 각 호의 사항을 주석으로 표시한다. 1. 중요한 회계처리방법, 2. 장기차입부채 상환계획, 3. 장기충당부채, 4. 외화자산 및 외화부채, 5. 우발사항 및 약정사항(지급보증, 파생상품, 담보제공자산 명세를 포함), 6. 전기오류수정 및 회계처리방법의 변경, 7. 순자산

부속서류로서 필수보충정보와 부속명세서가 제공된다. 필수보충정보는 재무제표에는 표시하지 아니하였으나, 재무제표의 내용을 보완하고 이해를 돕기 위하여 필수적으로 제공되어야 하는 정보를 말한다. 그 종류는 유산자산의 종류, 수량 및 관리상태, 연금보고서, 보험보고서, 사회보험보고서, 국세징수활동표, 총잉여금·재정운영결과조정표, 수익·비용 성질별 재정운영표, 그 밖에 재무제표에는 반영되지 아니하였으나 중요하다고 판단되는 정보 등이다.

1) 유산자산

유산자산은 현재 세대와 미래 세대를 위하여 정부가 영구히 보존하여야 할 자산으로서 역사적, 자연적, 문화적, 교육적 및 예술적으로 중요한 가치를 갖는 자산을 의미하며, 취득시 재무제표에 자산으로 인식하지 않고 '유산자산취득비'로 비용처리하고 있으며, 유산자산의 종류, 수량 및 관리상태를 보고하고 있다.

2) 연금보고서, 보험보고서, 사회보험보고서

연금회계처리지침에 따른 연금보고서는 공무원연금, 군인연금, 사립학교교직원연금, 국민연금으로 구성되어 있으며, 보험회계처리지침에 따른 보험보고서는 경제협력사업보험(통일부-남북협력기금), 농어업재해재보험(농림축산식품부-농어업재해재보험기금), 무역보험(산업통상자원부-무역보험기금), 우체국보험(과학기술정보통신부-우체국보험특별회계), 원자력손해배상 보상계약(원자력안전위원회)이다. 또한 보험 회계처리지침에 따른 사회보험보고서 중 고용노동부의 사회보험사업인 고용안정 직업능력개발(고용보험기금)은 근로자의 실업예방 및 고용촉진을 도모하기 위해 기업의 구주조정 과정에서 계속 고용을 보장하는 사업주에게 고용유지지원금 등 지급, 근로자의 직업능력 개발 향상을 위하여 훈련지원, 실직자 재취업훈련 비용 등 지원, 실업급여(고용보험기금)는 고용보험 피보험자가 실직한 경우 능력과 적성에 맞는 새로운 직장에 복귀할 수 있도록 적극적인 구직활동을 지원하는 한편, 일정기간 동안 실직자의 생활안정을 도모, 산재보험급여(산업재해보상보험및예방기금)는 업무상 재해를 당한 근로자 및 유족에게 산업재해보상보험법상 보험급여를 신속·공정하게 지급

조정명세, 8. 제1호부터 제7호까지에서 규정한 사항 외에 재무제표에 중대한 영향을 미치는 사항과 재무제표의 이해를 위하여 필요한 사항

하여 산재근로자 및 그 가족의 생활안정을 도모하는 사회안정망 역할 확충, 체당금 지급(임금채권보장기금)은 기업의 도산 등으로 임금 등을 지급받지 못하고 퇴직한 근로자에게 임금 지급능력이 없는 사업주를 대신하여 일정범위의 체불임금 등을 지급(체당금)함으로써 체불근로자 생활안정을 도모하게 한다.

ref 일정범위라 함은 최종 3월분의 임금·휴업수당 및 최종 3년간의 퇴직금 중 미지급액(최고 1,800만원까지 지급)

3) 국세징수활동표

국세징수활동표는 국세를 징수하는 활동으로 인해 당해 발생한 국세수익 인식에 따른 순자산 증가를 의미하는 "국세수익"과 현금 수납액의 국고이전 등에 의한 감소를 의미하는 "처분"으로 구분하여 표시한다. 국세수익은 국세수익 발생금액에서 미수국세의 대손상각비를 차감하고 대손충당금환입을 가산하여 계산한다. 국세수익 발생금액은 발생주의에 의한 해당 국세수익에서 국세환급금을 차감한 금액을 말한다. 대손상각비와 대손충당금환입은 미수국세에 대한 대손상각비 설정액 또는 대손충당금환입액을 의미한다.

처분은 국고이전지출에 "타회계이전", "물납이전", "미수국세의 증감"을 가산하고, "대손충당금의 증감"을 차감하여 계산하며, 세부내역은 다음과 같다. 첫째, 국고이전지출은 국세수익 중 현금수취분을 국고금회계로 이전시키는 금액으로 총현금수입에서 지급한 국세환급금을 차감한 금액을 말한다. 둘째, 타회계이전은 국세징수 이후 국고금회계 외의 타회계로 이전하는 금액으로 농특세이전지출과 주세이전지출 등이 있다. 셋째, 물납이전은 국세를 물납으로 징수하여 물납된 자산을 기획재정부 일반회계로 이전한 금액을 말한다. 넷째, 미수국세의 증감 및 대손충당금의 증감은 발생주의에 따른 수익과 실수납액과의 차이를 조정하는 것으로, 전기말과 당기말의 미수국세와 대손충당금의 차이금액 등을 말한다.

4) 총잉여금·재정운영결과조정표

현금주의 기준을 적용하는 예산회계결산상 세입세출의 차액인 총잉여금과 발생주의 기준을 적용하는 재무제표상 비용과 수익의 차이인 재정운영결과는 동일하지 않은데 이에 관한 세부 정보를 제공해준다.

(*) 총잉여금

(단위: 원)

	2016	2015
Ⅰ. 일반회계	**7,676,472,910,840**	**4,056,688,381,120**
(1) 세입	281,674,574,727,430	261,938,284,669,350
(2) 세출	(273,998,101,816,590)	(257,881,596,288,230)
Ⅱ. 특별회계	**5,108,824,085,760**	**4,680,989,365,640**
1. 기타특별회계	4,385,055,097,320	3,553,595,445,440
(1) 세입	53,715,943,402,620	56,406,760,110,180
(2) 세출	(49,330,888,305,300)	(52,853,164,664,740)
2. 기업특별회계	621,551,202,480	1,031,234,074,090
(1) 세입	8,511,670,358,500	8,750,987,219,350
(2) 세출	(7,890,119,156,020)	(7,719,753,145,260)
3. 책임운영기관특별회계	102,217,785,960	96,159,876,110
(1) 세입	1,093,928,809,770	1,032,322,202,900
(2) 세출	(991,711,023,810)	(936,162,326,790)
Ⅲ. 기금	–	–
(1) 수입	1,315,736,626,150,214	1,161,108,323,710,344
(2) 지출	(1,315,736,626,150,214)	(1,161,108,323,710,344)
Ⅳ. 총잉여금(Ⅰ+Ⅱ+Ⅲ)	**12,785,296,996,600**	**8,737,677,776,760**

		2016
Ⅰ. 총잉여금(*)		12,785,296,996,600
Ⅱ. 차이 항목		(71,355,824,734,442)
1. 자산·부채의 증감	54,524,730,419,000	
(1) 현금및현금성자산의 증가(감소)	1,527,101,961,672	
(2) 금융상품의 증가(감소)	4,234,949,407,551	
(3) 투자증권의 증가(감소)	48,274,104,785,889	
(4) 대여금의 증가(감소)	(39,688,519,625,609)	
(5) 일반유형자산의 증가(감소)	26,941,243,262,561	
(6) 사회기반시설의 증가(감소)	16,540,980,316,733	
(7) 무형자산의 증가(감소)	372,533,738,891	
(8) 기타자산의 증가(감소)	265,503,418,046	
(9) 국공채의 증가(감소)	(33,699,607,352,622)	
(10) 차입금의 증가(감소)	51,555,081,132,267	
(11) 기타부채의 증가(감소)	(21,808,640,746,480)	
2. 발생주의 기간수익·비용 차이	(125,048,028,230,697)	
(1) 국세수익 차이	13,927,762,294,241	
(2) 부담금수익 차이	691,718,966,554	
(3) 제재금수익 차이	836,784,682,992	
(4) 사회보험수익 차이	232,957,794,809	
(5) 재화및용역제공수익 차이	(291,887,926,802)	
(6) 연금수익 차이	(277,441,389,944)	
(7) 보험수익 차이	178,494,840	
(8) 보증수익 차이	(45,903,492,489)	
(9) 이자수익 차이	(4,631,485,154,897)	
(10) 평가이익 차이	5,825,080,323,806	
(11) 기타수익 차이	6,780,295,569,700	
(12) 퇴직급여 차이	(174,394,651,356)	
(13) 이자비용 차이	(11,628,095,580,023)	
(14) 감가상각비 차이	(13,396,856,853,717)	
(15) 대손상각비 차이	(10,655,850,569,277)	
(16) 기타이전비용 차이	(32,082,743,594,614)	
(17) 평가손실 차이	(58,585,280,052,042)	
(18) 자산감액손실 차이	(459,061,204,641)	
(19) 기타비용 차이	(21,103,801,674,837)	
3. 전기 결산상잉여금 세외이익액	(7,037,238,492,630)	
4. 순자산변동	6,194,706,676,886	
(1) 기타순자산의 증감	6,194,706,676,886	
Ⅲ. 계정운영결과(Ⅰ+Ⅱ)		(88,880,527,737,842)

5) 수익 · 비용 성질별 재정운영표

프로그램별 투입된 순원가가 얼마인지 보여주는 재정운영표는 프로그램원가의 비용이 인건비에 해당되는지? 복리후생비에 해당되는지? 성질별 정보를 제공하지 않는다. 따라서 수익 비용 성질별 재정운영표는 프로그램 총원가를 구성하는 비용들의 상대적 비중을 파악하거나 관리운영비 구성비용 등을 비교하여 재정사업의 효율성을 평가할 수 있도록 필수보충정보로 제공한다.

(2) 주석 및 부속명세서

주석은 정보이용자에게 충분한 회계정보를 제공하기 위하여 채택한 중요한 회계정책과 재무제표에 중대한 영향을 미치는 사항을 설명한 것을 말한다. 국가회계기준에 관한 규칙에서 규정한 주석 사항 외에 필요한 경우에는 다음 각 호의 사항을 주석으로 표시한다.

1. 중요한 회계처리방법
2. 장기차입부채 상환계획
3. 장기충당부채
4. 외화자산 및 외화부채
5. 우발사항 및 약정사항(지급보증, 파생상품, 담보제공자산 명세를 포함한다)
6. 전기오류수정 및 회계처리방법의 변경
7. 순자산조정명세
8. 제1호부터 제7호까지에서 규정한 사항 외에 재무제표에 중대한 영향을 미치는 사항과 재무제표의 이해를 위하여 필요한 사항

한편, 부속명세서는 재무제표에 표시된 회계과목에 대한 세부 명세를 명시할 필요가 있을 때에 추가적인 정보를 제공하기 위한 것으로서, 부속명세서의 종류, 작성기준 및 서식은 기획재정부장관이 정하는 바에 따른다.

9. 국가의 결산(중앙관서 및 국가의 통합재무제표 작성)

중앙관서 및 국가의 결산은 개별중앙관서에 포함되어 있는 일반회계, 특별회계 및 기금을 포함한 통합재무제표를 작성하고 더 나아가 중앙관서의 재무제표를 통

합하여 국가 재무제표를 작성하는 과정을 말한다. 중앙관서 재무제표는 중앙관서별로 구분된 국가회계실체 재무제표를 소관 중앙관서별로 통합하여 작성하고, 국가 재무제표는 중앙관서 재무제표를 대한민국 정부로 통합하여 작성한다. 재무제표를 통합하여 작성하는 목적은 국회, 정책결정자, 일반국민 및 시민단체, 국제기구 등 다양한 정보이용자들에게 일반회계 및 특별회계, 기금을 포함한 중앙관서 또는 대한민국 정부 전체의 재정상태나 재정운영에 관한 정보를 제공하기 위한 것이다. 즉, 정보이용자들은 기금 등 국가회계실체의 개별적인 재정상태나 재정운영뿐만 아니라 중앙관서, 대한민국 정부의 재정상태나 재정운영에 관한 정보를 활용하고자 하기 때문에 재무제표의 통합이 필요한 것이다.

'재무제표 통합'은 구체적으로 다음과 같은 유용성이 있다. 첫째, 해당 중앙관서 및 대한민국 정부 전체의 재정상태 및 재정운영 내역을 알 수 있게 해준다. 국가 재무제표는 개별 국가회계실체를 소관 중앙관서별로 통합하고, 이를 다시 대한민국 정부로 통합한 재무제표이므로 국가 전체의 재정상태나 재정운영 내역을 포괄적으로 알 수 있게 해준다. 둘째, 통합과정에서의 정부 내부의 회계실체간 채권·채무를 상계하고, 손익거래를 제거함으로써 자산 또는 부채의 과대 표시 및 수익 또는 비용의 중복 표시를 방지할 수 있다. 셋째, 자산 및 부채의 성격 등을 고려하여 재무제표에 반영하지 않고 주석으로 공시하는 등 적정한 공시방법을 결정함으로써 재무제표가 제공하는 재무정보의 왜곡을 방지하고 정보이용자에게 재정에 관한 실질적인 정보를 제공할 수 있다.

(1) 재무제표 통합절차

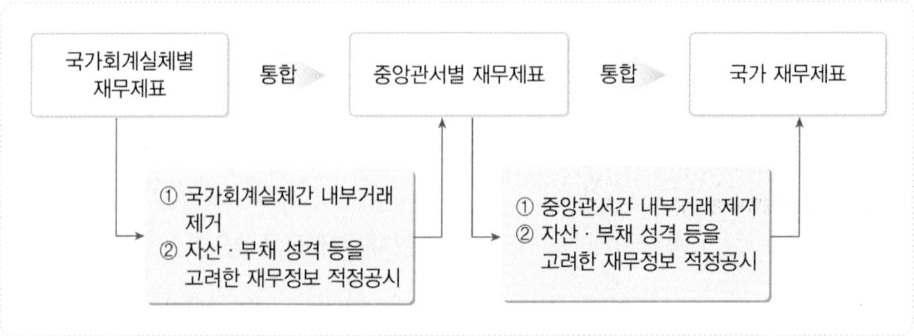

자료: 기획재정부 · 한국조세재정연구원(2016). 국가회계편람. p.90.

중앙관서 재무제표 작성 시 소관 고려한 재무정보 적정공시 국가회계실체 재무제표를 합산한 후 국가회계실체 간 내부거래를 제거하고, 국가 재무제표 작성 시 모든 중앙관서 재무제표를 합산한 후 중앙관서 간 내부거래를 제거한다. 국가회계실체 간 거래를 통하여 발생한 수익·비용 및 상호 보유한 채권·채무를 제거함으로써 수익·비용의 중복 표시 및 자산·부채의 과대 표시를 방지한다. 국가 재무제표 작성 단계에서는 국고금회계의 통합, 재원의 조달 및 이전거래의 조정, 국세징수활동표의 국세수익 조정 등의 작업을 추가로 수행한다.

ref 합산은 국가회계실체의 재무제표를 동일한 계정과목별로 모아 합친 것이고, 통합은 합산한 재무제표에서 채권·채무 및 손익의 내부거래를 제거한 것이다. 예를 들어 중앙관서 재무제표는 중앙관서별로 구분된 국가회계실체의 합산된 재무제표에서 내부거래를 제거하여 작성되며, 이러한 일련의 과정을 '재무제표의 통합'이라 한다. 즉, 재무제표의 통합은 재무제표의 단순합산과 차이가 있으며 합산을 포함하는 개념이다.

(2) 중앙관서의 결산(재무제표 작성)

중앙관서의 재무제표 작성순서는 다음과 같다.

1. 내부거래의 제거(자산·부채, 공채표시, 수익·비용, 재원조달 및 이전거래)
2. 우체국예금 및 우체국보험적립금의 표시(재무정보의 적정공시)

1) 자산·부채의 내부거래 제거

중앙관서 내 국가회계실체간 거래를 통해 상호 채권·채무를 보유하고 있는 경우 중앙관서 재부제표 작성 시 해당 채권·채무를 상계하여 제거한다. 다만, 일반유형자산의 취득, 처분, 관리전환 등의 거래는 상호간 채권·채무를 보유하지 않으므로 내부거래 제거대상에서 제외한다.

AA부처 일반회계에서 공공자금관리기금에 전대차관 1천만원을 도입하기 위해 기획재정부의 승인을 득하여 예산 내에서 집행하는 경우(장·단기를 고려하지 않으며, 국고금 회계처리는 생략), 회계처리는 다음과 같다.

<AA부처 일반회계>			
차) 한국은행국가예금	10,000,000	대) 정부내전대차관	10,000,000
<공공자금관리기금>			
차) 전대차관대여금	10,000,000	대) 해외차입금	10,000,000
<기말 내부거래 제거>			
차) 정부내전대차관	10,000,000	대) 전대차관대여금	10,000,000

2) 자기국채(공채) 표시

중앙관서 내 국가회계실체가 발행한 국채(공채)를 동일 중앙관서 내 다른 국가회계실체가 취득하는 경우 중앙관서 재무제표 작성 시 해당 투자증권(국채(공채))을 국채(공채)의 차감계정인 자기국채(공채)로 대체한다.

AA부처 일반회계가 20X0년에 발행한 국채 100,000원(액면발행, 5년만기)을 국채시장에서 동 부처 bb기금이 20X3년에 70,000원에 취득한 경우(국고금 회계처리는 생략) 회계처리는 다음과 같다.

<AA부처 일반회계_20X0년 최초 발행시>			
차) 한국은행 국가예금	100,000	대) 국 채	100,000
<AA부처 bb기금_20X3년 국채 취득시>			
차) 장기투자증권－채무증권	70,000	대) 현금및현금성자산	70,000
<당기말 내부거래제거>			
차) 자기국채	70,000	대) 장기투자증권－채무증권	70,000

3) 수익·비용의 내부거래 제거

중앙관서 내 국가회계실체 간 거래를 통해 재정운영표에 수익·비용을 인식한 경우 해당 내부거래로 인하여 상호 발생한 수익과 비용을 제거한다.

AA부처 일반회계가 동 부처 aa기금에게 100,000,000원을 대여한 경우 대여/차입 및 상환/회수에 대한 회계처리를 제시하면 다음과 같다(장·단기를 고려하지 않으며, 국고금 회계처리는 생략).

AA부처 일반회계	AA부처 aa기금
<대여시> 차) 정부내예탁금 100,000,000 대) 한국은행국가예금 100,000,000	<차입시> 차) 현금및현금성자산 100,000,000 대) 정부내예수금 100,000,000
<이자수익 수취시> 차) 한국은행국가예금 5,000,000 대) 정부내예탁금이자수익 5,000,000	<이자비용 상환시> 차) 정부내예수금이자비용 5,000,000 대) 현금및현금성자산 5,000,000
<기말 내부거래 제거> 차) 정 부 내 예 수 금 100,000,000 차) 정부내예탁금이자수익 5,000,000	 대) 정 부 내 예 탁 금 100,000,000 대) 정부내예수금이자비용 5,000,000

4) 재원의 조달 및 이전거래의 내부거래 제거

중앙관서 내 국가회계실체간 거래를 통해 재정운영표에 "기타재원조달"과 "기타재원이전"을 인식하거나 순자산변동표에 "재원의 조달 및 이전"을 인식한 경우 해당 내부거래로 인하여 상호 발생한 무상이전거래를 제거한다.

AA부처 일반회계에서 동 부처 aa기금으로 전출금이 발생하는 경우(국고금 회계처리는 생략) 회계처리는 다음과 같다.

거래	AA부처 일반회계	AA부처 aa기금
전입/전출	<전출금 지출시> 차) 무상이전지출(기금전출금)(*) 5,000,000 대) 한국은행국가예금 5,000,000 (*)순자산변동표 표시	<전입금 수령시> 차) 현금및현금성자산 5,000,000 대) 무상이전수입(일반회계전입금)(*) 5,000,000 (*)재정운영표 표시
내부거래제거	차) 무상이전수입(일반회계전입금) 5,000,000	대) 무상이전지출(기금전출금) 5,000,000

AA부처 aa기금에서 동 부처 bb기금으로 출연금이 발생하는 경우 회계처리는 다음과 같다.

거래	AA부처 aa기금	AA부처 bb기금
전입/전출	<출연금 지출시> 차) 무상이전지출(기금전출금)(*) 5,000,000 대) 현금및현금성자산 5,000,000 (*)재정운영표 표시	<출연금 수령시> 차) 현금및현금성자산 5,000,000 대) 무상이전수입(기금전입금)(*) 5,000,000 (*)재정운영표 표시
내부거래제거	차) 무상이전수입(기금전입금) 5,000,000	대) 무상이전지출(기금전출금) 5,000,000

5) 우체국예금 및 우체국보험적립금의 표시(재무정보의 적정공시)

중앙관서 재무정보의 적정공시를 위해 우체국예금과 우체국보험적립금 관련 항목은 다음의 절차에 따라 중앙관서 재무제표에 포함한다. 첫째, 우체국예금특별회계와 우체국보험특별회계를 포함하는 중앙관서 재무제표와 국가 재무제표 작성 시 세입·세출외로 관리되는 우체국예금과 우체국보험적립금 관련 자산·부채, 순자산 및 수익·비용은 재무제표 본문에 반영하지 아니하고, 주석으로 공시함으로써 적정한 재무정보가 표시되도록 한다. 둘째, 세입·세출로 관리되는 우체국예금의 고객예수금을 운용함에 따라 발생한 수익과 비용은 중앙관서 재무제표와 국가 재무제표 작성시 재정운영표에 반영한다. 이러한 예수금운용에 따른 이자수익, 예수금에 대한 이자비용 등은 기타수익 중 우체국예수금운용수익과 기타비용 중 우체국예수금운용비용으로 각각 구분하여 재정운영표에 표시한다. 셋째, 우체국예금이 구분경리되지 않아 우체국예금(부채)에 대해 운용자산의 구분이 확실하지 않는 경우 구분경리 시까지 유동성이 높은 자산부터 동일한 금액을 재무제표 본문에 반영하지 않는다.

우체국예금과 우체국보험적립금은 실질적으로 예금가입자와 보험계약자의 자산으로 해당 국가회계실체가 관리책임을 부담할 뿐 실질적인 소유권은 해당 예금가입자와 보험계약자에 있어 국가가 임의적으로 사용할 수 없다. 이러한 자산 및 그와 관련된 부채를 우체국예금특별회계와 우체국보험특별회계가 속하는 중앙관서 재무제표에 포함할 경우 타인소유 자산·부채로 인해 해당 중앙관서 재무제표의 자산·부채가 과대표시되어 중앙관서의 재정상태 및 재정운영 성과 등 재무정보의 왜곡을 초래할 가능성이 있으며, 나아가 국가 재무제표에도 적정한 재정상태와 재정운영의 성과가 표시되지 않을 가능성이 있으므로 관련 자산·부채, 순자산, 수익·비용을 재무제표 본문에 포함하지 않고 주석으로 표시하도록 하였다.

다만, 세입·세출외로 관리되는 우체국보험적립금 관련 수익·비용은 국가회계실체에 귀속되지 않고 고객에게 배당되며 보험충당부채 전입(보험비용) 등으로 사용되는 데 비해 세입·세출로 관리되는 우체국예금 관련 수익·비용은 실제 예수금 운용에 따른 수익이 국가에 귀속되므로 중앙관서 재정운영표와 국가 재정운영표에 반영하되, 별도 계정과목으로 표시하도록 하였다.

■ 우체국예금 및 우체국보험적립금 공시 사례

세입세출 외로 관리되는 우체국예금과 우체국보험적립금 관련 자산, 부채, 순자산 및 수익과 비용은 재무제표 본문에 반영하지 않았으며 내역은 다음과 같습니다.

우체국예금특별회계의 우체국예금 잔액은 10조원이고, 예금 운용을 위해 취득한 자산은 유가증권 4조원 및 금융상품 6조원 등으로 구성되어 있습니다. 우체국보험특별회계의 보험적립금이 인식한 보험충당부채는 4조원, 순자산은 1조원이며, 동 재원을 활용한 자산은 유가증권 2조원, 대출금 2조원, 건물 1조원 등으로 구성되어 있습니다. 보험적립금 관련 세입·세출 외로 관리되는 수익과 비용은 재무제표 본문에 반영하지 않았으며 금액은 각각 ○○조원과 ○○조원입니다. 한편, 세입·세출 내 거래로 관리되는 우체국예금특별회계의 고객예수금 운용에 따른 손익은 우체국예수금운용수익 ○○조원과 우체국예수금운용비용 ○○조원으로 재정운영표에 반영하였습니다.

(3) 국가의 결산(재무제표 작성)

국가의 통합재무제표의 작성절차는 다음과 같다.

1. 내부거래의 제거
2. 국고금회계의 통합
3. 재원의 조달 및 이전거래의 조정
4. 국세징수활동표상 국세수익의 조정

1) 내부거래의 제거

국가 재무제표 작성 시 모든 중앙관서 재무제표를 합산한 후 중앙관서 간 내부거래를 통해 상호 발생한 채권·채무, 수익·비용 및 재원의 조달 및 이전을 제거한다. 다만, 일반유형자산의 취득, 처분, 관리전환 등의 거래는 상호간 채권·채무를 보유하지 않으므로 내부거래 제거대상에서 제외한다. 또한 중앙관서가 발행한 국채(공채)를 다른 중앙관서가 취득하는 경우 국가 재무제표 작성 시 해당 투자증권(국채(공채))을 국채(공채)의 차감계정인 자기국채(공채)로 대체한다.

2) 국고금회계의 통합

국가 재무제표 작성 시 국고금회계의 통합은 다음과 같다. 첫째, 국고금회계는 기획재정부의 하부 회계로 독립하여 결산을 수행하고, 국고금회계의 재무제표는 국가 재무제표 작성 시 중앙관서 재무제표와 함께 통합한다. 둘째, 여유자금의 운용 결과로 발생하는 이자수익 등 국고금회계의 재정운영순원가는 국가 재정운영표의 재정운영순원가 중 기획재정부의 재정운영순원가에 합산하되, 각각 구분하여 표시한다. 셋째, 국고금회계를 포함한 국가 재무제표에는 중앙관서 순자산변동표의 "국고이전지출"과 국고금회계의 "국고이전수입", 중앙관서 순자산변동표의 "국고수입"과 국고금회계의 "세출예산지출액"을 내부거래제거로 상계한다.

국고금회계통합절차는 다음과 같다.

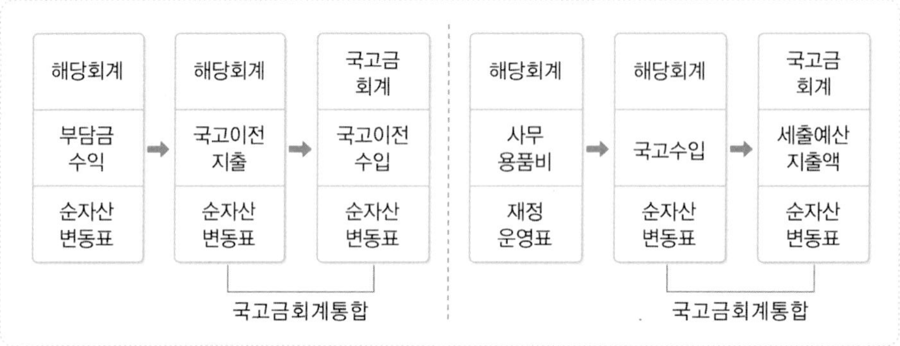

자료: 기획재정부・한국조세재정연구원(2016). 국가회계편람. p.98.

AA부처 일반회계에서 정부산하기관에 1억원을 대여하기 위해 기획재정부의 승인을 득하여 예산 내에서 집행하는 경우 회계처리는 다음과 같다.

<AA부처 일반회계>			
차) 장기일반대여금	100,000,000	대) 국고수입	100,000,000
<국고금회계 – 일반회계 계정>			
차) 세출예산지출액	100,000,000	대) 한국은행국가예금	100,000,000
<기말 내부거래 제거>			
차) 국고수입	100,000,000	대) 세출예산지출액	100,000,000

국세청이 ○○씨로부터 소득세 5백만원을 신고납부받은 경우 회계처리는 다음과 같다.

<국세청 – 일반회계>			
차) 국고이전지출	5,000,000	대) 소득세수익	5,000,000
<국고금회계 – 일반회계 계정>			
차) 한국은행국가예금	5,000,000	대) 국고이전수입	5,000,000
<기말 내부거래 제거>			
차) 국고이전수입	5,000,000	대) 국고이전지출	5,000,000

3) 재원의 조달 및 이전거래의 조정

중앙관서 순자산변동표에 표시되는 재원의 조달 및 이전거래는 국가 재정운영표 작성 시에는 재정운영표상 "비교환수익 등"에 반영한다. 중앙관서 순자산변동표상에 기재되어 있는 재원의 조달거래금액이 부담금수익 100원, 변상금수익 200원, 위약금수익 100원, 가산금수익 300원, 벌금수익 400원, 몰수금수익 200원이라고 가정하면 동일계정과목을 차변과 대변에 기재해야 하며, 일반회계와 기타특별회계에서 순자산변동표에 표시된 재원조달거래를 국가 재정운영표상 반영하기 위해 비교환수익을 대체시키는 회계처리를 수행한다.

차) 부담금수익(순자산변동표)	100	대) 부담금수익(재정운영표)(*)	100
변상금수익(순자산변동표)	200	변상금수익(재정운영표)(*)	200
위약금수익(순자산변동표)	100	위약금수익(재정운영표)(*)	100
가산금수익(순자산변동표)	300	가산금수익(재정운영표)(*)	300
벌금수익(순자산변동표)	400	벌금수익(재정운영표)(*)	400
몰수금수익(순자산변동표)	200	몰수금수익(재정운영표)(*)	200

(*)국가 재정운영표상 '비교환수익 등' 항목에 반영

4) 국세징수활동표의 국세수익 조정

국세징수활동표에 표시된 "국세수익"은 국가 재정운영표의 비교환수익 등의 "국세수익"으로 직접 표시한다. 국세수익은 국세징수활동표의 "국고이전지출"과 국고금회계의 "국고이전수입"을 내부거래제거로 상계하는 국고금회계 통합절차를 통해 국가 재정운영표에 표시한다. 국세징수활동표는 국세를 징수하는 활동으로 인해 당해 발생한 회수가능 세금(국세수익) 중 실제로 징수하여 국고에 귀속된 세금(국고이전지출)이 얼마인지를 표시하기 위해 국(관)세청 및 기획재정부 등 국세징수활동을 직접 수행하는 주체만 작성하는 것으로, 기금결산보고서 및 국가결산보고서에는 포함되지 아니하는 필수보충정보이다.

납세자가 국(관)세를 국고금수납대리점에 신고, 납부하는 경우 국(관)세청 및 기획재정부는 국세징수활동표에 해당세목의 "국세수익"으로 계상함과 동시에 "국고이전지출"로 국고로 이전하는 회계처리를 한다. 국고금회계에서는 이를 받아 현금으로 계상함과 동시에 "국고이전수입"으로 처리한다. 다만, 부과고지되는 국(관)세의 경우에는 부과고지 시점에 "국세수익"을 인식함과 동시에 "미수국세"를 계상하였다가 납부시점에 "미수국세"의 회수 처리를 한 후 국고로 이전되는 수납액을 "국고이전지출"로 처리한다.

국세징수활동표상의 수익은 국(관)세청, 기획재정부 해당 회계의 수익이 아니므로 재정운영표가 아닌 국세징수활동표(국세청, 관세청, 기획재정부)에 표시된다. 그러나 국세징수활동표에 표시된 "국세수익"은 국가결산보고서의 관점에서는 국가재정의 직접적인 수입원으로 각 중앙관서의 경우와 같이 예산배정의 절차를 통해 재원을 조달하는 것이 아니므로 국가 재정운영표의 비교환수익 등의 "국세수익"으로 직접 표시하도록 하였다.

국세징수활동표 통합절차는 다음과 같다.

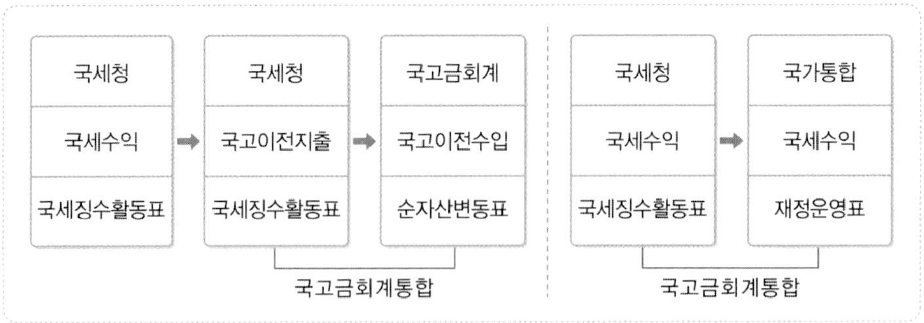

자료: 기획재정부 · 한국조세재정연구원(2016). 국가회계편람. p.100.

국고금회계 통합 이후 남은 국세징수활동표 상의 국세수익을 재정운영표에 표시하기 위해 다음과 같은 대체분개가 이루어져야 한다.

<계정대체분개>			
차) 국세수익(국세징수활동표)	100	대) 국세수익(재정운영표)	100

중앙관서(국고금회계 포함)의 재무제표와 국가의 통합재무제표 작성절차(흐름)를 개략적으로 설명한다. 그 예로 A부처는 일반회계와 기타특별회계만으로 구성되었으며, 2017년 기초 재정상태표상 자산은 3,000(유형자산으로만 구성)이고 부채는 2000이다. 2017년 재정수입은 교환수익 800과 비교환수익(부담금수익) 1,200이다. 재정지출은 인건비 1,100과 유형자산취득 800을 집행하였다(감가상각비 등을 포함한 항목변동 미고려).

1. A부처 회계처리 및 재무제표 작성

1) 교환수익과 비교환수익 발생

<A부처>

차) 한국은행국가예금 (재정상태표)	800	대) 교환수익 (재정운영표)	800
차) 한국은행국가예금 (재정상태표)	1,200	대) 비교환수익 (순자산변동표)	1,200

2) 교환수익과 비교환수익의 국고금회계로의 이전

<A부처>

차) 국고이전지출 (순자산변동표)	2,000	대) 한국은행국가예금 (재정상태표)	2,000

<국고금회계>

차) 한국은행국가예금	2,000	대) 국고이전수입	2,000

3) 인건비 및 유형자산 취득 예산의 집행

<국고금회계>

차) 세출예산지출액	1,900	대) 한국은행국가예금	1,900

<A부처>

차) 한국은행국가예금 (재정상태표)	1,900	대) 국고수입 (순자산변동표)	1,900
차) 인건비 (재정상태표)	1,100	대) 한국은행국가예금 (재정상태표)	1,900
차) 유형자산 (재정상태표)	800		

〈A부처 재무제표〉

재정운영표		순자산변동표		재정상태표	
인건비	1,100	기초순자산	1,000	자산	3,800
교환수익	(800)	재정운영결과	300	부채	2,000
재정운영결과	300	재원의 조달 및 이전		순자산	1,800
		비교환수익	1,200		
		국고수입	1,900		
		국고이전지출	(2,000)		
		기말순자산	1,800		

국고금회계잔액은 A부처의 현금 및 현금성자산이 아니기 때문에 부처의 재정상태표상 자산이 포함되지 않고 국가의 재정상태표에 표시됨.

2. 국가 재무제표 작성 (A부처와 국고금회계만 있다고 가정)

1) 내부거래 제거

차) 국고이전수입	2,000	대) 국고이전지출	2,000
차) 국고수입	1,900	대) 세출예산지출액	1,900

2) 비교환수익의 대체

차) 비교환수익 (순자산변동표)	1,200	대) 비교환수익 (재정운영표)	1,200

3) 국고금회계의 잔액대체

차) 한국은행국가예금 (재정상태표)	100	대) 한국은행국가예금 (국고금회계)	100

〈국가 재무제표〉

재정운영표		순자산변동표		재정상태표	
인건비	1,100	기초순자산	1,000	자산	3,900
교환수익	(800)	재정운영결과	(900)	부채	2,000
비교환수익	(1,200)	기말순자산	1,900	순자산	1,900
재정운영결과	(900)				

국가재정운영표에는 A부처의 재정운영표와 달리 비교환수익이 포함, 국가 순자산변동표는 A부처의 순자산변동표와 달리 재원의 조달 및 이전부분이 없는데, 이는 비교환수익은 재정운영표로 대체되고, 국고수입과 국고이전지출은 내부거래 제거되었기 때문. 국가재정상태표상 자산에는 국고금회계의 현금잔액이 포함됨.

5) 재정지표를 활용한 재정상태 등 분석

국가결산보고서상 재정상태와 재정운영을 분석할 수 있도록 제공하는 주요 재정지표는 다음과 같다.

분 야	지표명	지표산식
재정상태	자산증감률	(당기 자산 / 전기 자산) − 1
	부채증감률	(당기 부채 / 전기 부채) − 1
	부채대비 차입부채비율	차입부채* / 부채
	차입부채대비 이자비용	이자비용 / 평균차입부채
	순차입부채	차입부채 − 현금및금융상품**
	자산대비 부채비율	부채 / 자산

재정운영	지정운영순원가보상률	비교환수익 / 재정운영순원가
	총비용대비 이자비용	이자비용 / 총비용***

* 차입부채: 단기차입금 + 유동성장기차입부채 + 장기차입부채
** 현금및금융상품: 현금및현금성자산 + 단기금융상품 + 장기금융상품
*** 총비용: 프로그램총원가 + 관리운영비 + 비배분비용 − 내부거래원가

Government Accounting & Finance Statistics

제4장
지방자치단체회계

제1절 지방자치단체회계기준

Government Accounting & Finance Statistics

제1절 지방자치단체회계기준

1999년 행정자치부는 지방자치단체에 발생주의 복식부기 회계제도 도입을 추진하게 되었다. 이를 위해 우선 부천시와 강남구를 시범기관으로 선정하였으며, 이후 행정자치부 주관으로 복식부기 회계제도를 기초로 하는 지방회계기준을 개발하고 동시에 재정관리시스템(e-hojo)을 개발하였다.

2005년 지방재정법을 개정하여 발생주의 복식부기 회계도입을 위한 법적 근거를 마련하였으며, 지방자치단체 회계기준에 관한 규칙을 제정하여 2007년부터 모든 지방자치단체에 적용하였다. 또한 지방자치단체 회계기준에 관한 규칙을 보완하기 위해 지방자치단체 발생주의 복식부기 회계처리지침(2007)과 지방자치단체 재무회계운영규정(2008)을 제정하였다. 이후 국가회계기준에 관한 규칙과 일관성(용어 등)을 높이기 위해 재정운용표 중심으로 지방자치단체 회계기준에 관한 규칙의 일부내용을 개정하였다(2011). 또한 지방자치단체 재무제표의 세부명칭을 국가회계기준과 일치시켰다.

ref 국가회계기준과 지방회계기준의 용어 통일 등을 포함하여 일관성을 높이기 위해 많은 부분이 개정되었다. 긍정적인 측면도 많지만 아쉬운 점이 있다면 재정운영결과 추계방식이다. 종전에 지방자치단체는 수익에서 비용을 차감하는 방식으로 '운영차액'이란 용어를 활용하였기 때문에 그 값이 +일 경우 흑자운영으로 인식했다. 하지만 국가회계기준과 일관성을 유지하기 위해 국가회계기준에서 활용하던 '재정운영결과'로 용어를 동일하게 변경함은 물론 그 추계방식도 비용에서 수익을 차감하는 방식으로 변경하였기 때문에 재정운영결과값이 -값이면 흑자로 인식상의 혼란을 야기할 수 있다. 필자의 주관적인 견해로는 종전 지방회계기준의 추계방식이 오히려 타당했다는 생각이 든다.

지방회계기준은 총 8장으로 본문 61개조와 부칙으로 구성되어 있으며 다음 <표 4-1>과 같다.

표 4-1 지방자치단체 회계기준의 주요 내용

구분 (장, 조문)	주요 내용
제1장 총칙 (제1조~제6조)	회계기준의 제정 목적, 적용대상, 용어의 정의, 재무보고의 목적과 일반원칙, 유형별 회계실체의 구분
제2장 재무제표 (제7조~제9조)	재무제표의 구성, 재무제표의 종류, 재무제표의 작성원칙
제3장 재정상태표 (제10조~제25조)	재정상태표의 의의와 작성기준, 자산, 부채 및 순자산의 정의와 분류
제4장 재정운영표 (제26조~제34조)	재정운영표의 의의와 작성기준, 수익과 비용의 정의 및 인식기준, 일반수익의 분류 등
제5장 현금흐름표 (제35조~제37조)	현금흐름표의 의의와 구분, 작성기준
제6장 순자산변동표 (제38조~제39조)	순자산변동표의 의의와 구성요소
제7장 주석 (제40조)	회계과목의 세부내역 및 재무제표에 중대한 영향을 미치는 사항
제7장의2 필수보충정보 및 부속명세서(제42조~제44조)	필수보충정보와 부속명세서, 그 작성지침
제8장 자산 및 부채의 평가 (제45~제61조)	자산과 부채의 평가기준, 특수한 회계처리에 관한 사항

1. 목적 및 적용대상

지방자치단체 회계기준에 관한 규칙(이하, "지방회계기준")은 "지방자치단체의 회계처리 및 재무제표 보고의 통일성과 객관성을 확보함으로써 정보이용자에게 유용한 정보를 제공하고, 지방자치단체의 재정 투명성과 공공 책임성을 제고함을 목적"으로 한다. 이 기준은 지방자치단체가 수행하는 모든 일반적인 거래의 회계처리와 재무제표 보고(이하, "재무보고")에 대하여 적용하되, 실무회계처리에 관한 구체적인 사항은 행정안전부장관이 정한다. 이는 이미 설명한 바와 같이 「지방자치단체 발생주의 회계처리지침」과 「지방자치단체재무회계운영규정」의 적용을 의미한다. 한편 지방자치단체 회계기준, 지침 및 규정에서 정한 것 외의 사항에 대해서는 일반적으로 인정되는 회계원칙과 일반적으로 공정하며 타당하다고 인정되는 회계관습에 따른다.

2. 회계실체 구분

회계실체는 보고실체 내 회계책임의 주체로서 재무제표를 작성하는 단위를 말하며, 개별회계실체, 유형별 회계실체, 통합회계실체로 구분된다. 보고실체는 재무보고서를 발행하는 주체로서 지방자치단체의 경우, 광역시·도, 시·군·자치구를 의미한다.

표 4-2 회계실체의 구분

구 분	내 용
개별 회계실체	「지방재정법」에 따른 일반회계 및 특별회계와 「지방자치단체 기금관리기본법」에 따른 기금으로서 재무제표를 작성하는 최소단위
유형별 회계실체	개별 회계실체를 그 성격이나 특성에 따라 유형별로 구분한 것으로 지방자치단체의 회계구분에 따라 일반회계, 특별회계(기타 및 지방공기업특별회계), 기금회계로 구분
통합 회계실체	유형별 회계실체의 재무제표를 모두 통합하여 재무제표를 작성하는 단위로서 지방자치단체를 말함

ref 서울특별시의 회계실체를 개별회계실체, 유형별회계실체, 통합회계실체로 구분하여 개괄적으로 설명하면 다음과 같다.

개별 회계실체	유형별 회계실체	통합회계실체
일반회계	일반회계	서울시
교통사업특별회계 주택사업특별회계 …	기타특별회계	
지역개발기금특별회계 수도사업특별회계 …	지방공기업특별회계	
기후변화기금 식품진흥기금 …	기금회계	

참고: 서울시 재무제표.

3. 재무보고의 목적 및 일반원칙

재무보고는 "지방자치단체와 직간접적 이해관계가 있는 정보이용자가 재정활동 내용을 파악하여 합리적인 의사결정을 하는 데에 유용한 정보를 제공하는 것을 목적"으로 한다. 재무보고는 지방자치단체가 공공회계책임을 적절히 이행하였는가 여부를 평가하는 데에 필요한 정보를 제공하여야 한다. 여기서 필요한 정보라 함은 재정상태・재정운영성과・현금흐름 및 순자산변동에 관한 정보, 당기의 수입이 당기의 서비스를 제공하기에 충분하였는지 또는 미래의 납세자가 과거에 제공된 서비스에 대한 부담을 지게 되는지에 대한 기간간 형평성에 관한 정보, 예산과 그 밖의 관련 법규의 준수에 관한 정보이다.

여기서 기간간 형평성은 조달된 재원으로 공공서비스를 적절하게 제공하였는지를 파악하는 행위이다. 즉 당기의 수입으로 당기의 공공서비스를 제공하였는지를 파악하기 위함이고, 공공회계책임성을 다했는지를 평가할 수 있다. 그 밖에 예산과 법규를 준수하였는지의 여부도 재무보고를 통해 파악이 가능하다.

지방자치단체는 발생주의・복식부기 방식으로 회계처리와 재무보고를 하되 다음 일반원칙을 따라야 한다.

표 4-3 일반원칙

구 분	내 용
신뢰성	회계처리와 보고는 신뢰할 수 있도록 객관적인 자료와 증거에 의하여 공정하게 처리하여야 한다.
이해가능성	재무제표의 양식 및 과목과 회계용어는 이해하기 쉽도록 간단명료하게 표시하여야 한다.
충분성	중요한 회계방침과 회계처리기준・과목 및 금액에 관하여는 그 내용을 재무제표상에 충분히 표시하여야 한다.
계속성	회계처리에 관한 기준과 추정은 기간별 비교가 가능하도록 기간마다 계속하여 적용하고 정당한 사유 없이 이를 변경하여서는 아니된다.
중요성	회계처리를 하거나 재무제표를 작성할 때 과목과 금액은 그 중요성에 따라 실용적인 방법을 통하여 결정하여야 한다.
경제적 실질 우선	회계처리는 거래의 사실과 경제적 실질을 반영할 수 있어야 한다.

4. 유형별 회계실체의 구분

유형별 회계실체는 지방자치단체의 회계구분에 따라 일반회계, 기타특별회계, 기금회계 및 지방공기업특별회계로 구분한다. 회계실체는 그 활동의 성격에 따라 행정형 회계실체와 사업형 회계실체로 구분할 수 있다. 행정형 회계실체는 지방자치단체의 일반적이고 고유한 행정활동을 수행하는 회계실체를 말하며, 사업형 회계실체는 개별적 보상관계가 적용되는 기업적인 활동을 주된 목적으로 하는 회계실체를 말한다. 다만 지방회계기준에서 활동별(행정형, 사업형) 성격에 따른 회계실체를 구분하고 있지만 별도의 양식은 존재하지 않는다.

5. 재무제표 작성원칙

재무제표는 지방자치단체의 재정상황을 표시하는 중요한 요소로서 재정상태표, 재정운영표, 현금흐름표, 순자산변동표, 주석으로 구성되며, 재무제표의 부속서류는 필수보충정보와 부속명세서로 한다. 기업회계에서 작성하는 재무제표와 비교해볼 때 재정상태표는 재무상태표, 재정운영표는 (포괄)손익계산서에 해당하는 제무제표이다. 다만 지방자치단체는 기업회계에서 활용되는 자본의 개념이 존재하지 않기 때문에 자본변동표를 대신하여 순자산변동표를 작성한다. 또한 현금흐름표는 지방회계기준의 부칙에서 작성을 유예하고 있다. 재무제표의 작성원칙은 다음과 같다.

표 4-4 재무제표 작성원칙

구 분	내 용
지방자치단체의 재무제표의 작성	지방자치단체의 재무제표는 일반회계·기타특별회계·기금회계 및 지방공기업특별회계의 유형별 재무제표를 통합하여 작성. 이 경우 내부거래는 상계하고 작성
유형별 회계실체의 재무제표 작성	해당 유형에 속한 개별 회계실체의 재무제표를 합산하여 작성. 이 경우 유형별 회계실체 안에서의 내부거래는 상계하고 작성
개별 회계실체의 재무제표 작성	지방자치단체 안의 다른 개별 회계실체와의 내부거래를 상계하지 아니하고 작성
비교가능성 및 계속성	재무제표는 당해 회계연도분과 직전 회계연도분을 비교하는 형식으로 작성. 이 경우 비교식으로 작성되는 양 회계연도의 재무제표는 계속성의 원칙에 따라 작성. 회계정책상의 변화 등 회계변경이 발생한 경우에는 그 내용을 주석으로 공시
출납 폐쇄기한 내의 세입과 지출의 거래	「지방회계법」에 따른 출납 폐쇄기한 내의 세입금 수납과 세출금 지출은 해당 회계연도의 거래로 처리

6. 재정상태표

재정상태표는 특정 시점의 회계실체의 자산과 부채의 내역 및 상호관계 등 재정상태를 나타내는 재무제표로서 자산·부채 및 순자산으로 구성된다. 기업회계와 달리 정부회계는 출자자의 개념을 적용할 수 없기 때문에 자산에서 부채를 차감한 잔여액을 순자산으로 명명한다.

자산은 회계실체가 소유하고 이들 자산을 일정기간 보유하거나 사용함으로써 공공서비스 잠재력이나 경제적 편익을 창출할 수 있는 자원을 말한다. 부채는 과거 사건의 결과로 회계실체가 부담하는 의무로서 그 이행을 위하여 미래에 자원의 유출이 예상되는 현재 시점의 의무를 말한다. 순자산은 회계실체의 자산에서 부채를 뺀 나머지 금액을 말한다.

■ 지방자치단체 회계기준에 관한 규칙 [별지 제1호서식] <개정 2014.11.28.>

재정상태표

해당연도 20××년×월×일 현재
직전연도 20××년×월×일 현재

지방자치단체명 (단위: 원)

과 목	해당연도(20××년)						직전연도(20××년)					
	일반회계	기타특별회계	기금회계	지방공기업특별회계	내부거래	계	일반회계	기타특별회계	기금회계	지방공기업특별회계	내부거래	계
자산												
I. 유동자산												
현금및현금성자산 단기금융상품 …												
II. 투자자산												
장기금융상품 장기대여금 …												
III. 일반유형자산												
토지 건물 건물감가상각누계액 …												
IV. 주민편의시설												
도서관 주차장 …												
V. 사회기반시설												
도로 도시철도 …												
VI. 기타비유동자산												
보증금												
무형자산												
자산 총계												
부채												
I. 유동부채												
단기차입금 유동성장기차입부채 …												
II. 장기차입부채												
장기차입금 지방채증권												
…												
III. 기타비유동부채												
퇴직급여충당부채												
…												
부채 총계												
순자산												
I. 고정순자산 II. 특정순자산 III. 일반순자산												
순자산 총계												
부채와 순자산 총계												

지방자치단체는 재정상태표를 작성할 때 유동성배열, 총액표시, 미결산항목의 정리 등 기준을 준수해야 한다.

표 4-5 재정상태표 작성기준

유동성배열	자산과 부채는 유동성이 높은 항목부터 배열하는 것을 원칙으로 한다
총액표시	자산과 부채는 총액에 따라 적는 것을 원칙으로 하고, 자산의 항목과 부채 또는 순자산의 항목을 상계함으로써 그 전부 또는 일부를 재정상태표에서 제외하여서는 아니된다
미결산항목의 정리	가지급금이나 가수금 등의 미결산항목은 그 내용을 나타내는 적절한 과목으로 표시하고, 비망계정은 재정상태표의 자산 또는 부채항목으로 표시하지 아니한다

(1) 자산과 부채의 인식기준

자산은 공공서비스의 잠재력을 창출하거나 미래의 경제적 편익이 회계실체에 유입될 것이 거의 확실하고 그 금액을 신뢰성 있게 측정할 수 있을 때에 인식한다. 부채는 회계실체가 부담하는 현재의 의무를 이행하기 위하여 경제적 편익이 유출될 것이 거의 확실하고 그 금액을 신뢰성 있게 측정할 수 있을 때에 인식한다. 문화재, 예술작품, 역사적 문건 및 자연자원등 관리책임자산은 자산으로 인식하지 아니하고 필수보충정보의 관리책임자산(국가의 유산자산)으로 보고한다. 관리책임자산은 합리적인 가치측정이 어려울 뿐만 아니라 보존을 위한 비용이 발생되며, 처분의 대상이 되지 않은 자산이나 회계실체가 관리해야 할 책임이 있는 자산을 말한다.

(2) 자산의 분류

지방자치단체의 자산은 유동자산, 투자자산, 일반유형자산, 주민편의시설, 사회기반시설, 기타비유동자산으로 분류한다.

구 분	내 용
유동자산	회계연도 종료 후 1년 내에 현금화가 가능하거나 실현될 것으로 예상되는 자산으로서 현금및현금성 자산, 단기금융상품, 미수세금, 미수세외수입금 등을 말한다
투자자산	회계실체가 투자하거나 권리행사 등의 목적으로 보유하고 있는 비유동자산으로서 장기금융상품, 장기융자금, 장기투자증권 등을 말한다
일반유형자산	공공서비스의 제공을 위하여 1년 이상 반복적 또는 계속적으로 사용되는 자산으로서 토지, 건물, 입목 등을 말한다
주민편의시설*	주민의 편의를 위하여 1년 이상 반복적 또는 계속적으로 사용되는 자산으로서 도서관, 주차장, 공원, 박물관 및 미술관 등을 말한다
사회기반시설	초기에 대규모 투자가 필요하고 파급효과가 장기간에 걸쳐 나타나는 지역사회의 기반적인 자산으로서 도로, 도시철도, 상수도시설, 수질정화시설, 하천부속시설 등을 말한다
기타비유동자산	유동자산, 투자자산, 일반유형자산, 주민편의시설, 사회기반시설에 속하지 아니하는 자산으로서 보증금, 무형자산 등을 말한다

* 국가회계와 차이점은 주민편의시설이 추가됨.

(3) 부채의 분류

지방자치단체의 부채는 유동부채, 장기차입부채 및 기타비유동부채로 분류한다.

구 분	내 용
유동부채	회계연도 종료 후 1년 이내에 상환되어야 하는 부채 – 단기차입금, 유동성 장기차입부채 등
장기차입부채	장기차입부채는 회계연도 종료 후 1년 이후에 만기가 되는 차입부채 – 장기차입금, 지방채증권 등
기타비유동부채	기타비유동부채는 유동부채와 장기차입부채에 속하지 아니하는 부채 – 퇴직급여충당부채, 장기예수보증금, 장기선수수익 등

(4) 순자산의 분류

지방자치단체는 양도와 처분이 제한되는 주민편의시설과 사회기반시설 등이 자산에 포함되기 때문에 순자산을 정확히 파악할 필요가 있다. 따라서 순자산은 지방자치단체의 기능과 용도를 기준으로 고정순자산, 특정순자산, 일반순자산으로 분류하고 있다.

구 분	내 용
고정순자산	일반유형자산, 주민편의시설, 사회기반시설 및 무형자산의 투자액에서 그 시설의 투자재원을 마련할 목적으로 조달한 장기차입금 및 지방채증권 등을 뺀 금액
특정순자산	채무상환 목적이나 적립성기금의 원금과 같이 그 사용목적이 특정되어 있는 재원과 관련된 순자산
일반순자산	고정순자산과 특정순자산을 제외한 나머지 금액 순자산총계－고정순자산－특정순자산

(5) 자산 및 부채의 평가

1) 자산의 평가기준

재정상태표에 기록하는 자산의 가액은 해당 자산의 취득원가를 기초로 하여 계상함을 원칙으로 한다. 다만 교환, 기부채납, 관리전환, 그 밖에 무상으로 취득한 자산의 가액은 공정가액을 취득원가로 한다.

교환으로 취득한 자산은 공정가액을 취득원가로 한다라고 규정하고 있다. 이때 공정가액이란 제공한 자산의 공정가액인지, 아니면 취득한 자산의 공정가액인지 다소 불분명하다. 따라서 지방자치단체 발생주의 복식부기 회계처리지침을 따라야 할 것이다. 이종자산간의 교환시 취득원가는 제공한 자산의 공정가액으로 인식하고, 동종자산간의 교환시 취득원가는 제공한 자산의 장부가액으로 인식해야 한다.

기부채납(타인이 정부에 무상으로 자산을 기부하는 것으로 대표적으로 Build-Transfer-Operation)은 사회기반시설의 준공과 동시에 당해 시설의 소유권은 지방자치단체로 귀속되며, 사업시행자는 일정기간 동안 시설관리의 운영권이 인정된다. 자산을 BTO 방식으로 인식하는 경우 사용수익권은 해당자산의 차감항목으로 회계처리하고 주석에 공시해야 한다. 사용수익권의 가치는 민간사업자가 평가한 무형자산(사용수익권)과 동일한 금액으로 처리한다. 기부채납에 관한 회계처리는 차변에 '사용수익권'을, 대변에 '기부채납에 의한 자산증가'로 기록한다. 이 계정은 재정운영표의 수익이 아닌 순자산의 증가로 재정상태표에 직접반영하고 순자산변동표에는 그 증감내역을 기록해야 한다.

관리전환이란 물품의 효율적인 사용 및 처분을 위하여 자산의 소관을 지방자치단체(A)가 다른 지방자치단체(B)로 전환하는 것을 말한다. 관리전환에 관한 회계처리(건물이라 가정)는 A자치단체는 차변에 '관리전환에 의한 자산감소'를, 대변에 '건물'로 기록하고 B자치단체는 차변에 '건물'을, 대변에 '관리전환에 의한 자산증가'로 기록한다. 기부채납과 마찬가지로 재정운영표상 수익이 아닌 순자산의 증가로 재정상태표에 직접 반영하고 순자산변동표에는 그 증감내역을 기록해야 한다.

재정상태표에 기재하는 자산은 자산의 진부화, 물리적인 손상 및 시장가치의 급격한 하락 등의 원인으로 인하여 해당 자산의 회수가능가액이 장부가액에 미달하고 그 미달액이 중요한 경우에는 이를 장부가액에서 직접 차감하여 회수가능가액으로 조정하고 감액내역을 주석으로 공시한다. 이 경우 회수가능가액은 해당 자산의 순실현가능액과 사용가치 중 큰 금액으로 한다. 이렇듯 직접 장부가액에서 차감하도록 규정하고 있기 때문에 감액손실누계액 계정은 활용하지 않는다. 더욱이 국가회계기준에서 언급되고 있는 자산의 감액손실환입에 관한 명시적인 언급이 없다는 것도 차이점이다.

ref 지방회계기준은 과거 기업회계기준의 "공정가액", "장부가액"이라는 용어를 활용하고 있다. K-IFRS는 "공정가치"와 "장부금액"이라는 용어를 활용하고 있다.

미수세금은 합리적이고 객관적인 기준에 따라 평가하여 대손충당금을 설정하고 이를 미수세금 금액에서 차감하는 형식으로 표시하며, 대손충당금의 내역은 주석으

그림 4-1 대손충당금 설정 절차(미수세금~대손충당금 환입)

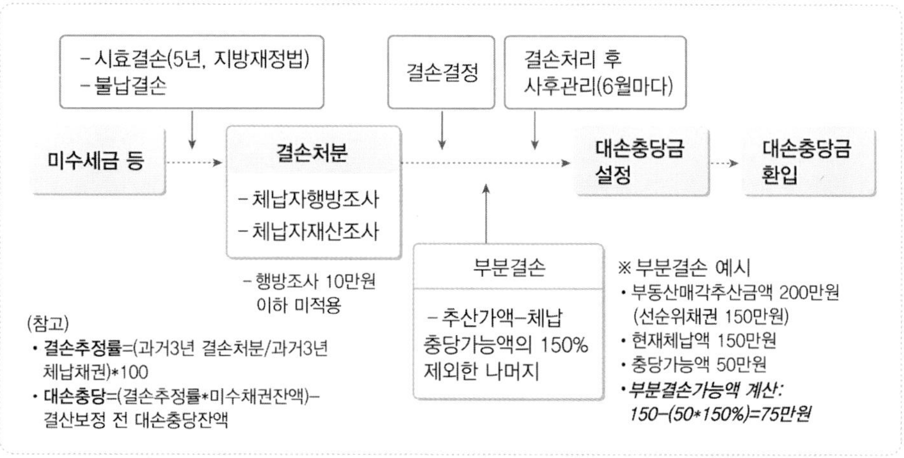

자료: 정성호(2017). 대손충당금설정이 재정운영결과에 미치는 영향.

로 공시한다. 미수세외수입금, 단기대여금, 장기대여금 등은 이를 준용하고 있다. 또한 과거 3년간 평균대손경험 등과 같은 합리적인 기준을 적용하여 세목별로 대손충당금을 설정하도록 규정하고 있다.

재고자산은 구입가액에 부대비용을 더하고 이에 선입선출법을 적용하여 산정한 가액을 취득원가로 한다. 다만, 실물흐름과 원가산정방법 등에 비추어 다른 방법을 적용하는 것이 보다 합리적이라고 인정되는 경우에는 개별법, 이동평균법 등을 적용하고 그 내용을 주석으로 공시한다.

장기투자증권은 매입가격에 부대비용을 더하고 이에 종목별로 총평균법을 적용하여 산정한 취득원가로 평가함을 원칙으로 한다.

일반유형자산과 주민편의시설은 당해 자산의 건설원가나 매입가액에 부대비용을 더한 취득원가로 평가함을 원칙으로 한다. 또한 일반유형자산과 주민편의시설 중 상각대상 자산에 대한 감가상각은 정액법을 원칙으로 한다. 일반유형자산과 주민편의시설에 대한 사용수익권은 해당 자산의 차감항목으로 표시한다. 사회기반시설의 평가에 관하여는 제49조의 규정을 준용한다. 사회기반시설 중 유지보수를 통하여 현상이 유지되는 도로, 도시철도, 하천부속시설 등은 감가상각 대상에서 제외할 수 있으며, 유지보수에 투입되는 비용과 감가상각을 하지 아니한 이유를 주석으로 공시한다. 사회기반시설에 대한 사용수익권은 해당 자산의 차감항목으로 표시한다. 이렇듯 감가상각비로 인식하지 않는 이유는 수선유지비를 당기비용으로 인식하더라도 양자의 차이가 크지 않고 회계처리의 번거로움을 피할 수 있기 때문이다. 특히 감가상각비를 수선비로 대체하는 '대체법'은 수선유지비가 취득당시와 동일한 수준으로 유지시킬 만큼 중요하다는 것을 객관적으로 증명할 수 있어야 한다. 다만 재해 등으로 인해 사회기반시설이 유실된 경우에는 감액손실이 아닌 복구비용으로 처리해야 하며, 상·하수도를 교체하는 경우에는 교체구간의 장부가액을 제각(감액손실로 처리)하고, 교체에 투입되는 비용은 자본적 지출로 자산으로 처리해야 한다.

무형자산(일반적으로 산업재산권과 전산소프트웨어 등)은 당해 자산의 개발원가나 매입가액에 취득부대비용을 더한 가액을 취득원가로 한다. 무형자산은 정액법에 따라 당해 자산을 사용할 수 있는 시점부터 합리적인 기간 동안 상각한다. 다만, 독점적·배타적인 권리를 부여하는 관계법령이나 계약에서 정한 경우를 제외하고는 20년을 넘을 수 없다.

자산취득 이후의 지출 중 당해 자산의 내용연수를 연장시키거나 가치를 실질적으로 증가시키는 지출은 자본적 지출로 처리하고, 당해 자산을 원상회복시키거나 능률유지를 위한 지출은 경상적 지출로 처리한다.

2) 부채의 평가기준

부채의 가액은 회계실체가 지급의무를 지는 채무액을 말하며, 채무액은 지방회계기준에서 정하는 것을 제외하고는 만기상환가액으로 함을 원칙으로 한다.

지방채증권은 발행가액으로 평가하되, 발행가액은 지방채증권 발행수수료 및 발행과 관련하여 직접 발생한 비용을 뺀 후의 가액으로 한다. 지방채증권의 액면가액과 발행가액의 차이는 지방채할인 또는 할증 발행차금으로 하고, 할인 또는 할증 발행차금은 증권 발행시부터 최종 상환시까지의 기간에 유효이자율 등으로 상각 또는 환입하고 그 상각액 또는 환입액은 지방채증권에 대한 이자비용에 더하거나 뺀다.

퇴직급여충당부채는 회계연도말 현재 「공무원연금법」을 적용받는 지방공무원을 제외한 무기계약근로자 등이 일시에 퇴직할 경우 지방자치단체가 지급하여야 할 퇴직금에 상당한 금액으로 한다. 퇴직금 지급규정, 퇴직금 산정내역, 회계연도 중 실제로 지급한 퇴직금 등은 주석으로 공시한다.

ref 공무원연금법을 적용받는 지방공무원은 공무원연금에서 퇴직금이 지급되기 때문에 지방자치단체가 퇴직금을 지급할 의무를 부담하지 않고 국가가 그 의무를 부담하고 있다.

장기연불조건의 매매거래, 장기금전대차거래 또는 이와 유사한 거래에서 발생하는 채권 · 채무로서 명목가액과 현재가치의 차이가 중요한 경우에는 이를 현재가치로 평가한다. 현재가치는 당해 채권 · 채무로 인하여 받거나 지급할 총금액을 적절한 이자율로 할인한 가액으로 한다. 적절한 할인율은 당해 거래의 유효이자율을 적용한다. 다만, 당해 거래의 유효이자율을 확인하기 어려운 경우에는 유사한 조건의 국채수익률을 적용한다. 채권 · 채무의 명목가액과 현재가치의 차액은 현재가치할인차금의 과목으로 하여 당해 채권 · 채무의 명목가액에서 빼는 방식으로 기록하고 적용한 할인율, 기간 및 회계처리방법 등은 주석으로 공시한다.

화폐성 외화자산과 화폐성 외화부채는 회계연도 종료일 현재의 적절한 환율로 평가한 가액을 재정상태표 가액으로 한다. 비화폐성 외화자산과 비화폐성 외화부채는 해당 자산을 취득하거나 해당 부채를 부담한 당시의 적절한 환율로 평가한 가액을 재정상태표 가액으로 함을 원칙으로 한다. 화폐성 외화자산과 화폐성 외화부채는 외화예금, 외화융자금, 외화차입금 등과 같이 화폐가치의 변동과 상관없이 자산과 부채금액이 계약 및 기타의 원인에 의하여 일정액의 화폐액으로 고정되어 있는 경우의 당해 자산과 부채를 말한다.

리스는 지방자치단체가 일정기간 설비 등 특정 자산의 사용권을 리스회사로부터 이전 받고, 그 대가로 사용료를 지급하는 계약을 말한다. 리스는 금융리스와 운용리스로 구분하며, 금융리스는 리스자산의 소유에 따른 위험과 편익이 실질적으로 리스이용자에게 이전되는 리스이고, 운용리스는 금융리스 외의 리스를 말한다. 금융리스는 리스료를 내재이자율로 할인한 가액과 리스자산의 공정가액 중 낮은 금액을 리스자산과 리스부채로 각각 계상하여 감가상각하고, 운용리스는 리스료를 해당 회계연도의 비용으로 회계처리한다.

우발상황은 미래에 어떤 사건이 발생하거나 발생하지 아니함으로 인하여 궁극적으로 확정될 손실 또는 이익으로서 발생여부가 불확실한 현재의 상태 또는 상황을 말한다. 우발상황에는 진행 중인 소송사건, 채무에 대한 지급보증, 배상책임 등이 포함되며, 우발상황은 다음 각 호와 같이 처리한다.

표 4-6 우발상황의 회계처리

구 분	회계처리
재정상태표 보고일 현재 우발손실의 발생이 확실하고 그 손실금액을 합리적으로 추정할 수 있는 경우	우발손실을 재무제표에 반영하고 그 내용을 주석으로 표시
재정상태표 보고일 현재 우발손실의 발생이 확실하지 아니하거나 우발손실의 발생은 확실하지만 그 손실금액을 합리적으로 추정할 수 없는 경우	우발상황의 내용, 우발손실에 따른 재무적 영향을 주석으로 표시
우발이익의 발생이 확실하고 그 이익금액을 합리적으로 추정할 수 있는 경우	우발상황의 내용을 주석으로 표시

ref 국제기준에서 우발상황은 우발부채로 명명하고 있다. 우발부채는 명시적 우발부채와 암묵적 우발부채로 구분한다(자세한 사항은 'GFSM 2014' 또는 정성호(2015). '우발부채의 체계적 관리를 위한 제언'을 참고하라).

ref 위 표에서 우발손실의 발생이 '확실'하고, 그 손실금액을 합리적으로 추정할 수 있는 경우 우발손실을 재무제표에 반영하도록 규정하고 있는데, 이때 확실의 개념은 발생가능성이 100%라는 점에서 K-IFRS에서 높다라는 개념과 차이가 있다. 확실하다는 것은 이미 우발상황이 아니라 부채로 처리되어야 한다.

회계정책과 회계추정의 변경은 그 변경으로 재무제표를 보다 적절히 표시할 수 있는 경우 또는 법령 등에서 새로운 회계기준을 채택하거나 기존의 회계기준을 폐지하여 변경이 불가피한 경우에 할 수 있으며, 그 유형은 다음과 같다.

표 4-7 회계변경의 회계처리

<table>
<tr><th>구 분</th><th colspan="2">회계처리</th></tr>
<tr><td>회계정책의 변경</td><td>변경에 따른 영향은 해당 회계연도 재정상태표의 순자산에 반영한다. 다만, 회계정책의 변경에 따른 누적효과를 합리적으로 추정하기 어려운 경우에는 회계정책의 변경에 따른 영향을 해당 회계연도와 그 회계연도 후의 기간에 반영</td><td rowspan="2">그 변경내용, 변경사유 및 변경이 해당 회계연도의 재무제표에 미치는 영향을 주석으로 표시</td></tr>
<tr><td>회계추정의 변경</td><td>변경에 따른 영향은 해당 회계연도 후의 기간에 미치는 것으로 한다.</td></tr>
</table>

오류의 수정은 전년도 이전에 발생한 회계기준적용의 오류, 추정의 오류, 계정분류의 오류, 계산상의 오류, 사실의 누락 및 사실의 오용 등을 수정하는 것으로서 다음과 같다.

표 4-8 오류수정의 회계처리

<table>
<tr><th>구 분</th><th colspan="2">회계처리</th></tr>
<tr><td>중대한 오류</td><td>오류가 발생한 회계연도 재정상태표의 순자산에 반영하고, 관련된 계정 잔액을 수정. 이 경우 비교재무제표를 작성할 때에는 중대한 오류의 영향을 받는 회계기간의 재무제표 항목을 다시 작성</td><td>주석으로 표시하되, 중대한 오류를 수정한 경우
－중대한 오류로 판단한 근거
－비교재무제표에 표시된 과거회계기간에 대한 수정금액
－비교재무제표가 다시 작성되었다는 사실</td></tr>
<tr><td>그 이외의 오류</td><td>해당 회계연도의 재정운영표에 반영</td><td></td></tr>
</table>

재정상태표 보고일 이후 발생한 사건의 회계처리는 재정상태표 보고일 이후 발생한 사건은 회계연도의 말일인 재정상태표 보고일과 「지방회계법」 제7조에 따른 출납사무 완결기한 사이에 발생한 사건으로서 재정상태표 보고일 현재 존재하였던 상황에 대한 추가적 증거를 제공하는 사건을 말한다. 예컨대, 재정상태표 보고일 현재 지방자치단체가 피소된 소송사건이 계류중인데, 출납폐쇄기한 및 출납사무 완결기한 종료일 이전에 확정판결(패소)이 내려져 지방자치단체가 배상할 금액이 결정된 경우가 여기에 해당된다고 할 수 있다. 다만 이에 관해 행정안전부 장관이 정한다고 규정하고 있는데, 지방자치단체 회계기준에 관한 규칙을 준용하여 당해연도 재무제표에 반영하면 된다. 즉, 재무제표에 이미 인식한 추정치는 그 금액을 수정하고, 재무제표에 인식하지 않은 추정치는 새롭게 인식해야 한다.

7. 재정운영표

재정운영표는 기업회계에서의 포괄손익계산서와 그 성격이 유사한다. 재정운영표는 회계연도 동안 회계실체가 수행한 사업의 원가와 회수된 원가 정보를 포함한 재정운영결과를 나타내는 재무제표를 말한다. 여기서 (정책)사업이란 국가의 프로그램을 의미하며, 일반공공행정, 공공질서 및 안전 등 특정정책이나 프로그램을 의미한다. 재정운영표의 사업순원가는 총원가에서 사업수익을 빼서 표시한다. 총원가는 사업을 수행하기 위하여 투입한 원가에서 다른 사업으로부터 배부받은 원가를 더하고, 다른 사업에 배부한 원가를 뺀 것이며, 사업수익은 사업의 수행과정에서 발생하거나 사업과 관련하여 국가·지방자치단체 등으로부터 얻은 수익이다. 재정운영순원가는 사업순원가에서 관리운영비 및 비배분비용의 비용은 더하고, 비배분수익의 수익을 빼서 표시한다. 관리운영비는 조직의 일반적이고 기본적인 기능을 수행하는 데 필요한 인건비, 기본경비 및 운영경비이고, 비배분비용은 임시적·비경상적으로 발생한 비용 및 사업과 직접적 또는 간접적 관련이 없어 총원가에 배분하는 것이 합리적이지 아니한 비용이며, 비배분수익은 임시적·비경상적으로 발생한 수익 및 사업과 직접적 관련이 없어 사업수익에 합산하는 것이 합리적이지 아니한 수익이다. 재정운영결과는 재정운영순원가에서 일반수익을 뺀 값이다. 재정운영표의 모든 수익과 비용은 발생주의 원칙에 따라 거래나 사실이 발생한 기간에 표시한다. 수익과 비용은 그 발생원천에 따라 명확하게 분류하여야 하며, 해당 항목의 중요성에 따라 별도의 과목으로 표시하거나 다른 과목과 통합하여 표시할 수 있다. 이 경우 해당 항목의 중요성은 금액과 질적 요소를 고려하여 판단하여야 한다. 또한 원가는 회계실체가 사업의 목표를 달성하고 성과를 창출하기 위하여 직접적·간접적으로 투입한 경제적 자원의 가치를 말한다.

유형별 재무제표를 통합하여 작성하는 지방자치단체의 재무제표 중 재정운영표의 구조와 서식은 다음과 같다. 다만 기능별에 추가하여 성질별 재정운영표를 작성하고 있다.

표 4-9 재정운영표의 구조

기능별		성질별	
	총원가		인건비
−	사업수익	+	운영비
=	사업순원가	+	정부간이전비용
+	관리운영비(프로그램 수행지원비용)	+	민간등이전비용
+	비배분비용(프로그램 직접대응이 곤란한 비용)	+	기타비용
−	비배분수익(프로그램 직접대응이 곤란한 수익)	=	비용총계
=	재정운영순원가		자체조달수익
−	일반수익	+	정부간이전수익
=	재정운영결과(재정운영순원가 − 일반수익)	+	기타수익
		=	수익총계
		=	재정운영결과(비용 − 수익)

(1) 수익과 비용의 정의 및 인식기준

수익은 자산의 증가 또는 부채의 감소를 초래하는 회계연도 동안의 거래로 생긴 순자산의 증가를 말한다. 다만, 관리전환이나 기부채납 등으로 생긴 순자산의 증가는 수익에 포함되지 아니한다.

비용은 자산의 감소나 부채의 증가를 초래하는 회계연도 동안의 거래로 생긴 순자산의 감소를 말한다. 다만, 관리전환 등으로 생긴 순자산의 감소는 비용에 포함하지 아니한다.

■ 지방자치단체 회계기준에 관한 규칙 [별지 제2호서식] <개정 2014.11.28.>

재정운영표(기능별)

해당연도 20××년×월×일부터 20××년×월×일까지
직전연도 20××년×월×일부터 20××년×월×일까지

지방자치단체명 (단위: 원)

과 목	해당연도(20××년)					직전연도(20××년)				
	총원가	사업수익	순원가	내부거래	계	총원가	사업수익	순원가	내부거래	계
Ⅰ. 사업순원가										
일반공공 행정 공공질서 및 안전 …										
Ⅱ. 관리운영비										
1. 인건비 급여 … 2. 경비 도서구입 및 인쇄비 …										
Ⅲ. 비배분비용										
자산처분손실 기타비용 …										
Ⅳ. 비배분수익										
자산처분이익 기타이익 …										
Ⅴ. 재정운영순원가 (Ⅰ+Ⅱ+Ⅲ−Ⅳ)										
Ⅵ. 일반수익										
1. 자체조달수익 지방세수익 경상세외수익 … 2. 정부간이전수익 지방교부세수익 보조금수익 … 3. 기타수익 전입금수익 기타 재원조달 …										
Ⅶ. 재정운영결과(Ⅴ−Ⅵ)										

■ 지방자치단체회계기준에 관한 규칙 [별지 제5호서식] <개정 2014.11.28.>

재정운영표(성질별)

해당연도 20××년×월×일부터 20××년×월×일까지
직전연도 20××년×월×일부터 20××년×월×일까지

지방자치단체명 (단위 : 원)

과 목	해당연도(20××년)						직전연도(20××년)					
	일반회계	기타특별회계	기금회계	지방공기업특별회계	내부거래	계	일반회계	기타특별회계	기금회계	지방공기업특별회계	내부거래	계
Ⅰ. 인건비												
급여												
복리후생비												
…												
Ⅱ. 운영비												
소모품비												
지급수수료												
업무추진비												
…												
Ⅲ. 정부간이전비용												
시도비보조금												
조정교부금												
…												
Ⅳ. 민간등이전비용												
민간보조금												
출연금												
…												
Ⅴ. 기타비용												
자산처분손실												
자산감액손실												
…												
Ⅵ. 비용총계												
Ⅶ. 자체조달수익												
지방세수익												
경상세외수익												
임시세외수익												
Ⅷ. 정부간이전수익												
지방교부세수익												
보조금수익												
…												
Ⅸ. 기타수익												
전입금수익												
기부금수익												
…												
Ⅹ. 수익총계												
Ⅺ. 재정운영결과(Ⅵ-Ⅹ)												

수익과 비용의 인식기준은 다음과 같다.

표 4-10 수익과 비용의 인식기준

구 분		인식기준
수익	교환거래로 생긴 수익	재화나 서비스 제공의 반대급부로 생긴 사용료, 수수료 등으로서 수익창출 활동이 끝나고 그 금액을 합리적으로 측정할 수 있을 때에 인식
	비교환거래로 생긴 수익	직접적인 반대급부 없이 생기는 지방세, 보조금, 기부금 등으로서 해당수익에 대한 청구권이 발생하고 그 금액을 합리적으로 측정할 수 있을 때에 인식
비용	교환거래에 따르는 비용	반대급부로 발생하는 급여, 지급수수료, 임차료, 수선유지비 등으로서 대가를 지급하는 조건으로 민간부문이나 다른 공공부문으로부터 재화와 서비스의 제공이 끝나고 그 금액을 합리적으로 측정할 수 있을 때에 인식
	교환거래에 의한 비용	직접적인 반대급부 없이 발생하는 보조금, 기부금 등으로서 가치의 이전에 대한 의무가 존재하고 그 금액을 합리적으로 측정할 수 있을 때에 인식

(2) 일반수익의 분류

재정운영표 구조에서 설명한 바와 같이 지방자치단체의 수익은 사업수익과 일반수익으로 구분된다. 사업수익은 특정사업을 수행하면서 획득한 수익으로서 동 사업을 수행하는 데 투입된 총원가에서 사업수익을 차감하여 순원가를 표시한다. 일반수익은 재정운영순원가에서 차감하여 재정운영결과를 표시한다. 일반수익은 재원조달의 원천에 따라 자체조달수익, 정부간이전수익 및 기타수익으로 구분된다.

표 4-11 일반수익의 분류

구 분	내 용
자체조달수익	지방자치단체가 독자적인 과세 권한과 자체적인 징수활동을 통하여 조달한 수익 －지방세법에 근거한 지방세수익, 임대료 등 경상세외수익, 매각수익 등 임시세외수익
정부간이전수익	회계실체가 국가 또는 다른 지방자치단체로부터 이전받은 수익 －국고보조금, 지방교부세(보통, 특별), 조정교부금 등
기타수익	자체조달 및 정부간이전수익 이외 수익 －회계간 전입금수익, 기부금수익, 외화환산이익 등

(3) 비용의 분류

비용은 기능별 분류와 성질별 분류로 구분할 수 있다. 지방재정법 시행령에 따른 세출예산의 과목은 그 기능을 감안하여 분류(기능별 분류)하기도 하지만 그 비용이 발생하는 거래를 분개하고 기록할 때에는 급여나 감가상각비와 같은 분류(성질별 분류)를 한다.

표 4-12 예산과목상 비용

그 룹	편 성 목	성격	비 고
100 인건비	인건비(101)	비용	퇴직금 지급 : 부채
200 물건비	일반운영비(201), 여비(202), 업무추진비(203) 직무수행경비(204), 의회비(205), 재료비(206)	비용	소송공탁금, 보증금및전세금, 리스료 재고품 구입 : 자산
	연구개발비(207)	비용	전산개발비 : 자산
300 경상이전	일반보상금(301) 이주및재해보상금(302) 포상금(303), 연금부담금 등(304), 배상금 등(305) 출연금(306), 민간이전(307), 자치단체등 이전(308) 전출금(309), 국외이전(310), 차입금이자상환(311)	비용 비용 비용 비용 비용	 이주보상금 : 자산 학자금위탁대여금 : 자산
400 자본지출	시설비및부대비(401) 민간자본이전(402), 자치단체등 자본이전(403) 공사공단자본전출금(404), 자산취득비(405), 기타자본이전(406), 국외자본이전(407)	자산 비용 자산 비용	행사관련시설비 : 비용
500 융자 및 출자	융자금(501), 출자금(502)	자산	
600 보전재원	차입금원금상환(601) 예치금(602)	부채 자산	
700 내부거래	기타회계 등 전출금(701), 기금전출금(702), 교육비특별회계전출금(703) 예탁금(704) 예수금원리금상환(705) 기타내부거래(706)	비용 비용 자산 부채 비용	 예수금이자상환 : 비용 적립금 : 자산
800 예비비 기타	예비비(801), 반환금기타(802)	비용	과오납금 : 부채

국가회계의 경우 예산과목 중 분야(16개 분야)－부문(69개 부문)으로 구성되어 있다. 지방회계의 경우 예산과목 중 '분야'에 해당하는 예산구분을 이용하여 기능별 재정운영표를 생성하고 있으며, 총 14개 분야 중 '예비비'를 제외한 13개 분야를 활용한다(국방, 통신 제외).

표 4-13 기능별 분류(13개 분야-52개 부문)

일반공공행정, 공공질서 및 안전, 교육, 문화 및 관광, 환경보호, 사회복지, 보건, 농림해양수산, 산업・중소기업, 수송 및 교통, 국토 및 지역개발, 과학기술, 기타(인력운영경비 및 기본경비)

표 4-14 비용의 성질별분류

중분류	계 정 과 목
인건비	급여, 복리후생비, 기타인건비, 퇴직급여
운영비	도서구입및인쇄비, 소모품비, 홍보및광고비, 지급수수료, 일반유형자산수선유지비, 주민편의시설수선유지비, 사회기반시설수선유지비, 기타자산수선유지비, 교육훈련비, 제세공과금, 보험료및공제료, 임차료, 출장비, 연구개발비, 이자비용, 업무추진비, 행사비, 의회비, 위탁대행사업비, 예술단운동부운영비, 주민자치활동운영비, 징수교부금, 연료비, 원・정수구입비, 용지・주택매출원가, 기타운영비
정부간 이전비용	시도비보조금, 자치구 조정교부금, 시·군 조정교부금, 지방자치단체간 부담금, 국가에 대한 부담금, 교육비특별회계전출금, 교육기관운영비보조금
민간등 이전비용	민간보조금, 민간장학금, 이차보전금, 출연금, 전출금비용, 지방공공기관보조금, 기타이전비용
기타비용	자산처분손실, 자산손상차손, 외화환산손실, 외환차손, 일반유형자산감가상각비, 주민편의시설감가상각비, 사회기반시설감가상각비, 무형자산상각비, 대손상각비, 기타비용

8. 현금흐름표

현금흐름표는 회계연도 동안의 현금자원의 변동에 관한 정보로서 자금의 원천과 사용결과를 표시하는 재무제표로서 경상활동, 투자활동 및 재무활동으로 구성된다. 다만 법상 유예되어 현재 지방자치단체에서 작성하지 않는다.

■ 지방자치단체 회계기준에 관한 규칙 [별지 제3호서식] <개정 2014.11.28.>

현금흐름표

해당연도 20××년×월×일부터 20××년×월×일까지
직전연도 20××년×월×일부터 20××년×월×일까지

지방자치단체명 (단위 : 원)

과 목	해당연도(20××년)						직전연도(20××년)					
	일반회계	기타특별회계	기금회계	지방공기업특별회계	내부거래	계	일반회계	기타특별회계	기금회계	지방공기업특별회계	내부거래	계
Ⅰ. 경상활동으로 인한 현금 흐름												
1. 경상활동으로 인한 현금 유입액												
자체조달수익 정부간이전수익 …												
2. 경상활동으로 인한 현금 유출액												
인건비 운영비 정부간이전비용 민간등이전비용 …												
Ⅱ. 투자활동으로 인한 현금 흐름												
1. 투자활동으로 인한 현금 유입액												
대여금의 회수 장기투자증권의 처분 일반유형자산의 처분 …												
2. 투자활동으로 인한 현금 유출액												
대여금의 상환 장기투자증권의 취득 일반유형자산의 취득 …												
Ⅲ. 재무활동으로 인한 현금 흐름												
1. 재무활동으로 인한 현금 유입액												
차입금의 차입 지방채증권의 발행 …												
2. 재무활동으로 인한 현금 유출액												
차입금의 상환 지방채증권의 상환 …												
Ⅳ. 현금의 증가(감소)(Ⅰ+Ⅱ+Ⅲ)												
Ⅴ. 기초의 현금												
Ⅵ. 기말의 현금(Ⅳ+Ⅴ)												

(1) 현금흐름의 구분 및 현금흐름표 작성기준

회계연도 동안 발생한 현금흐름은 경상활동, 투자활동 및 재무활동 현금흐름으로 구분하여 표시하며, 각 현금흐름에 포함되는 내역은 다음과 같다.

표 4-15 현금흐름의 구분

구 분	내 용
경상활동	지방자치단체의 행정서비스와 관련된 활동으로서 투자활동과 재무활동에 속하지 아니하는 거래에서 발생한 현금흐름
투자활동	자금의 융자와 회수, 장기투자증권 · 일반유형자산 · 주민편의시설 · 사회기반시설 및 무형자산의 취득과 처분 등에서 발생한 현금흐름
재무활동	자금의 차입과 상환, 지방채의 발행과 상환 등에서 발생한 현금흐름

현금흐름표를 작성하는 기준은 다음과 같다.

표 4-16 현금흐름표 작성기준

구 분	내 용
표시방법	회계연도 중의 순현금흐름에 회계연도 초의 현금을 더하여 회계연도 말 현재의 현금을 산출하는 형식으로 표시한다.
총액표시	현금의 유입과 유출은 회계연도 중의 증가나 감소를 상계하지 아니하고 각각 총액으로 적는다. 다만, 거래가 잦아 총 금액이 크고 단기간에 만기가 도래하는 경우에는 순증감액으로 적을 수 있다.
주석공시	현물출자로 인한 유형자산 등의 취득, 유형자산의 교환 등 현금의 유입과 유출이 없는 거래 중 중요한 거래에 대하여는 주석(註釋)으로 공시한다.

9. 순자산변동표

순자산변동표는 회계연도 동안의 순자산의 증감 내역을 표시하는 재무제표로서 재정운영결과와 순자산의 변동을 기재한다. 유형별 재무제표를 통합하여 작성하는 지방자치단체의 재무제표 중 순자산변동보고서는 다음과 같다.

■ 지방자치단체 회계기준에 관한 규칙 [별지 제4호서식] <개정 2014.11.28.>

순자산변동표

해당연도 20××년×월×일부터 20××년×월×일까지
직전연도 20××년×월×일부터 20××년×월×일까지

지방자치단체명 (단위 : 원)

과 목	해당연도(20××년)						직전연도(20××년)					
	일반회계	기타특별회계	기금회계	지방공기업특별회계	내부거래	계	일반회계	기타특별회계	기금회계	지방공기업특별회계	내부거래	계
Ⅰ. 기초순자산												
Ⅱ. 재정운영결과												
Ⅲ. 순자산의 증가												
전기오류수정이익 회계기준변경으로 생긴 누적이익 …												
Ⅳ. 순자산의 감소												
전기오류수정손실 회계기준변경으로 생긴 누적손실 …												
Ⅴ. 기말순자산 (Ⅰ－Ⅱ＋Ⅲ－Ⅳ)												

순자산의 증가사항은 전기오류수정이익, 회계기준변경으로 생긴 누적이익 등을 말한다. 순자산의 감소사항은 전기오류수정손실, 회계기준변경으로 생긴 누적손실 등을 말한다.

10. 기타 공시

(1) 주 석

주석은 정보이용자에게 충분한 회계정보를 제공하기 위하여 채택한 중요한 회계정책, 회계과목의 세부내역 및 재무제표에 중대한 영향을 미치는 사항을 설명한 것을 말한다. 지방회계기준에서 규정한 주석사항 외에 필요한 경우에는 다음 각 호의 사항을 주석(註釋)으로 공시한다.

- 지방자치단체 회계실체간의 주요 거래내용
- 타인을 위하여 제공하고 있는 담보보증의 내용
- 천재지변, 중대한 사고, 파업, 화재 등에 관한 내용과 결과
- 채무부담행위 및 보증채무부담행위의 종류와 구체적 내용
- 무상사용허가권이 주어진 기부채납자산의 세부내용
- 그 밖의 사항으로서 재무제표에 중대한 영향을 미치는 사항과 재무제표의 이해를 위하여 필요한 사항

(2) 필수보충정보 및 부속명세서

필수보충정보는 재무제표의 내용을 보완하고 이해를 돕기 위하여 필수적으로 제공되어야 하는 정보로서 다음의 정보를 말한다.

- 예산결산요약표
- 지방자치단체의 성질별 재정운영표
- 일반회계의 재정운영표
- 개별 회계실체(일반회계는 제외)의 재정운영표
- 관리책임자산
- 예산회계와 재무회계의 차이에 대한 명세서
- 그 밖에 재무제표에는 반영되지 아니하였으나 중요하다고 판단되는 정보

예산결산요약표는 세입결산과 세출결산을 총괄하는 표이며, 다음과 같다.

세입결산 총괄

과목	예산액	전년도 이월액	예산 현액	징수 결정액	수납 총액	과오납 반환액	실제 수납액	미 수납액	결손 처분액	다음연도 이월액
계										
일반 회계										
지방세 수입										
…										

세출결산 총괄

과목	예산액	예산 성립후 증감액	예산 현액	지출 원인 행위액	지출액	다음연도 이월액				집행 잔액
						계	명시 이월	사고 이월	계속비 이월	
합계										
일반 회계										
일반공 공행정										
…										

이미 설명한 바와 같이 재정운영표는 성질별 재정운영표와 별개로 일반회계 재정운영표를 작성하고 있는데 다음과 같다.

예산회계는 세입과 세출의 내역을 보고하지만 재무회계는 발생주의기준에 따른 자산과 부채, 수익과 비용을 보고한다. 따라서 예산회계와 재무회계 간 차이를 조정하는 명세서를 필수보충정보에 공시해야 한다. 즉, 현금주의 기준에 따른 세계잉여금 순증감액에 현금유입이 없는 수익(자산처분이익 등)을 차감하여 재정운영결과에 조정하되 자산처분이나 부채증가로 인한 세입증가는 발생주의 손익과 무관하기 때문에 이를 차감하고, 반대로 자산취득이나 부채상환으로 인한 세출증가액 또한 발생주의 손익과 무관하기 때문에 이를 가산하는 조정을 해야 한다. 예산결산요약표 및 예산회계와 재무회계의 차이에 대한 명세서는 예산결산이 완료된 후에 첨부할 수 있다.

부속명세서는 재무제표에 표시된 회계과목에 대한 세부내역을 명시할 필요가 있을 때에 제공되어야 하는 추가적인 정보를 말한다.

■ 지방자치단체 회계기준에 관한 규칙 [별지 제6호서식] <개정 2014.11.28.>

재정운영표(일반회계)

해당연도 20××년×월×일부터 20××년×월×일까지
직전연도 20××년×월×일부터 20××년×월×일까지

지방자치단체명 (단위 : 원)

과 목	해당연도(20××년)			직전연도(20××년)		
	총원가	사업수익	순원가	총원가	사업수익	순원가
Ⅰ. 사업순원가						
일반공공 행정 일반행정 부서명 정책사업 … 공공질서 및 안전 …						
Ⅱ. 관리운영비						
1. 인건비 급여 … 2. 경비 도서구입 및 인쇄비 …						
Ⅲ. 비배분비용						
자산처분손실 기타비용 …						
Ⅳ. 비배분수익						
자산처분이익 기타이익 …						
Ⅴ. 재정운영순원가 (Ⅰ+Ⅱ+Ⅲ-Ⅳ)						
Ⅵ. 일반수익						
1. 자체조달수익 지방세수익 경상세외수익 … 2. 정부간이전수익 지방교부세수익 보조금수익 … 3. 기타수익 전입금수익 …						
Ⅶ. 재정운영결과(Ⅴ-Ⅵ)						

11. 지방자치단체 재무회계 결산

(1) 재무회계결산의 의의

재무회계결산은 회계연도의 지방자치단체 재정운영의 결과인 예산거래(세입・세출 예산집행) 및 예산외거래(결산보정거래, 기타예산외거래)를 최종적으로 확정하는 절차를 말한다. 재무회계 결산은 예산회계의 결산과는 별도로 발생주의・복식부기에 의한 "회계처리의 결과 확정 및 재무제표 보고"(이하 재무보고)라는 의미를 내포하고 있으며, 회계결산은 회계연도 내의 거래활동을 계수로 확정하는 것이고, 재무보고는 계수로 확정한 결과를 정보이용자에게 보고하기 위한 것이다. 재무회계결산의 목적은 지방자치단체 회계처리 및 보고와 관련하여 통일성과 객관성을 부여함으로써 재정투명성과 공공책임성을 제고하고, 지방자치단체와 직・간접 이해관계를 지니는 외부이용자(지역주민, 지방세 납세자, 지방의원, 타 지방자치단체, 채권자, 기타 이해관계자) 및 지방자치단체장, 내부관리자 등 정보이용자가 지방자치단체의 재정상태와 운영결과를 파악할 수 있다(행정안전부, 재무회계운영규정). 재무제표는 지방자치단체에서 운영하고 있는 모든 회계단위 즉, 일반회계, 기타특별회계, 기금, 지방공기업특별회계에 대하여 회계별 및 이를 통합하여 작성해야 하며, 기타특별회계, 기금, 지방공기업특별회계와 같이 하나 이상의 세부회계단위를 갖는 경우 이를 합산하여 회계별로 작성해야 한다. 재무회계와 예산회계의 결산절차는 다음과 같다.

일 정	재무회계 결산	예산회계 결산
회계연도 종료 출납폐쇄일(매년 12월 31일)		지출원인행위 마감 세출금의 지출, 반납, 지급 완료
출납정리기한 (다음연도 1월 20일)	결산자료의 수집 및 대사 회계처리의 확정	세입금의 금고납입 마감
출납사무의 완결 (다음연도 2월 10일)	회계장부 마감, 회계별 재무정보 집계	제반 장부 마감
결산서 작성 (출납폐쇄 후 80일 이내)	재무제표 작성, 공인회계사 검토	부문별 결산서 작성
결산 검사 (20일간)	결산검사위원회 결산 검사	
결산 승인 신청 (다음연도 5월 31일)	제1차 정례회 회기	

자료: 행정안전부(2017). 재무회계운영규정. p.228.

구 분	예산회계 결산	재무회계 결산
결산서	세입·세출결산서(세입결산서＋세출결산서) ※ 첨부서류 26종(지방채발행보고서, 보증채무현재액, 기금결산보고서, 공유재산증감및현재액보고서, 물품증감및현재액보고서 등)	재정상태표 재정운영표 순자산변동표 현금흐름표(작성유예)
회계기간	1.1 ~ 12.31	예산회계결산과 동일
기장방식	경상과 자본의 구분이 불명확	경상회계와 자본회계 구분
인식기준	(수정)현금주의	발생주의
과목분류	세입, 세출	자산, 부채, 순자산, 수익, 비용
과목체계	예산과목 (세입 : 장－관－항－목) (세출 : 분야－부문－정책사업－단위사업－세부사업－편성목－통계목)	재무회계과목 (대분류－중분류－회계과목－관리과목)

자료: 행정안전부(2017). 재무회계운영규정. p.230.

(2) 재무회계결산의 절차

단 계	결산절차의 내용
1단계	결산기초자료 수집 － 각 실과소에 결산자료 취합서식을 이용하여 정보 취합
2단계	회계장부 및 기초자료 대사 및 오류수정
3단계	결산정리 회계처리 － 기타 예산외 거래의 처리 / 결산보정분개
4단계	원가관리 업무처리
5단계	회계장부의 마감(익년도 2.10)
6단계	재무제표의 확정 (결산) 합계잔액시산표와 재무제표(재정상태표, 재정운영표, 순자산변동표)에 대한 검증대사를 실시, 최종적으로 재무제표별 상호 관련과목을 확인한 후 확정 － 기금재무제표의 확정 － 공기업특별회계 재무제표 확정
7단계	회계별 재무정보의 통합과 재무제표의 작성 － 회계별 재무정보의 통합 • 여러 단위회계로 구성된 기타특별회계, 기금 및 지방공기업특별회계는 단위회계의 재무정보를 집계하여 회계별 재무정보를 확정 • 일반회계, 기타특별회계, 기금 및 지방공기업특별회계의 회계별 재무정보를 집계 • 회계별재무제표의 총계를 기준으로 지방자치단체 전체의 재무정보를 집계 － 내부거래의 상계 － 재무제표의 작성 • 재무제표를 비롯한 주석, 필수보충정보, 부속명세서 등을 포함한 재무제표를 작성
8단계	재정상태표의 잔액이월

자료: 행정안전부(2017). 재무회계운영규정. pp.232~242.

(3) 공인회계사의 검토보고

지방회계법 제16조에 따르면 "재무제표는 지방회계기준에 따라 작성하여야 하고, 「공인회계사법」에 따른 공인회계사의 검토의견을 첨부하여야 한다"라고 규정하고 있다. 특히 「지방자치단체 재무제표 검토 기준」에 의거 공인회계사로부터 재무제표가 지방회계기준 및 재무회계 운영규정에 따라 적정하게 작성되었다는 사실에 대한 검토의견을 첨부해야 한다. 검토의견서는 다음의 사항을 포함해야 한다.

- 「지방회계법」, 지방회계기준 및 관련 규정에 따라 검토하였다는 내용
- 회계실체 유형별 재무제표를 검토하였다는 내용
- 제시된 재무제표의 내용은 재정책임부서장을 포함하는 지방자치단체가 책임을 진다는 내용
- 검토 작업의 수행에 있어 합리적인 계획 및 절차에 따라 업무를 수립하였다는 내용
- 검토에 있어 제시된 재무정보의 금액, 공시 등 회계정보의 적정성을 확인할 수 있는 객관적인 절차를 취하였다는 내용
- 작성된 재무제표의 내용에 중대한 왜곡 또는 오류의 포함여부에 대한 의견
- 기타 회계전문가의 관점에서 특별히 검토의견에 명시적으로 기술하여야 할 필요가 있는 내용 등

지방자치단체 재무제표에 대한 검토보고서

XXX 시(도, 군, 구)장 귀하

우리는 첨부된 XXX 시(도, 군, 구)의 20XX년 12월 31일로 종료되는 회계연도의 재무제표(현금흐름표는 「지방자치단체 회계기준에 관한 규칙」의 부칙에 따라 작성되지 아니하였습니다)를 검토하였습니다. 이 재무제표를 작성할 책임은 지방자치단체의 장에게 있으며, 우리의 책임은 동 재무제표에 대하여 검토를 실시하고 이를 근거로 이 재무제표에 대하여 검토결과를 보고하는 데 있습니다.

우리는 「지방자치단체 재무제표 검토 기준」에 따라 검토를 실시하였습니다. 이 기준은 우리가 재무제표가 중대하게 왜곡표시되지 아니하였다는 것에 관해 보통수준의 확신을 얻도록 검토를 계획하고 실시할 것을 요구하고 있습니다. 검토는 주로 질문과 분석적 절차에 의거 수행되므로 감사보다는 낮은 수준의 확신을 제공합니다. 우리는 감사를 실시하지 않았으므로 감사의견을 표명하지 아니합니다.

우리의 검토결과 상기 재무제표는 「지방자치단체 회계기준에 관한 규칙」 및 「지방자치단체 재무회계 운영규정」에 중요하게 위배되어 표시되었다는 점이 발견되지 아니하였습니다.

○○도 ○○시(군) ○○구 ○○○-○○번지
○○회계법인
대표이사 ○ ○ ○
20XX년 X월 X일

12. 지방자치단체 재무제표 분석

지방자치단체는 발생주의 복식부기 방식의 재무제표를 작성할 경우 재정상태, 재정운영 및 회계책임 등 세 가지 분야별 재무비율을 산출하여 재정분석을 수행할 수 있다. 재정상태는 자산 및 부채에 대한 분석으로 유동성, 부채비율 등을 분석할 수 있고, 재정운영은 수익과 비용에 대한 분석으로 자주성과 효율성을 분석할 수 있으며, 회계책임은 자산 및 부채, 수익과 비용 등을 적절하고 관리하고 있는지 분석할 수 있다.

분야	지표명	산 식
재정상태	총자산 대비 총부채 비율	총부채 / 총자산 × 100
	총부채 대비 차입부채 비율	차입부채 / 총부채 × 100
	유형고정자산 대비 부채 비율	부채 / 유형고정자산 × 100
	재정자금 대비 금융상품 비율	장·단기 금융상품 / 재정자금 × 100
	현금창출자산 대비 총부채 비율	총부채 / 현금창출자산 × 100 ※ 현금창출자산 : (유동자산 − 기타유동자산 + 일반미수금) + 장기금융상품

		+(장기대여금－학자금위탁대여금)+기타투자자산
	재정자금대비 차입부채 비율	차입부채 / 재정자금 × 100 ※ 재정자금 : 현금및현금성자산+장·단기 금융상품
	유동자산 대비 유동부채 비율	유동부채 / 유동자산 × 100
	미수세금 대비 대손충당금 비율	미수세금 대손충당금 / 미수세금(대손충당금 차감전) × 100
	단기민간융자금 비율	단기민간융자금 / 장·단기 민간융자금 × 100
재정 운영	예산 대비 세출 비율	세출액(일반회계+특별회계) / 예산현액(일반회계+특별회계)×100
	경상수익 대비 경상비용 비율	경상비용 / 경상수익 × 100
	경상비용 대비 이자비용 비율	이자비용 / 경상비용 × 100
	이자수익 대비 이자비용 비율	이자비용 / 이자수익 × 100
	총수익 대비 경상수익 비율	경상수익 / 총수익 × 100 ※ 경상수익 : 지방세수익+경상세외수익+지방교부세+재정보전금+조정교부금
	경상수익 대비 경상자체조달수익 비율	경상자체조달수익 / 경상수익 × 100 ※ 경상자체조달수익 : 지방세수익+경상세외수익
	자체조달수익 대비 채권 비율	미수자체조달수익(대손충당금 차감후) / 자체조달수익 × 100 ※ 미수자체조달수익 : 미수세금+미수세외수입금+일반미수금
	세외수익 대비 채권 비율	미수세외수익(대손충당금 차감후) / 세외수익 × 100 ※ 미수세외수익 : 미수세외수입금+일반미수금
	총비용 대비 경상비용 비율	경상비용 / 총비용 × 100
	지출액 대비 자산취득 비율	자산 취득액 / 지출액 × 100
회계 책임	주민 1인당 총자산	총자산 / 인구수(회계연도말 인구수)
	주민 1인당 총부채	총부채 / 인구수(회계연도말 인구수)
	주민 1인당 실질부채	실질부채 / 인구수(회계연도말 인구수)
	주민 1인당 총수익	총수익 / 인구수(회계연도말 인구수)
	주민 1인당 자체조달수익	자체조달수익 / 인구수(회계연도말 인구수)
	주민 1인당 지방세수익	지방세수익 / 인구수(회계연도말 인구수)
	주민 1인당 총비용	총비용 / 인구수(회계연도말 인구수)
	주민 1인당 민간등이전비용	민간등이전비용 / 인구수(회계연도말 인구수)
	공무원 1인당 총수익	총수익 / 공무원(현원)
	공무원 1인당 총비용	총비용 / 공무원(현원)
	공무원 1인당 급여	총급여 / 공무원(현원)

Government Accounting & Finance Statistics

제5장

재정통계(Government Finance Statistics)

제1절 재정통계 개관

제2절 GFS(Government Finance Statistics)

제3절 PSDS(Public Sector Debt Statistics)

제4절 국제기준에 근거한 재정통계 작성 및 제출

Government Accounting & Finance Statistics

제1절 재정통계[1] 개관

1. 국제기구별 재정통계 체계

국제기구별 재정통계는 다양하다. 그중 재정통계관련 기능을 관장하는 유럽통계청, IMF, OECD, UNCTAD, 세계은행 등에 관해 간략히 살펴본다.

(1) 유럽통계청(Eurostat)

EDP(적극적 재정적자 시정절차)(마스트리히트조약 부속서) 관련 데이터는 ESA95 TP(transmission program)를 통해 수집된 GFS 데이터와 완전히 부합되며, 매년 2회 3월말과 9월말에 Eurostat에 제출해야 된다. Eurostat의 데이터베이스에 포함된 정부재정통계는 분기별 정부채무 및 일반정부 금융 계정으로 구성된 분기별 GFS와 정부채무의 구조, 채무 표시통화, 정부보증 여부를 포함한 정부 재정적자 및 채무 자료 등이 포함된다.

연간 GFS는 4월말과 10월말, 연 2회 작성하고, 분기별 GFS 표는 연 4회 작성(편제)된다. GFS는 정부 수익 및 비용, 재정적자/흑자, 금융자산 및 부채의 거래, 기타 금융자산 및 부채의 경제유량, 재정상태표를 통합하여 보여준다. 특히, EU 회원국별 통화 100만 단위로 표시된 수치, GDP 대비 백분율 비중, 분기별 전년도 대비 증가율이 포함되며, 유럽 GFS만을 위해 마련된 기준에 따라 작성된다. 따라서 IMF에 제출되고 IMF가 발간하는 GFS 데이터와 일부 사소한 차이가 있을 수 있다.

(2) 국제통화기금(International Monetary Fund)

IMF는 국제기구들과 공조를 통해 재정통계매뉴얼과 지침서(대외 부문, 정부 재정, 통화 및 금융, 국민계정 및 물가 등)를 제공할 의무가 있으며, 이러한 매뉴얼과 지침서는 SNA 2008 등과 조화를 이룬다. 또한 IMF는 정부재정통계 연감(GFS Yearbook)과 월간 국제금융통계(IFS)를 통해 채무통계를 포함한 정부재정통계(GFS)를 공표하는데, GFSM 2014 매뉴얼에 기초하여 발표한다. GFS 연감은 회원국들의

---

1) 본장의 내용은 GFSM 2014, PSDS 2013의 내용을 주로 활용함.

일반정부 부문 및 하위부문의 연간 통계를 다루고 있으며, 인쇄물과 CD-ROM 형태로 공표된다. GFS 연감은 국가 간 비교가 가능한 세부적인 재정통계를 시계열로 편제한 것으로, 회원국들이 제출한 자료에 기반해 편제된다. 유럽통계청(Eurostat)은 GFSM 체계를 근간으로 유럽연합 회원국들의 호환성을 높이고 있다. 다만 IFS는 GFS 연감보다 최신의 정부재정통계를 더 자주(즉, 월별 및 분기별) 제공하며, 인쇄물과 CD-ROM 형태로 공표된다. 일반정부 부문 및 하위부문의 통계를 다루는 GFS 연감과 달리 일부의 경우 중앙정부나 예산상 중앙정부(예 예산외 부문 또는 사회보장기금 제외) 통계만 제공할 때도 있다. 더 자주 발간하는 IFS 정부재정통계는 GFSM에 기초하여 발표하지만, 국가별로 기관의 포괄범위가 다를 수 있기 때문에 국가 간 비교가 다소 제한이 된다.

IMF는 정부재정통계 편제에 관한 기술지원 및 교육, 공공부문 채무 감리 및 관리, 채무관리를 위한 제도체계, 채무관리전략(채무 포트폴리오 위험평가, 발행 및 조달전략, 조달수단 선택, 국제 자본시장 접근), 채무시장 개발, 부채관리(채무 재조정과 채권자 관계 포함), 자산부채종합관리(ALM)(책임준비금 및 조정, 준재정 및 우발위험(부채)관리 및 파악 등), 공공부문 채무관리를 위해 재정 및 채무 지속가능성, 중기재정계획 및 재정준칙(채무준칙 포함), 재정위험 관리, 현금 및 채무관리 조정, 재무부 기능 전반, 재정개혁의 제도적 측면, 재정적자 및 채무경로 설정을 위한 재정체계 설계와 채무의 지속가능성 확보를 위한 적절한 전략에 관한 자문을 제공한다.

(3) 경제협력개발기구(OECD)

OECD는 정부 채무와 관련해 두 가지 통계를 생산하는데, 하나는 중앙정부 채무와 관련된 것으로, 중앙정부 채무상품에 대한 양적·질적 정보를 제공한다. 특히, OECD는 회원국과 아프리카 국가의 중앙정부 채무통계를 편제하고 공표하고 있는데, OECD's 중앙정부 채무 및 아프리카 중앙정부 채무(통계 연감)를 통해 OECD 회원국들의 광범위한 중앙정부 채무통계를 연 단위로 발표하고 있다. 이 연감은 OECD 사무총장의 책임 하에 발간되며 정책 결정자, 채무관리 전문가, 시장 분석가 등과 같은 이용자들의 분석적 수요 충족을 목표로 한다. 또 다른 하나는 재정상태표(SNA의 일부)로 일반 정부 및 하위 부문의 부채(및 채무)에 대한 정보를 금융상품별로 제공하고 있다.

(4) 국제연합무역개발회의(UNCTAD)

UNCTAD는 채무를 통합처리하기 위한 UN의 핵심기구이다. 채무 및 개발 재정부(DDFB)를 통해 UNCTAD는 기술지원뿐만 아니라 정책분석 등에 관여한다. UNCTAD는 유엔 사무총장이 유엔총회에 제출하는 개발도상국과 체제전환국의 대외채무 문제에 관한 연례보고서를 작성하고 있다. 이 보고서는 최근의 동향과 새롭게 부각되는 사안에 대해 분석하고 정책과제를 제안한다. UNCTAD는 채무관리에 대한 제도적 합의를 비롯해 채무 지속가능성 분석(DSA), 국내채무, 채권시장에 대한 분석 체계에 관한 연구를 수행함과 동시에 광범위한 기술지원서비스를 제공한다. 특히, 채무관리 및 재정분석시스템(DMFAS)을 제공했다. UNCTAD의 채무관리 및 재정분석시스템(Debt Management and Financial Analysis System, DMFAS)은 1980년대 초반이래 각국 정부의 채무관리 능력을 개선하는 데 크게 기여했다. 2010년 들어, 66개국과 102개 기관이 이 프로그램의 지원을 받았다. 지난 30년 동안 개발도상국의 채무여건이 진전됨에 따라 DMFAS 프로그램은 각국의 변화하는 채무관리 수요에 맞게 기술지원을 적용하고 있다. 현재는 DMFAS 7.0으로 업그레이드하여 시범운영중에 있으며, 2019년에 배포될 계획이다(아래 참고).

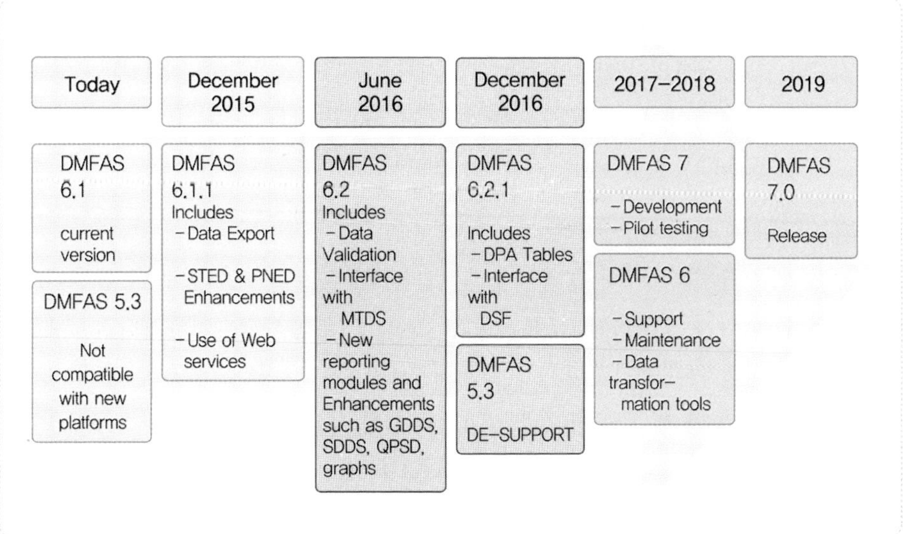

자료: UNCTAD홈페이지.

DMFAS 프로그램은 개별국가의 채무관리 역량을 제고하기 위해 다양한 국제기구들이 지원한다. 특히, 세계은행의 채무관리기구(DMF)는 국가의 채무관리 능력을 평가하기 위해 고안된 채무관리성과평가(DeMPA)툴과 채무전략을 개발 및 갱신할 수 있도록 엑셀 기반의 도구인 중기채무전략(MTDS)을 개발하여 지원하였다. DMFAS는 프랑스와 스페인에서 SYGADE라 부른다.

DMFAS 시스템은 공공부문부채통계지침(PSDS)에 부합되며 포괄범위, 가치평가, 현재가치 산정, 분류, 보고 등이 포함

- **포괄범위**: DMFAS는 공공부문부채통계지침에 포함된 대부분의 상품을 다룬다. 공급자로 인해 발생한 연체를 비롯해 상품에 관한 일부 정보는 일반적으로 포함되지 않지만, 입수 가능한 자료는 포함
- **가치평가**: 저량과 유량의 가치평가는 일관성을 지닌다. 저량은 기말 환율로 평가되며, 거래는 거래 당일 환율로 평가된다. 또한 상품에 대한 시장 가치평가가 가능
- **현재가치**: 현재가치 산정은 DMFAS에 통합되어, CIRRs과 같이 요청에 따라 일련의 특정통화 이자율이 사용
- **분류**: DMFAS는 채무자 부문, 상품, 만기(당초 및 잔존)를 포함하여 공공부문부채통계지침에 포함된 모든 분류를 포함한다. 이에 더해 채권자, 지급보증상태, 경제부문을 비롯한 많은 다른 유형의 분류들이 포함
- **보고**: DMFAS는 공공부문부채통계지침의 핵심표에 부합하는 일련의 포괄적 보고서를 제공한다. 이 시스템은 유연한 보고방식으로 이용자에게 맞춤형 보고서를 제작하며, 기관/국가의 부가적인 특정 요구사항을 충족시키기 위해 상당량의 보고서를 산출

(5) 세계은행

세계은행은 일반정부 및 공공부문 단위의 채무자료를 분기별로 수집・배포한다. 이러한 자료는 PSDS의 분류기준과 정의에 부합하고, 기타거시경제자료인 SNA, 국제수지통계 편제기준(BPM), 대외채무통계(EDS), 정부재정통계 편람(GFSM), 증권통계 지침, 통화 및 금융통계편람(MFSM) 등과 조화(부합)를 이룬다. 세계은행의 공공부문채무통계웹사이트는 공동대외부채허브(Joint External Debt Hub)(http://www.jedh.org 참고) 분기별 대외채무통계(Quarterly External Debt Statistics)(http://www.qeds.org 참고), BIS은행 및 증권 자료, IMF 국제포트폴리오투자 공동조사, 연간

정부재정통계(GFS 연감), 국제재정통계(IFS)와 같은 보완적이고 관련된 출처에 관한 정보 및 링크를 제공한다.

2. 재정통계매뉴얼의 변천 및 적용

국제적으로 인정된 재정통계매뉴얼은 IMF의 GFSM, UN의 SNA, ES의 ESA 등이며, 글로벌 경제위기 이후 일반정부 및 공공부문 부채를 국가 간 비교가능하도록 PSDS를 제정하였다.

GFSM은 1974년 처음 제정되어 현재까지 3차례(1986년, 2001년, 2014년) 개정이 되었다. GFSM 1986은 현금주의 기준의 매뉴얼이였으나, 2001년 전면 개정되면서 발생주의 기준의 GFS체계를 구축하였으며, GFSM 2014로 개정되면서 SNA 2008과 ESA 2010 등 다른 거시경제통계기준과 완벽히 조화되도록 개정되었다.

SNA는 국민계정을 측정하기 위해 UN에서 개발된 매뉴얼로 1953년 최초로 제정되어 현재까지 3차례(1963년, 1993년, 2008년) 개정이 되었다. 역사적으로 볼 때 가장 오래된 재정통계매뉴얼이다.

ESA는 국민계정 등을 측정하기 위해 유럽통계청에서 개발된 재정통계매뉴얼로 1970년 최초로 제정되어 현재까지 2차례(1995년, 2010년) 개정이 되었다. ESA는 SNA를 보다 구체적으로 적용하기 위해 제정된 유럽연합국가의 매뉴얼이라 할 수 있다.

PSDS는 2007년 발발한 글로벌 금융위기 이후 일반정부 및 공공부문 부채통계의 유용성 제기, 국가간 비교 가능한 체계의 필요성 때문에 개발되었다.

우리나라의 재정통계 도입은 다음과 같다. IMF의 권고에 따라 1979년부터 GFSM 1974기준에 따른 재정통계를 작성하였다. 이후 IMF 직후 1999년부터 GFSM 1986에 따른 현금주의 기준의 재정통계를 작성하여 IMF에 제출해 왔다. 2009년부터 발생주의 회계제도를 전면 도입하고 시범적용기간을 거쳐 2011회계연도부터 발생주의 기준의 국가재무제표를 국회에 제출했다. 2011회계연도부터 GFSM 2001로 전면 개편하고 발생주의 기준으로 완전개편됨에 따라 일반정부단위로 포괄범위를 확대하여 재정통계를 작성하기 시작했다. 또한 2012회계연도부터 PSDS에 따른 공공부문부채통계를 산출하여 2014년 처음으로 OECD에 제출하였다. 다만 우리나라는 GFSM 1986에 따른 통합재정수지와 관리재정수지를 작성하고 있으며, GFSM 2001에 따른 재정통계를 작성하여 IMF에 제출하고 있다. 최근에는 GFSM 2014로의 개편을 위해 체계적으로 준비중에 있다.

시기	국제 재정통계 매뉴얼
1974	GFSM 1974 제정
1986	GFSM 1986 1차 개정
2001	GFSM 2001 2차 개정
2012	GFSM 2014 draft 배포
2014	GFSM 2014 3차 개정

시기	한국의 재정통계 적용
1979	IMF권고로, GFSM 1974에 따른 재정통계 작성 및 제출
1999	재정위기이후, GFSM 1986에 따른 재정통계 작성 및 제출
2012	GFSM 2001로 전면개편하여 일반정부 단위의 재정통계 산출
2014	GFSM 2001에 따른 일반정부 단위의 재정통계 작성 및 제출, 2012회계연도 공공부문 작성 및 OECD 제출

제2절 GFS(Government Finance Statistics)

1. 재정통계 개관

정부재정통계는 크게 일반정부단위의 GFS와 공공부문단위의 PSDS로 구분할 수 있으며, 그 범주는 다음과 같은 의사결정트리에 의해 결정된다.

이렇듯 일반정부와 공공부문의 포괄범위는 두 단계의 절차를 거쳐 설정된다. 첫 번째, 지배성을 기준으로 정부가 지배성이 있다고 판단될 경우 공공부문으로 분류한다. 두 번째, 시장성을 기준으로 시장성이 있다고 판단되면 공기업, 그렇지 않으면 일반정부로 분류한다. 여기서 지배성여부 판단은 정부가 과반수 이상의 의결권을 가지고 있는지?, 주요인사에 대한 임명권이 있는지?, 정부재정지원 정도가 어느 정도인지? 등을 검토하여 지배성이 있다고 판단되면 공공부문으로 분류한다. 또한 시장성여부 판단은 원가보상률(판매액/생산원가)이 50% 이하이거나, 정부판매율이 80% 이상이면 시장성이 없다고 판단하여 일반정부로 분류한다.

그림 5-1 공공부문분류를 위한 의사결정트리

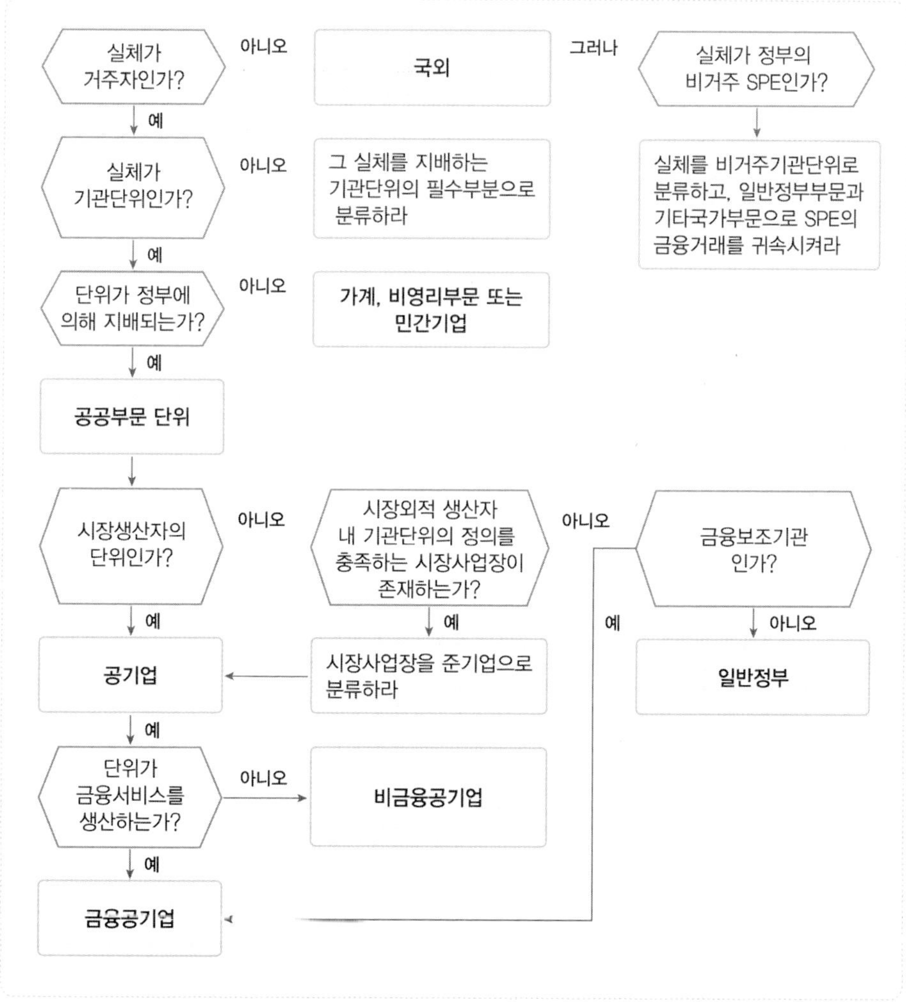

자료: GFSM(2014), 그림 2.4

이제 2016 회계연도를 기준으로 일반정부와 공공부문의 포괄범위를 알아보자(매년 변동 가능).

표 5-1 일반정부 공공부문 포괄범위(2016회계연도 기준)

구 분		일반정부(GFS)	공공부문(PSDS)
중앙	회계	일반회계 1, 기타특별회계 13, 기업특별회계 5	일반회계 1, 기타특별회계 13, 기업특별회계 5
	기금	사업성기금 56, 금융성, 외평기금 9	사업성기금 56, 금융성, 외평기금 9
	비영리공공기관	공공기관 214	공공기관 214
지방	회계	일반회계 243, 기타특별회계 1,891 직영기업특별회계 256 지방교육비특별회계 17	일반회계 243, 기타특별회계 1,891 직영기업특별회계 256 지방교육비특별회계 17
	기금	기금 2,384	기금 2,384
	비영리공공기관	공사・공단 93	공사・공단 93
공기업	비금융공기업	제외	중앙_비금융공기업 111 지방_비금융공기업 54
	금융공기업	제외	제외

자료: 기획재정부 보도자료.

2. GFS 핵심재무제표

GFS 분석체계의 핵심 재무제표는 네 가지 종류(기초 재정상태표, 기말 재정상태표, 거래, 거래외 경제유량)라 할 수 있다. 모든 저량의 변동을 유량을 통해 설명하기 위해 아래와 같이 세 가지로 결합할 수 있다. 즉, 유량은 거래(정부운영보고서)와 거래외 경제유량(거래외 경제유량보고서)으로 구분이 가능하고, 저량은 기초와 기말 대차대조표(재정상태표)로 구분이 가능하다.

- 정부운영보고서(재정운영표, 거래) : 유량
- 거래외 경제유량보고서 : 유량
- 대차대조표(재정상태표) : 저량

핵심 분석체계는 유동성에 관한 주요 정보를 제공하기 위해 현금의 원천 및 사용보고서를 포함할 수 있다.

그림 5-2 GFS 핵심 분석체계의 구조

자료: GFSM(2014). 그림 4.1

정부운영보고서(재정운영표)는 일정 보고기간 동안 부문 또는 하위부문에서 발생하는 거래를 요약한 것이다. 본질적으로 거래란 재화나 서비스를 한 단위가 판매하고 다른 단위가 매입하는 것 같이 기관단위들 간에 상호합의된 상호작용으로 발생하는 저량의 변동을 의미한다. 거래는 재정정책의 집행과 관련된 유량의 가장 큰 부분을 차지한다.

거래외 경제유량보고서는 거래 이외의 요인에서 비롯되는 자산, 부채, 그리고 순자산의 증감을 나타낸다. 보다 구체적으로는 보유이득과 손실은 환율변동을 포함한 가격변동으로 유발되는 저량의 변동을 나타낸다. 자산규모의 기타 변동은 새로운 자산/부채의 발견(예: 광산), 자산의 소모 및 파손, 또는 자산/부채의 재분류 등의 사건으로 유발되는 저량의 변동을 나타낸다.

대차대조표(재정상태표)는 각 보고기간말에 부문 또는 하위부문의 자산, 부채, 그리고 순자산의 저량을 기록한다. 현금의 원천 및 사용보고서는 정부운영보고서와 유사한 분류방식을 사용하여 현금유입 및 유출을 기록하지만, 보고기간 동안 현금의 순변동에 초점을 맞춘다.

GFS 핵심 재무제표에 더해 분석적 유용성 차원에서 두 가지 보충적 보고서가 추가되었는데, 순자산 변동보고서(Statement of Total Changes in Net Worth), 명시적 우발부채와 미래사회보장급여에 대한 암묵적 순의무 요약보고서(Summary Statement of Explicit Contingent Liabilities and Net Implicit Obligations for Future Social Security Benefits)이다.

순자산 변동보고서는 정부운영보고서의 수익 및 비용의 거래를 거래외 경제유량보고서와 하나의 보고서로 결합되며, 정부 순자산의 총변동을 나타낸다.

명시적 우발부채와 미래사회보장급여에 대한 암묵적 순의무 요약보고서는 명시적 또는 암묵적 우발부채를 요약한다. 우발부채(contingent liabilities)는 재정위험을 초래하며, 의도된 공공정책 또는 예기치 못한 사건에 의해 발생한다. 명시적 또는 일부 암묵적 우발부채의 저량은 GFS의 대차대조표(재정상태표) 부기 항목으로 기록된다. 우발부채의 기록은 PSDS과 부합된다.

3. GFS 재무제표

(1) 정부운영보고서

정부운영보고서는 수익, 비용, 비금융자산의 순투자, 금융자산의 순취득, 그리고 부채의 순부담과 관련되는 거래의 세부사항을 제시한다. 수익은 거래로 인한 순자산의 증가로, 비용은 거래로 인한 순자산의 감소로 정의된다. 비금융자산의 순투자*는 고정자산의 취득에서 처분을 차감하고, 고정자본소비를 차감한 후 재고자산의 변동분을 더한 값에, 기타 유가물과 비생산자산의 취득에서 처분을 뺀 차이를 더한 것과 동일한 값이다.

* 비금융자산 순투자 = 고정자산취득 − 고정자산처분 − 고정자본소비 + 재고자산 변동분 + {(기타 유가물 취득 − 기타 유가물 처분) + (비생산자산 취득 − 비생산자산 처분)}

정부운영보고서는 두 가지 중요한 분석목적 수지(analytic balances)가 도출된다. 첫째, 수익에서 비용을 차감하면 순운영수지(net operating balance)가 산출되는데, 이는 거래로 인한 순자산의 총변동을 반영한다. 둘째, 순운영수지에서 자산의 순투자를 차감하면 순융자/순차입(net lending(+)/borrowing(−))이 산출되는데, 이는 금융자산 및 부채거래의 순결과와 동일하다.

순운영수지(net operating balance)는 보고부문 또는 하위부문의 지속가능성을 측정한 것이다. 이는 저축과 수취할 순자본이전을 합한 것과 같은 국민계정의 개념과 비슷하다. 순운영수지는 가격변동과 자산규모의 기타변동으로 초래되는 이득과 손실을 제외한다. 거래로 인한 순자산 증감은 정부가 직접적 통제권을 가지고 있기 때문에 정부정책에 기인한다고 평가할 수 있다. 다만 순자산의 총변동에 대한 기타 요소들은 그렇지 않을 수 있다. 예를 들어, 시장가격의 변동이나 자산 또는 부채의 규모에 영향을 주는 사건은 정부의 직접적인 통제하에 있지 않다. 그럼에도 불구하고, 이러한 위험은 정부가 잠재적 재정영향을 최소화하기 위해 사전관리 차원에서 모니터링되어야 한다.

순융자(+)/순차입(−)은 정부활동이 경제의 기타 부문과 국외에 미치는 재정적 영향의 지표로 간주된다. 순융자/순차입은 2008 SNA와 개념적으로 동일하지만, 순융자/순차입으로 기록하는 금액은 정부가 공무원을 위한 부과식(unfunded) 연금제도를 유지한다는 점에서는 2008 SNA와 차이가 발생할 수 있다.

정부운영보고서의 총운영수지(gross operating balance)는 고정자본소비를 비용으로 포함시키지 않는다는 점에서 순운영수지와는 다르다. 고정자본소비는 실제로 측정이 어려울 경우, 순운영수지보다 총운영수지가 분석목적으로 보다 실용적일 수 있다. 하지만 순운영수지는 원칙적으로 보고기간 동안의 모든 운영원가를 파악할 수 있다는 점에서 유용하다.

표 5-2 정부운영보고서

순자산에 영향을 미치는 거래	
1	수익
11	조세
12	사회기여금
13	출연
14	기타 수익
2	비용
21	피용자 보상
22	재화와 서비스의 사용
23	고정자본소비
24	이자
25	보조
26	출연
27	사회급여
28	기타 비용
NOB/GOB	*순/총운영수지* (1−2)[1]
비금융자산 거래	
31	비금융자산 순/총투자[2]
311	고정자산
312	재고자산
313	기타 유가물
314	비생산자산
2M	*지출* (2+31)
NLB	*순융자(+)/순차입(−)*(1−2−31=1−2M=32−33)
금융자산 및 부채 거래(보전활동)	
32	금융자산의 순취득
321	국내
322	해외
33	부채의 순부담
331	국내
332	해외

1 순운영수지=수익−비용, 총운영수지=수익−(비용−고정자본소비)
2 비금융자산 순투자=고정자본 취득−고정자본 처분−고정자본소비
비금융자산 총투자=취득−처분
자료: GFSM(2014). 표 4.1

정부운영보고서에서 지출(2M)은 비용과 비금융자산 순투자의 합으로 총액으로 제시된다. 이 금액은 고정자본소비 규모의 영향을 받지 않으므로, 비록 고정자본소

비를 신뢰성 있게 측정할 수 없다 하더라도 국가 간 국제적인 비교에 적합하다. 위 <표 5-2>에 제시된 바와 같이, 정부운영보고서는 세 부분으로 구분되는데, 수익 및 비용의 거래, 비금융자산의 거래, 그리고 금융자산 및 부채의 거래이다.

(2) 현금의 원천 및 사용보고서

현금의 원천과 사용에 대한 정보는 일반정부의 유동성을 평가하기 위해 중요하다. 현금의 원천 및 사용보고서는 경상적 운영 활동, 비금융자산의 거래, 그리고 금융자산, 통화 및 예금(현금) 간 거래 이외의 금융자산 및 부채 관련 거래를 통해 유출되거나 유입되는 현금의 총액을 나타낸다. 현금의 원천 및 사용보고서는 현금주의를 사용할 때의 거래를 의미한다. 즉, 실제로 현금이 수취되거나 지급되었을 때에만 거래로 포함된다는 것이다.

정부운영보고서와 현금의 원천 및 사용보고서 간 금액 차이는 재정분석을 위해 유용한 추가정보가 될 수 있다. 즉 정부운영보고서에는 기록되지만 현금의 원천 및 사용보고서에 기록되지 않는 거래가 몇 가지 존재한다. 첫째, 향후 현금으로 정산되는 비용거래이다. 발생주의에 의하면, 재화의 소유권이 변경되거나 서비스가 제공될 때 재화와 서비스의 구입이 인식된다. 그와 관련되는 현금은 차후의 보고

표 5-3 현금의 원천 및 사용보고서

운영활동에 따른 현금흐름	
C1	수익 현금흐름
C11	조세
C12	사회기여금
C13	출연
C14	기타 수취
C2	비용 현금흐름
C21	피용자 보상
C22	재화와 서비스의 구매
C24	이자
C25	보조
C26	출연
C27	사회급여
C28	기타 지불
CIO	*운영활동에 따른 현금 순유입* (1－2)

비금융자산 투자에 따른 현금흐름	
C31	비금융자산 투자에 따른 현금 순유출[1]
C311	고정자산
C312	재고자산[2]
C313	기타 유가물
C314	비생산자산
C2M	지출 현금흐름 (2+31)
CSD	*현금흑자(+)/현금적자(−)* (1−2−31=1−2M=32−33)
금융자산 및 부채 거래에 따른 현금흐름(보전활동)	
C32×	현금 이외의 금융자산 순취득
C321×	국내
C322×	해외
C33	부채의 순부담
C331	국내
C332	해외
NFB	*보전활동에 따른 현금 순유입* (33−32×)
NCB	*현금 저량의 순변동* (CSD+NFB=3202=3212+3222)

1 비금융자산 투자에 따른 현금 순유출=구입−매각
2 현금주의에서 재고자산(312) 항목은 전략적 저량으로 변동이 제한된다. 기타 재고자산은 현금주의 기록의 정의에 따라 취득될 때 비용으로 간주된다.
자료: GFSM(2014). 표 4.2

기간까지 지불되지 않을 수 있는데, 이 경우 같은 기간의 지불은 정부운영보고서에는 포함되지만, 현금의 원천 및 사용보고서에는 포함되지 않을 수 있다. 이러한 보고 금액의 차이는 발생된 비용을 지불하기 위해 미래에 더 많은 유동성이 필요하다는 정책적 함의를 제공한다.

둘째, 현금으로 결제되었으나 미래에 수취될 수익거래이다. 수익은 구입자에게 납품하거나 서비스를 제공하여 소득을 올리기 이전에 현금으로 수취될 수 있다. 한편 조세 등 강제적인 수익은 발생하였으나, 미납되어 미래에 결제될 수도 있다. 이러한 차이는 미래의 서비스 인도에 대한 수요의 증가를 나타내거나, 세금징수 노력의 효율성 평가의 필요성을 나타낼 수 있다.

셋째, 미래 기간에 현금으로 결제될 자산과 부채의 거래이다. 무이표채권(zero−coupon) 또는 기타 할인차금상각액(amortization of discount)이 여기에 해당하는데, 이러한 거래는 유동성관리 차원에서 재정적 함의를 지닌다.

넷째, 본질적으로 현금이 아닌 거래가 있다. 고정자본소비, 추정된 거래, 물물교환, 기타현물거래, 채무면제, 그리고 채무면제와 제각(除却)은 비현금거래이므로 현금의 원천 및 사용보고서에 기록되지 않는다. 이 경우 두 보고서의 차이는 현금으로 측정되지 않는 경제 활동의 크기를 나타낸다.

(3) 거래외 경제유량보고서

거래외 경제유량보고서는 거래에 기인하지 않는 정부의 자산, 부채 그리고 순자산의 증감을 나타낸다. 일반적으로는 자산, 부채, 그리고 순자산의 가치 또는 규모의 변동 중 하나로 분류된다. 거래외 경제유량으로 인한 순자산의 증감은 보유이득과 손실로 인한 순자산의 증감과 자산규모의 기타변동으로 인한 순자산의 증감의 합으로 정의된다.

표 5-4 거래외 경제유량보고서

9	거래외 경제유량으로 인한 순자산 변동(4+5)
4	보유이득 및 손실로 인한 순자산 변동
41	비금융자산
411	고정자산
412	재고자산
413	기타 유가물
414	비생산자산
42	금융자산
43	부채
5	자산 및 부채 규모의 기타 변동으로 인한 순자산 변동
51	비금융자산
511	고정자산
512	재고자산
513	기타 유가물
514	비생산자산
52	금융자산
53	부채

자료: GFSM(2014). 표 4.3

보유이득 및 손실로 인한 순자산의 증감은 모든 자산과 부채의 양(+) 또는 음(−)의 변동인 보유이득과 보유손실의 합으로 정의된다. 이는 오로지 가격효과에 기인하는 자산, 부채, 순자산 가치의 모든 변동이다. 따라서 일반 물가수준 또는 상대가격의 변동을 초래하거나 환율의 변동으로 외화로 표시된 금융자산과 부채의 보유이득 및 손실을 초래한다.

자산과 부채 규모의 기타 변동으로 인한 순자산의 증감은 자산과 부채 규모의 양(+) 또는 음(−)의 변동인 기타 변동의 합으로 정의된다. 거래와 가격효과에 의한 변동 이외에도, 자산과 부채의 규모 변동은 다양한 이유로 발생할 수 있다. 이들은 경제적 자산으로서 기존자원의 생성 또는 소멸, 예외적이고 예기치 못한 외부사건의 영향, 그리고 분류의 변동에 기인한다.

(4) 대차대조표(재정상태표)

대차대조표(재정상태표)는 특정시점에 작성한 기관단위(또는 단위군)가 소유한 자산과 부담하는 부채의 저량 가치를 기초와 기말을 비교하여 제시한다. 대차대조표(재정상태표)의 주된 수지항목은 순자산이다. 기관단위의 순자산은 그 단위 자산의 총가치에서 부채의 총가치를 차감한 것이다. 순자산의 증감(수익과 비용의 거래로 인한 순자산의 증감과 거래외 경제유량으로 인한 순자산의 증감 포함)은 재정의 지속가능성을 평가할 수 있다.

ref 공기업의 경우, 지속가능성을 평가하기 위해 순자산 증감지표를 사용하는 것은 신중해야 한다. 왜냐하면 순자산 산정시 주주지분을 부채에 포함시키기 때문에 순자산의 해석이 직관적이지 않을 수 있다. 공기업의 지분과 주식의 시장가치가 자산에서 부채를 차감한 시장가치보다 증가하는 경우, 공기업의 순자산은 GFS(및 기타 거시경제통계)에서 감소한다. 따라서, 공기업 소유자본(주식, 기타 자기자본 및 순자산 가치 포함)은 순자산 지표만 사용하는 것보다 더 유용할 것이다.

일부 비금융자산의 시장가치를 사용할 수 없거나 신뢰할 수 없는 경우, 순금융자산(net financial worth, 금융자산의 총가치에서 부채의 총가치 차감)이 지속가능성을 평가하는 데 유용한 재정지표가 된다.

표 5-5 대차대조표(재정상태표)

		기초수지	기말수지
6	순자산 (61+62−63)		
61	비금융자산		
611	고정자산		
612	재고자산		
613	기타 유가물		
614	비생산자산		
62	금융자산		
621	국내		
622	해외		
63	부채		
631	국내		
632	해외		
부기항목			
	…		

자료: GFSM(2014). 표 4.4

(5) 순자산변동보고서

순자산변동보고서는 수익과 비용에 관한 정부운영보고서의 결과와 거래외 경제유량보고서를 결합시킨 것이다. 순자산변동보고서는 정부의 순자산 증감을 유발하는 요인에 대한 명확한 통계적 설명과 수익과 비용 그리고 거래외 경제유량의 거래와 관련하여 한 보고기간부터 다른 보고기간까지의 자산과 부채의 변동 원인을 설명한다. 이 보고서는 정부 순자산의 총변동을 제시하기 위한 표이다.

표 5-6 순자산변동보고서

순자산에 영향을 미치는 거래	
1	수익
2	비용
NOB/GOB	*순/총운영수지* (1−2)[1]
거래외 경제유량으로 인한 순자산 변동[2]	
91	비금융자산

41	보유이득
51	비금융자산 규모의 기타 변동
92	금융자산
42	보유이득
52	금융자산 규모의 기타 변동
93	부채
43	보유이득
53	부채 규모의 기타 변동
9	*총거래외 경제유량* (91+92+93)
CNW	순자산 총변동 (NOB+9)

1 순운영수지=수익-비용, 총운영수지=수익-(비용-고정자본소비)
2 필요에 따라 자산 및 부채 유형별로 분류
자료: GFSM(2014). 표 4.5

(6) 명시적 우발부채와 미래사회보장급여에 대한 암묵적 순의무 요약보고서

우발부채는 미래에 개별적인 특정사건이 일어나지 않는 한 발생하지 않는 의무이다. 이러한 우발상황은 재정위험을 만들고, 의도적인 공공정책이나 예기치 못한 사건으로 인해 발생할 수 있다. 우발부채의 저량은 대차대조표(재정상태표)의 부기항목에 기록된다. 아래 그림은 부채와 우발부채의 유형을 설명한 것으로 명시적 우발부채와 암묵적 우발부채에 관한 설명이다.

미래사회급여(고용 관련 퇴직급여)에 대한 암묵적 순의무는 부채로 기록되지 않는다. 사회보장보험료는 수익(순자산의 증가)으로 분류되고, 지급되어야 할 사회보장급여는 비용(순자산의 감소)으로 분류된다. 이는 고용관련연금제도* 이외의 사회보장제도가 정부의 계약상 부채를 초래하지 않기 때문에 즉 납부한 보험료와 결국 지불해야 할 급여 간에 직접적인 관계가 없다. 다만, 정부가 일방적으로 급여구조를 종종 변경한다(예 급여가 지불될 수 있는 조건 및 급여액 변화). 이러한 급여는 질병이나 실직 등 우발적인 사건이 발생하는 경우에만 지불할 수 있다. 그럼에도 불구하고, 정부는 사회보장 프로그램에서 발생하는 암묵적 우발부채에 대해 인지하는 것이 중요하며 이러한 순의무는 대차대조표(재정상태표) 부기항목에 자세하게 공개해야 한다. 사회보장제도와 관련된 암묵적 우발부채는 고용관련연금 부채에서 제외된다. GFS에서 정부 피용자 퇴직제도에 근거하여 발생된 의무는 정부단위의 피용자에 대한 계약상 부채를 포함시키는 것으로 간주한다. 그 결과, 보험료는 부채부담을 초래하는 것으로, 퇴직급여의 지급은 부채의 감소로 간주한다.

ref 고용관련연금제도란 정부가 직접고용한 정부피용자를 의미한다.

그림 5-3 부채와 우발부채 비교

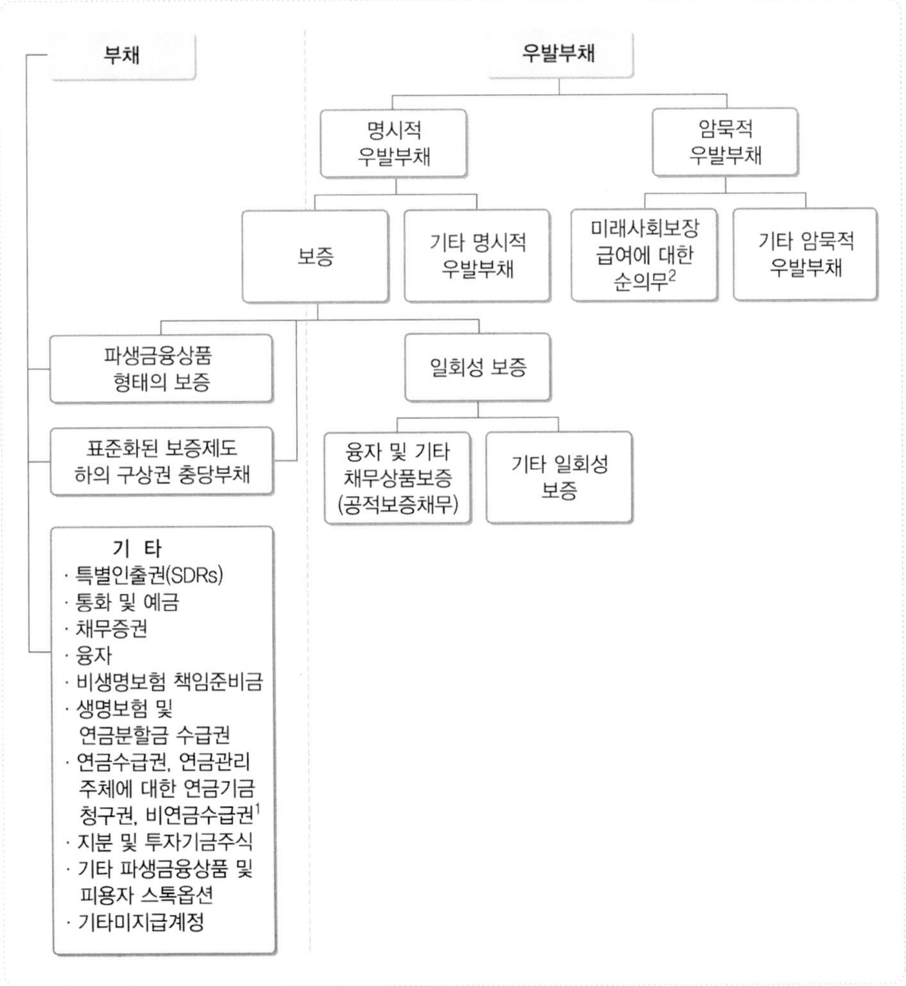

1 비자율적 부과식 고용자 연금제도에 대한 부채는 포함.
2 비자율적 부과식 고용자 연금제도에 대한 부채는 제외.
자료: GFSM(2014). 그림 7.2

표 5-7 명시적 우발부채와 미래사회보장급여에 대한 암묵적 순의무 요약보고서

6M6	총 명시적 우발부채
6M61	공적보증채무[1]
6M62	기타 일회성 보증[2]
6M63	기타 미분류 명시적 우발부채
	법적 청구권
	배상금
	미불입 주식자본
	…
6M7	미래사회보장급여에 대한 암묵적 순의무
	미래사회보장급여에 대한 암묵적 의무의 현재가치
	− 사회보장제도의 미래 기여금 현재가치

1 공적보증채무(융자와 기타 채무상품 보증 같은)의 세부사항은 명목가치상 만기 및 채무상품의 유형별로 제시하도록 권고된다.
2 예를 들면, 신용보증과 기타 유사한 우발부채(신용한도 및 차입약정 같은), '신용의 가용성' 보증 및 조건부 신용보증 등이 있다.
자료: GFSM(2014). 표 4.6

4. GFS 재정지표를 활용한 재정분석

GFS는 국가의 재정활동을 분석할 수 있도록 다양한 분석지표를 제공하고 있다. 즉, GFS 체계로부터 식별될 수 있거나 직접적으로 도출될 수 있는 지표와 GFS와 다른 거시경제 자료를 결합하여 도출된 재정지표로 구분된다. GFS 재정지표는 일반정부와 공공부문을 대상으로 생성될 수 있다. GFS 체계의 재정지표는 분석적 목적의 국가 간 비교가능성을 제고하고, 강건한 분석 결과를 규명하는 데 유의미하다. GFS체계에서 도출이 가능한 재정지표와 그 외 재정분석에 사용될 수 있는 중요한 기타 재정지표는 다음과 같다.

(1) GFS 체계에서 사용가능한 재정지표

지금까지 설명한 바와 같이 GFS 체계는 거래, 거래외 경제유량, 저량, 총액 또는 수지항목에서 재정지표를 생성한다. 예컨대, 정부운영보고서에서 순융자/순차입은 수입에서 지출(지출은 비용과 비금융자산의 순투자의 합으로 구성)을 차감하여 선의 위쪽(above−the−line, 위쪽 아래쪽 구분은 순융자/순차입을 기준으로 함)으로 산정되는 재정수지의 기본 지표이다. 이 재정수지는 보전거래로도 지칭되는 금융자산과 부채

거래 간의 차이로 선의 아래쪽(below－the－line)이다. 선의 위쪽은 재원과 지출의 구성요소에 대한 상세한 정보를 제공하는 반면, 선의 아래쪽은 정부가 어떻게 흑자액을 투자하는지 또는 적자액을 보전하는지에 대한 상세한 정보를 제공한다.

대차대조표(재정상태표)는 총채무와 순채무, 자산과 부채의 다양한 유형의 저량과 구성요소와 같은 재정 저량지표에 대한 자료를 제공한다. 특히, 현금의 저량 및 기타 금융상품의 만기 내역과 같은 추가적인 총액은 유동성 분석에 유용하다. 또한 총채무의 지속가능성 분석을 위해 기초재정수지가 활용될 수 있는데, 이는 순융자/순차입 또는 현금 흑자/적자의 산출에서 이자비용을 제외하여 산출한다. 순채무를 분석할 때, 기초재정수지는 이자비용과 이자수익의 영향을 제외하고 산출해야 한다. 유사하게, 재정부담(정부의 강제적 보험료 지표)은 조세 및 사회기여금과 관련된 거래로부터 도출될 수 있다.

아래 <표 5－8>은 GFS에서 직접 사용 또는 GFS로부터 도출될 수 있는 재정지표 목록이다.

표 5-8 GFS 체계로부터 이용가능한 재정지표

재정지표	통계방법론상 해당 용어	GFS 코드
	재정수지	
현금수지 (적자/흑자로 언급)	현금흑자(＋)/현금적자(－)(CSD)＝운영활동으로 인한 순현금유입－비금융자산 투자로 인한 순현금유출 현금흑자/현금적자＝보전거래로 인한 총현금흐름	C1－C2－C31, or C1－C2M, or NFB＋NCB
순운영수지(NOB)	수익－비용 순운영수지 ＝ 거래로 인한 순자산의 증감	1－2
총운영수지(GOB)	수익－비용＋고정자본소비	1－2＋23
순융자/순차입 (NLB)	수익－비용－비금융자산 순투자 수익－지출 순운영수지－비금융자산 순투자 총운영수지－비금융자산 총투자 순융자/순차입＝총자금(total financing)	1－2－31, or 1－2M, or NOB－31, or GOB－31.1＋31.2 32－33
기초현금수지 (Primary cash balance)	현금흑자/현금적자－이자비용 또는 순이자비용 총채무의 지속가능성 분석 목적으로 이자비용을 제외한 현금흑자/현금적자 사용 필요 순채무의 지속가능성 분석 목적으로 순이자비용을 제외한 현금흑자/현금적자 사용 필요	CSD＋C24 CSD＋C24－C1411
기초운영수지 (Primary	순운영수지－이자비용 또는 순이자비용 총채무의 지속가능성 분석 목적으로 이자비용을 제	NOB＋24

operating balance)	외한 순운영수지 사용 필요 순채무의 지속가능성 분석 목적으로 순이자비용을 제외한 순운영수지 사용 필요	NLB + 24 − 1411 NOB
기초수지 (Primary balance)	순융자/순차입 − 이자비용 또는 순이자비용 총채무의 지속가능성 분석 목적으로 이자비용을 제외한 순융자/순차입 사용 필요 순채무의 지속가능성 분석 목적으로 순이자비용을 제외한 순융자/순차입 사용 필요	NLB + 24 NLB + 24 − 1411
	기타 거시경제 재정지표	
선의 위쪽 거래 (Above-the-line transactions)	수익, 비용 및 비금융자산 순투자의 모든 거래 (현금흑자/현금적자나 순융자/순차입 같은 주요수지 항목이 '선(line)'에서 제공됨)	1, 2, and 31, or C1, C2, and 31
선의 아래쪽 거래 (Below-the-line transactions)	금융자산 순취득과 부채 순부담의 모든 거래(보전거래라고도 함) (현금흑자/현금적자나 순융자/순차입 같은 주요수지 항목이 '선(line)'에서 제공됨)	32 and 33, or NFB and NCB
재정부담	조세와 사회기여금 형태의 수익 (원칙적으로, 사회기여금만 포함되어야 하며, 자발적인 사회기여금이 상당한 경우 재정부담을 산출에서 제외할 필요가 있으며, 이 경우 재정부담 지표는 추가적인 데이터가 필요한 재정지표가 됨)	11 + 12, or 11 + 121 + 122
조세부담	조세 형태의 수익	11
직접세	납세자의 개별 상황을 고려한 세금(예 개인 및 법인 소득세)	111 + 1131 + 1132 + 1136
간접세	납세자의 개별 상황을 고려하지 않은 세금(예 재화 및 서비스에 부과되는 세금)	112 + 114 + 115 + 116
자본세	기관단위가 소유한 자산이나 순자산 가치에 대해 비정기적·간헐적으로 부과되거나, 또는 상속, 증여 또는 기타 이전의 결과로 기관단위 간에 이전된 자산 가치에 대해 부과되는 세금	1133 + 1135
정부최종 소비지출	피용자 보상의 근사치 + 재화와 서비스의 사용 + 고정자본소비 + 가계로의 직접이전을 위한 재화와 서비스 구매액(주로 현물 사회급여) − 재화와 서비스 매출액	21 + 22 + 23 + 282 − 142
총저축	총운영수지 − 미수 순자본이전(순자본출연금과 자본세를 포함한 자본이전) 또는 순융자/순차입 − 비금융자산의 총투자 - 미수 순자본이전(순자본출연금과 자본세를 포함한 자본이전)	GOB − (1133 + 1135 + 1312 + 1322 + 1332 + 1442 + 1452 − 2612 − 2622 − 2632 − 2822 − 2832), or NLB + 31 + 23 − (1133 + 1135 + 1312 + 1322 + 1332 + 1442 + 1452 − 2612 − 2622 − 2632 − 2822 − 2832)

자본지출	비금융자산 순투자=비금융자산 취득-비금융자산 처분-고정자산 소비	31.1-31.2-31.3
비금융자산총투자	비금융자산 순취득=비금융자산 취득-비금융자산 처분 비금융자산 순투자+고정자본소비	31.1-31.2 or 31+23
총자본형성	생산된 비금융자산 취득-처분 고정자산, 재고자산, 기타 유가물로 구성됨	311.1-311.2+312+313
총고정자본형성	고정자산 취득-처분	311.1-311.2
순이자비용	이자비용-이자수익	24-1411
사회적 지출	주거, 보건, 교육 및 사회보호에 대한 지출의 기능별 분류 근사치	706+707+709+710
총지출	비용+비금융자산 순투자 또는 지출	2+31, or 2M
출연금 제외 이전지출	보조금, 사회급여, 그 밖의 분류되지 않은 이전과 비생명보험 관련 보험료, 수수료, 청구권 및 표준화된 보증제도 등으로 구성되는 기업, 가계 및 가계 지원 비영리기관으로의 이전	25+27+282+283
	보전지표	
총보전거래	금융자산거래-부채거래	32-33, or 82-83
국내보전	금융자산거래-부채거래(거주 기관단위(국내 채무자/채권자) 간의 거래)	321-331, or 821-831
국외보전거래	금융자산거래-부채거래(비거주 기관단위(국외 채무자/채권자) 간의 거래)	322-332, or 822-832
국내은행보전거래	중앙은행 및 중앙은행 이외의 거주 예금수취기업과의 금융자산과 부채의 거래	8212+8213-8312-8313
국내비은행보전거래	중앙은행 이외의 거주 기관단위 및 중앙은행 이외의 거주 예금수취기업에 의한 금융자산과 부채의 거래 또는 일반정부단위, 여타 거주 금융기업, 비금융기업 및 가계와 가계 지원 비영리기관과의 금융자산과 부채의 거래	(821-8212-8213)-(831-8312-8313), or 8211+8214+8215+8216-8311-8314-8315-8316
	순자산 및 채무지표	
미지급계정	기타미지급계정의 저량으로 무역신용과 선금 및 지불기한이 도래한 다양한 여타 항목	6318
연체	지불되지 않고 지불기한 일자를 지난 금액의 저량	6M5
우발부채	미래에 특정 개별 사건이 일어나지 않았다면 발생하지 않는 의무	6M6
계약 연금 및 보험 부채	보험, 연금, 표준화보증제도 부채 및 사회보장급여를 위한 순의무의 저량	6306+6M7
총채무	미래의 어떤 날짜에 채무자가 채권자에게 이자 및 원금의 지불을 필요로 하는 금융청구권의 저량. 채무	63-6305-6307, or 6301+6302+6303+6304+63

	상품으로 보유된 모든 부채(즉, 주식, 투자펀드주식, 파생상품, 직원 스톡옵션 등을 제외한 총부채) 포함	06+6308
순채무	총채무－채무상품에 대응되는 금융자산의 저량. 채무상품으로 보유된 모든 금융자산/부채(즉, 주식, 투자펀드주식, 파생상품, 직원 스톡옵션 등을 제외한 금융자산/부채) 포함	(63－6305－6307)－(62－6205－6207), or 6301+6302+6303+6304+6306+6308－6201－6202－6203－6204－6306－6308
총채무, 순유동자산(net of highly liquid assets)	총채무－유동성이 가장 높은 금융상품으로 보유된 금융자산. 대부분의 국가에서 유동자산은 주로 현금 및 예금으로 구성될 것임(여타 금융자산이 부분적으로 높은 유동금융자산으로 간주되는 경우, 이 지표는 추가적인 데이터를 필요로 하는 재정지표가 됨)	63－6305－6307－ 6201, or 6301+6302+6303+6304+6306+6308－6201
순금융자산(net financial wealth)	순금융자산=금융자산의 저량－부채의 저량	62－63, or 6M1
순자산	해당기간 기말시점의 자산의 저량 - 부채의 저량	61+62－63, or 6
순자산의 총변동	현재 보고기간 기말시점의 순자산－전기 기말시점의 순자산(순운영수지 같은 거래로 인한 순자산의 변동과 거래외 경제유량으로 인한 순자산의 변동을 분리하는 것이 분석적으로도 유용함)	$6_{t1}-6_{t0}$, or $(61+62-63)_{t1}-(61+62-63)_{t0}$, or NOB+9

자료: GFSM(2014). 표 4A.1

(2) 추가적인 데이터를 필요로 하는 재정지표

일부 재정지표는 추가적인 데이터를 필요로 한다. 종합재정수지는 자산과 부채의 거래가 공공정책 목적('정책금융'으로도 불림)으로 간주되는 거래에 대한 조정 후 순융자/순차입을 반영한다. 주목할 만한 점은, 민영화의 모든 매각수익금(고정자산의 판매수익금 포함)은 금융항목으로 포함되는 반면, 정책금융은 금융자산의 거래보다는 비용인 것처럼 취급된다. 예를 들어, 종합재정수지를 산출할 때 민영화 매각수익금이나 정책금융의 상환금은 재원조달로 취급되는 반면, 자본 유입이나 공기업에 대한 융자(정책금융)는 비용으로 취급된다. 따라서 종합재정수지 산출시에는 공공정책 목적을 위해 수행되는 금융자산/부채의 거래와 유동성 관리를 위해 수행되는 금융자산/부채의 거래를 구분할 필요가 있다.

또한 경기조정수지(CAB)와 구조적 수지는 다양한 데이터세트에서 정보를 수집해야 하는 재정지표이다. 이러한 재정수지는 외생적 요인의 영향을 고려하여 주기적이고 여타 일시적 영향을 제외한 재정상태의 측정에 사용된다. 경기조정수지(CAB)는 경제가 마치 잠재 국내총생산(GDP) 수준에서 운용된다고 가정할 때 정부

재정상태를 측정하는 것이다. 이러한 수지는 실제와 잠재 GDP 간의 차이가 수익과 비용에 미치는 영향에 대해 GFS의 순융자/순차입(또는 GFS 체계의 여타 재정수지) 개념을 조정하여 산출될 수 있다. 원자재 가격 같은 보다 광범위한 요인을 조정한 구조적 수지는 경기조정수지(CAB)를 확장한 것으로, 재정성과를 과대 또는 과소평가할 수도 있다.

특히, 자원부국에서 분석가들은 종종 재정성과를 평가할 때 원자재 가격(재정수지에 영향을 미치나, 정부의 직접적인 지배를 받지 않는)의 변동성을 고려한다. 비자원수지(nonresource balances)를 산출하기 위해서는 순융자/순차입(또는 기타 재정수지)에서 순자원 관련 수익과 지출 차감을 필요로 한다. 이러한 자원 관련 항목은 GFS의 핵심적 분류에는 없으나, GFS 원천자료에서 제공될 수 있다.

다음 <표 5-9>는 GFS 및 추가적인 데이터를 필요로 하는 재정지표이다.

표 5-9 추가적인 데이터를 필요로 하는 재정지표

재정지표	통계방법론상 관련 용어
자원수익	천연자원과 관련하여 받을 수 있는 수익. 이러한 수익은 조세, 보조, 배당, 계약, 리스 및 면허, 임대 또는 기타 이전 등의 다양한 형태와 관련될 수 있음
자원비용	천연자원과 관련하여 지불해야 하는 비용. 이러한 비용은 보조, 재산비용 및 이전 등의 다양한 형태와 관련될 수 있음
비자원 운영수지 (Nonresource operating balance)	(총수익 – 천연자원 관련 수익) – (총비용 – 천연자원 관련 비용)
비자원 기초운영수지 (Nonresource primary operating balance)	비자원 운영수지 – 이자비용(총채무의 지속가능성 분석 목적) 또는 비자원 운영수지 – 순이자비용(순채무의 지속가능성 분석 목적)
비자원 순융자/순차입	비자원 운영수지 – 비금융자산 관련 비자원의 순투자
비자원 기초순융자/순차입	비자원 순융자/순차입 – 이자비용(총채무의 지속가능성 분석 목적) 또는 비자원 순융자/순차입 – 순이자비용(순채무의 지속가능성 분석 목적)
종합재정수지	공공정책목적(정책융자/차입으로도 불림)으로 간주되는 자산과 부채 거래의 재배열을 통해 조정된 순융자/순차입. 정책융자는 비용에 추가된다. 비금융자산 매출 및 정책융자 상환으로부터의 민영화 매각수입은 종합재정수지 산출하는 데 금융항목의 거래로 포함됨
종합기초수지	종합재정수지 – 이자비용(총채무의 지속가능성 분석 목적) 종합재정수지 – 순이자비용(순채무의 지속가능성 분석 목적)

경기조정수지	경제적 주기를 통한 추세 수지이며, 수입과 지출(정부의 경우 통상적으로 미지급 실업급여만 제거됨)의 주기적 움직임의 영향을 제거한 재정수지임
경기조정기초수지	경제적 주기를 통한 추세 수지이며, 수입과 지출(정부의 경우 통상적으로 실업급여만 해당됨)의 주기적 움직임의 영향을 제거한 기초재정수지임
구조적 수지	기본적이거나 영구적인 재정수지이며, 수입, 지출의 주기적 움직임의 영향 및 비정상적이거나 일회성 사건의 효과를 제거한 재정수지임
구조적 기초수지	기본적이거나 영구적인 기초재정수지이며, 수입, 지출의 주기적 움직임의 영향 및 비정상적이거나 일회성 사건의 효과를 제거한 이후의 기초재정수지임
재정 충격	두 보고 기간 사이에 구조적인 기초수지의 변동(종종 (종합)구조적 수지나 또는 주기적으로 조정된 (기초)수지를 사용하여 산출되기도 함)
총금융수요	특정 보고기간 순융자/순차입+그 보고기간 내에 만기인 채무(이러한 개념은 선행하는 지표이며, 총금융과 혼동되어서는 안 됨)
양허성 융자	일부 양허성 혜택을 대출받는 사람에게 제공하는 융자. 융자 시작시점에서 일회성 혜택의 측정은 채무의 명목가치와 적절한 시장할인율을 사용한 현재가치 사이의 차이와 동일하게 산출됨
개발지출	국가발전에 대한 정부지출을 표현하고, 비금융자산 취득 거래를 포함하며, 통상적으로 인프라와 관련됨. 개발지출은 종종 특수하게 지정된 자원으로부터 재원을 조달받음(즉, 해외융자, 해외출연, 민영화 매각수입, 일회성 조세부과 등)
준재정운영	준재정운영은 정부단위 이외의 기관단위가 수행한 정부운영(즉, 중앙은행 및 여타 공기업). 준재정운영은 정부운영처럼 경제에 영향을 주는 동일한 재정목적을 가지고 있는 광범위한 활동을 포함함

자료: GFSM(2014). 표 4A.2

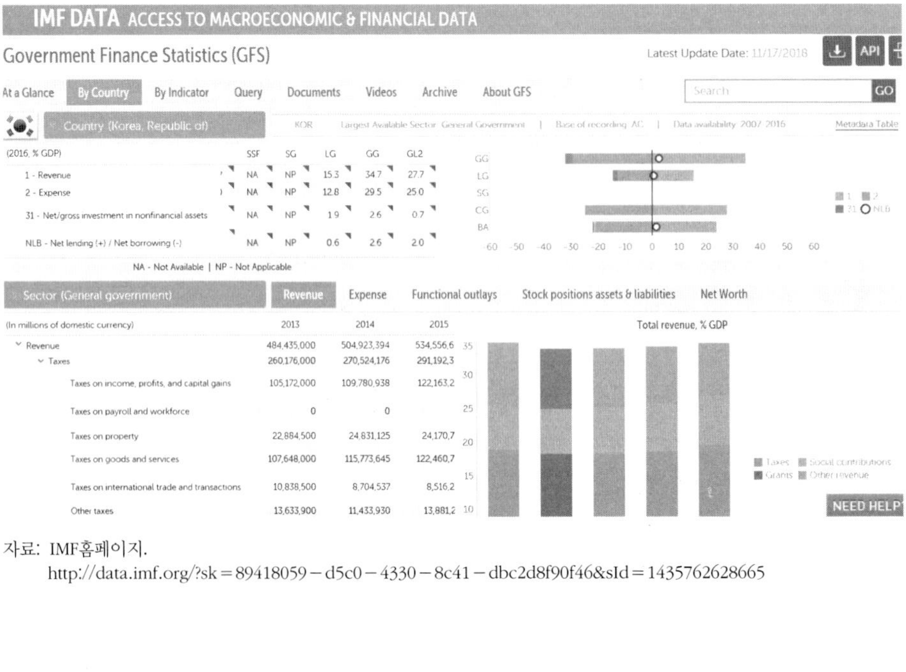

자료: IMF홈페이지.
http://data.imf.org/?sk=89418059-d5c0-4330-8c41-dbc2d8f90f46&sId=1435762628665

제3절 PSDS(Public Sector Debt Statistics)

2007년 세계금융위기로 인해 개별국가의 대규모 재정적자 및 채무비율 상승은 국내적으로 재정문제를 야기했을 뿐만 아니라, 대외적으로도 건전성을 저해할 가능성이 커지게 되었다. 당시 일반정부는 물론 공공부문까지 포괄범위를 확장하여 채무에 관한 신뢰성 있고 시의적절한 통계가 필요하다는 주장이 설득력을 갖기 시작했다. 이에 더해 일반정부 및 공공부문 채무통계의 국제적 비교 가능성에 대한 개선 요구가 한층 거세졌다. 왜냐하면 부채는 향후 지급 의무를 전제로 하기 때문에 지불상환능력 및 유동성 문제가 발생할 경우 정부와 공기업뿐 아니라 국가 경제 전체를 위험에 빠뜨릴 가능성이 크기 때문이다. 이러한 취약성은 한 국가의 경제에만 영향을 주는 것이 아니라 주변 국가뿐만 아니라 보다 더욱 광범위한 분야에 걸쳐 경제적 비용이 발생할 수 있다. 이러한 요구를 수렴하여 국제기구에서 개발된 부채통계기준이 바로 PSDS이다.

공공부문 부채통계는 요약표 2개, 세부표 5개, 부기항목표 6개로 구성되어 있다.

1. 요약표

요약표는 총채무의 명목 및 시장가치와 총채무 및 순채무의 명목 및 시장가치로 구성되어 있다. 요약표는 명시된 대상 기관단위의 연결 총채무를 명목가치 및 시장가치로 나타내며, 상품 유형별 총채무의 총계를 나타낸다. 상품의 유형은 만기, 표시 통화, 이자율 유형, 채권자의 거주지 등 네 가지로 구분된다.

표 5-10 총채무 요약

	채무증권의 명목가치	채무증권의 시장가치
총채무 총계		
채무상품 유형별 총채무		
특별인출권		
현금 및 예금		
채무증권		
융자		
보험, 연금, 표준화 보증상품		
기타 미지급 계정		
원 만기별 총채무		
단기 원 만기		
장기 원 만기		
잔존 만기별 총채무		
단기 잔존 만기		
단기 잔존 만기		
표시 통화별 총채무		
자국 통화 표시		
외화 표시		
이자율 유형별 총채무		
고정이자율		
변동이자율		
채권자의 거주지별 총채무		
국내 채권자		
국외 채권자		
부기 항목		
정부보증 채무		
연체		

자료: PSDS(2013). 표 5.1

총채무 및 순채무 요약표는 명시된 대상 기관단위의 연결 총채무 및 순채무 잔액을 명목가치 및 시장가치로 나타낸 것이다. 공공부문 단위의 순채무는 특히 GDP 대비 총채무의 비율이 높거나 미래 부채 상환을 위해 금융자산의 상당 부분(암묵적 또는 명시적)을 차지하고 있다면 재정분석과 금융시장분석 측면에서 중요하다. 실제로 공공부문 단위는 위험관리목적으로 채무와 화폐용 금 및 해당 채무상품에 상응하는 금융자산을 통합방식으로 운용하기도 한다.

표 5-11 총채무 및 순채무 요약

	채무증권의 명목가치			채무증권의 시장가치		
	총채무 (채무상품형태의 부채) (a)	채무상품에 대응되는 금융 자산 (b)	순채무 (c)=(a) - (b)	총채무 (채무상품형태의 부채) (a)	채무상품에 대응되는 금융 자산 (b)	순채무(c) =(a) - (b)
총계						
채무상품 유형별						
화폐용 금						
특별인출권						
현금 및 예금						
채무증권						
융자						
보험, 연금, 표준화 보증상품						
기타미지급/미수계정						
원 만기별						
단기 원 만기						
장기 원 만기						
잔존 만기별						
단기 잔존 만기						
단기 잔존 만기						
표시 통화별						
자국 통화 표시						
외화 표시						
이자율 유형별						
고정이자율						
변동이자율						
채권자의 거주지별						
국내 채권자						
국외 채권자						

주: 화폐용 금은 금융자산으로서만 존재함.
자료: PSDS(2013). 표 5.2

2. 세부표

(1) 만기 및 채무상품 유형별 총채무

만기별 통합 총채무는 기관단위 연결 총채무의 명목가치 및 시장가치를 만기 및 채무상품 유형별로 더 자세한 정보를 나타낸다. PSDS는 원 만기와 잔존 만기를 구분하여 편제할 것을 권고한다. 잔존 만기 기준 통계는 분석적으로 매우 중요하다. 공공부문의 채무 상환일이 언제 도래하는지를 파악함으로써 유동성 위기를 평가할 수 있기 때문이다. 도래가 임박한 상환일 관련 정보는 분석적으로 유용하고, 채무관리목적으로 활용된다. 원 만기 기준 통계는 차입자의 신용등급과 차입 시장 유형에 대한 정보를 제공한다. 잔존 만기 기준 단기 채무는 원 만기 기준 단기 채무와 원 만기 기준 1년 이하의 장기 채무를 더한 것과 같고, 원 만기 기준 장기 채무는 원 만기 기준 1년 이하의 장기 채무와 원 만기 기준 1년 초과의 장기 채무를 더한 것과 같으며, 그 밖의 원 만기 또는 잔존 만기 총계는 다음 표에서 직접 도출할 수 있다.

표 5-12 만기 및 채무상품 유형별 총채무

	채무증권의 명목가치	채무증권의 시장가치
총채무 총계		
채무상품유형별		
특별인출권		
현금 및 예금		
채무증권		
융자		
보험, 연금, 표준화 보증상품		
기타 미지급 계정		
단기, 원 만기별		
현금 및 예금		
채무증권		
융자		
보험, 연금, 표준화 보증상품		
기타 미지급/미수 계정		
장기, 원 만기별		
만기 1년 이하		
특별인출권		
현금 및 예금		
채무증권		
융자		
보험, 연금, 표준화 보증상품		
기타 미지급 계정		
만기 1년 초과		
특별인출권		
현금 및 예금		
채무증권		
융자		
보험, 연금, 표준화 보증상품		
기타 미지급 계정		

자료: PSDS(2013). 표 5.3

(2) 표시통화 및 만기별 총채무

표시통화별 통합 총채무는 기관단위의 연결 총채무를 명목가치 및 시장가치로 구분하여 표시통화 및 만기별로 나타낸다. 표시통화는 당사자 간 계약에 따라 채무 잔액과 관련 유량의 가치가 고정되는 통화에 의해 결정된다. 표시통화는 채무 관련 거래 가치와 재평가된 가치의 차이를 파악할 수 있는데, 이를 기반으로 해당 채무 잔액에 대한 환율 변동 효과를 세부적으로 분석할 수 있다. 채무상품은 자국통화와 외국통화로 구분하고, 만기별로 구분한다. 경우에 따라 주요 통화별로 외국통화 표시를 세분화하는 것도 유용할 수 있다.

표 5-13 표시 통화 및 만기별 총채무

	채무증권의 명목가치	채무증권의 시장가치
총채무 총계		
자국 통화 표시		
단기 원 만기별		
장기 원 만기별		
만기 1년 이하		
만기 1년 초과		
외화 표시		
단기 원 만기별		
장기 원 만기별		
만기 1년 이하		
만기 1년 초과		

자료: PSDS(2013). 표 5.4

(3) 이자율 유형 및 표시 통화별 총채무

이자율 유형별 연결 총채무는 기관단위의 연결 총채무에 대한 명목가치 및 시장가치를 이자율 유형 및 표시 통화별로 나타낸다. 변동이자율 상품은 시장 여건 변화에 따라 수입 유량이 변동될 수 있으며, 고정이자율 증권의 경우 시장가격이 변화할 수 있음을 감안할 때 이러한 분류는 분석적으로 유용할 수 있다. 특히, 고정이자율과 변동이자율 상품으로 구분되어 있는데, 변동이자율 채무상품은 이자율이 LIBOR[런던 은행간 이자율], 가격지수, 특정 상품가격, 특정 금융상품가격 등 시장 여건에 따라 시간에 걸쳐 지속적으로 변화하는 기준지수와 연계된 상품이다.

그 밖의 모든 채무상품은 고정이자율 상품으로 분류되어야 한다. 일반적으로 지수연동상품, 보험, 연금, 표준화 보증상품은 통상적으로 변동이자율 상품으로 분류된다.

표 5-14 이자율 유형 및 표시 통화별 총채무

	채무증권의 명목가치	채무증권의 시장가치
총채무 총계		
고정이자율 상품		
자국통화표시		
외화표시		
변동이자율 상품		
자국통화표시		
외화표시		

자료: PSDS(2013). 표 5.5

(4) 채권자의 거주지별 총채무

채권자의 거주지별 총채무는 채권자의 거주지별 연결 총채무를 나타낸다. 채권자 거주지를 기준으로 기관단위의 연결 총채무를 명목가치 및 시장가치별로 구분할 경우, 채무상품 유형, 채권자(기관)의 유형(부문), 표시통화로 세분화된다.

표 5-15 채권자 거주지 및 채무상품 유형별 총부채

	채무증권의 명목가치	채무증권의 시장가치
총채무 총계		
국내 채권자		
현금 및 예금		
채무증권		
융자		
보험, 연금, 표준화 보증상품		
기타 미지급 계정		
국외 채권자		
현금 및 예금		
채무증권		
융자		
보험, 연금, 표준화 보증상품		
기타 미지급 계정		

자료: PSDS(2013). 표 5.6a

표 5-16 채권자의 거주지 및 부문별 총채무

	채무증권의 명목가치	채무증권의 시장가치
총채무 총계		
국내 채권자		
일반정부[1]		
중앙은행[1]		
중앙은행 외 예금수취 기관[1]		
기타 금융기관[1]		
비금융기업[1]		
가계 및 가계지원 비영리기관		
국외 채권자		
일반정부		
중앙은행		
국제기구		
그 밖의 금융기업		
기타 비거주자		

자료: PSDS(2013). 표 5.6b

표 5-17 채권자의 거주지 및 표시 통화별 총채무

	채무증권의 명목가치	채무증권의 시장가치
총채무 총계		
국내 채권자		
자국통화표시		
외화표시		
국외 채권자		
자국통화표시		
외화표시		

자료: PSDS(2013). 표 5.6c

채무상환 일정은 공공부문 단위의 유동성 위험평가와 부채 상환연장 관련 위험평가가 가능하다. 공공부문 부채 관리자들에게 공공부문 및 공적 보증채무의 원리금 상환 일정 점검은 중요한 관리전략이다. 또한 이 정보도 시장 참여자들은 공공부문 신규 채권 발행여부를 예측할 수 있다. 미상환 총채무 원리금 상환 일정을 특정 시점을 기준으로 채무상품 유형별, 표시 통화별로 분류할 수 있으며, 필요시, 이자율 유형, 채권자 거주지 등 분류를 추가할 수 있다.

특정 기준시점의 연결 미상환 총채무에 대한 미래의 예상 이자 및 원금 상환액

(즉, 현재가치로 할인되지 않은 예상 금액)에 미래 공공부문 부채의 예상 상환액은 포함되지 않는다. 예상액은 국가간 비교가 가능하도록 (미래가 아닌) 기준 시점의 이자율, 환율, 대표 가격(연동 상품의 경우)을 기반으로 산정된다. 단, 미래의 이자율, 환율, 가격을 예상할 수 있고 해당 국가의 상황에 적절하다고 판단되면 해당 자료는 특정 분석에 사용할 수 있다.

표 5-18 미상환 총채무의 원리금 상환 일정

	1년 이하 (월)					1년 초과~2년(월)		2년 초과 ~5년	5년 초과
	즉시[1] 상환	0~3	3~6	6~9	9~12	12~18	18~24		
상품 유형별									
특별인출권									
현금 및 예금									
채무증권	–	–	–	–	–	–	–	–	
융자									
보험, 연금, 표준화 보증상품									
기타 미지급 계정									
표시 통화별									
자국통화표시									
원금[2]									
이자[3]									
외화 통화표시									
원금[2]									
이자[3]									
부기 항목									
옵션 채무증권[4]									
보증공적채무[5]									
원금[2]									
이자[3]									
공적보증사적채무									
원금[2]									
이자[3]									

1 요구 즉시 상환 또는 만기가 임박한 채무이며 연체, 연체이자, 일부 예금이 포함된다.
2 당초 원금을 지칭한다.
3 연체이자, 연체원금 및 이자에 대한 이자로 구성된다.
4 특정 시점 또는 그 이후 채무자에게 채무를 되팔 수 있는 옵션이 내재된 증권만 포함한다.
5 총부채통계가 공공부문 전체를 대상으로 할 경우, 공공부문의 보증채무는 0이다. 이는 보증채무가 이미 채무에 포함되어 있기 때문이다. 총부채통계가 공공부문 일부만을 대상으로 할 경우, 공공부문의 보증채무에는 보증인이 자신의 총부채통계에는 반영되지 않으나 공공부문 단위에 보증을 제공한 채무 금액이 반영된다.
자료: PSDS(2013). 표 5.7

3. 부기항목표

부기항목표는 만기 및 상품 유형별 정부(공적)보증채무의 명목가치, 연체 및 채무상품 유형별 연체금, 채권자의 거주지 및 기관 유형별 채무증권의 시장가치 및 명목가치 조정액, 파생금융상품의 시장가치 및 명목가치, 총 명시적 우발부채 및 미래사회보장급여에 대한 순의무, 원 만기 및 상품 유형별 평균 이자율 등으로 구성된다. 만기 및 상품유형별 정부보증채무는 명목가치를 만기 및 상품 유형별로 세분화하고, 정부보증채무의 기초와 기말 시점의 저량 차이를 세부적으로 나타낸다. 연체 및 채무상품 유형별 연체금은 연체 원금, 연체 이자, 연체 원리금에 대한 이자 등으로 구분하고 있다. 채무증권의 시장가치 및 명목가치 조정액은 채무증권의 명목가치 및 시장가치 조정 체계를 거주자 및 채권자 기관 부문별로 보여준다. 비채무성 부채, 명시적 우발부채, 미래 사회보장급여에 대한 순의무는 거시경제통계에서 부채가 아니지만 유의미하고(하거나) 관련성이 있는 것으로 간주될 경우 이러한 항목들에 대한 표로 공공부문 부채통계표를 보충할 수도 있다. 파생금융상품 포지션은 채무가 아닌 부채로 인식된다. 하지만 포지션 보유뿐 아니라 재정상태 헤지를 위해 사용되기 때문에 이러한 계약은 공공부문 단위의 부채에 포함되며 부적절하게 사용될 경우 상당한 손실을 초래할 수 있다. 공공부문부채와 파생금융상품 관련 수치를 비교할 때 파생금융상품이 자산이나 부채 현황 또는 자산 및 부채 포트폴리오 전체에 대한 헤지 수단일 가능성을 염두에 두어야 한다. 명시적 우발부채의 가치에 대한 정보를 기록할 것을 권고한다. 거시경제통계체제에서 퇴직금, 건강보험 등 미래에 지급될 사회보장급여는 부채가 아니지만 이러한 의무는 암묵적 우발부채로 인식된다. 사회보장제도와 관련한 모든 기여금은 수익(이전), 모든 지급액은 지출(이전)로 처리된다. 사회보장급여의 현재가치는 고용주 퇴직금 관련 부채와 유사한 방식으로 산정된다. 이 금액에서 사회보장제도 기여금의 현재가치를 뺄 경우, 정부의 미래사회보장급여에 대한 순의무를 알 수 있다. 이에 추가하여 공공부문 부채에 대한 추가 정보는 총채권 발행에 대한 역사적 자료, 발행시장 및 유통시장 수익률 정보, 특정 유형 채무상품의 신용등급 등 기타 정보에 대한 표를 작성해 위의 표들을 보완할 수 있는데, 이 표는 자료의 확보 가능성 및 분석적 필요성을 고려해야 한다.

4. 정부재정통계와 공공부문 부채통계의 연결

(1) 연 결

연결이란 일련의 기관단위(또는 실체)를 마치 하나의 단위인 것처럼 취급하여 재정통계를 표시하는 것이다. 기관단위(또는 단위군)에 대한 연결계정은 분석체계 내 모든 유량과 저량을 먼저 집계하고, 원칙적으로 연결되는 단위나 실체 간 관계를 나타내는 모든 유량과 저량을 제거하는 것이다. 연결은 두 가지 유형이며, 부문 내 또는 부문 간 연결이 있다.

부문 내 연결은 특정 하위부문에 대한 연결통계를 산출하기 위한 특정 하위부문 내 연결(예 중앙정부 하위부문 내 또는 비금융 공기업 하위부문 내)이고, 부문 간 연결은 특정 공공부문 단위 집단에 대한 연결통계를 산출하기 위한 공공부문의 하위부문 간 연결(예 중앙정부, 주정부 및 지방정부 간의 연결 또는 일반정부와 비금융 공기업 간 연결)이다.

표 5-19 부문 내 / 부문 간 연결

공공부문 단위	부문 내 연결	부문 간 연결
일반정부 부문		×
중앙정부	×	
예산상 중앙정부	×	
예산외 중앙정부	×	
사회보장기금	×	
주정부	×	
지방정부	×	
공기업		
비금융공기업	×	
비금융공공부문		×
금융공기업	×	
공공부문		×

자료: PSDS(2013). 표 8.1

연결통계의 주된 이유는 분석적 유용성인데, 왜곡효과를 제거할 수 있다. 예를 들어 한국의 경제(예 수익, 비용 또는 GDP 대비 채무비율)와 정부총계를 연관시키기 위해 기금의 내부 과당매매를 제거할 수 있다. 또한 거주자와 비거주자 간 발생하는 경계를 넘어 영역 간 유량과 저량을 파악할 수 있다.

연결은 채무통계의 수지항목인 순채무를 포함한 GFSM 수지항목에 아무런 영향을 미치지 않는다. 그 예는 일반정부 부문과 공기업의 재정운영표, 재정상태표 및 채무통계이다. 이들 두 부문에 대한 통계는 합산한 다음 연결과정을 거쳐 공공부문 연결이 산출된다. 이 예는 일반정부가 공기업에 제공한 융자 400이라는 부문 내 거래와 저량만이 존재하는 것으로 가정한다. '공공부문 총계'와 '공공부문 연결'의 수지항목은 같지만, 금융자산과 부채(및 채무)의 거래와 저량은 총계에서보다 연결이 더 적을 수 있다.

재정운영표(해당 회계기간)

	일반정부	공기업	공공부문 총계	연결	공공부문 연결
	[1]	[2]	[3]=[1]+[2]	[4]	[5]=[3]+[4]
수익	1,200	500	1,700	0	1,700
비용	1,500	400	1,900	0	1,900
순운영수지	−300	100	−200	0	−200
비금융자산의 순투자*	250	350	600	0	600
순융자(+)/순차입(−)	−550	−250	−800	0	−800
금융자산의 순투자*	450	600	1,050	−400	650
하위: 공기업에 대한 융자	400	0	400	−400	0
부채의 순부담	1,000	850	1,850	−400	1,450
하위: 정부로부터 받은 융자	0	400	400	−400	0

재정상태표(회계기간말)

	일반정부	공기업	공공부문 총계	연결	공공부문 연결
	[1]	[2]	[3]=[1]+[2]	[4]	[5]=[3]+[4]
순자산	6,500	5,800	12,300	0	12,300
비금융자산	10,300	5,000	15,300	0	15,300
순금융자산	−3,800	800	−3,000	0	−3,000
금융자산	6,800	4,700	13,300	−400	12,900
하위: 공기업에 대한 융자	400	0	400	−400	0
부채	12,400	3,900	16,300	−400	15,900
하위: 정부로부터 받은 융자	0	400	400	−400	0

채무통계(회계기간말)

	일반정부	공기업	공공부문 총계	연결	공공부문 연결
	[1]	[2]	[3]=[1]+[2]	[4]	[5]=[3]+[4]
순채무	4,300	−400	3,900	0	3,900
채무상품에 대응되는 금융자산	7,300	3,300	10,600	−400	10,200
하위: 공기업에 대한 융자	400	0	400	−400	0
채무상품 형태의 부채(총채무)	11,600	2,900	14,500	−400	14,100
하위: 정부로부터 받은 융자	0	400	400	−400	0

자료: PSDS(2013). Box. 8.1
* GFSM 2014 개정에 맞춰 '순투자'로 명명(원래 순취득)

(2) 연결 공공부문 부채통계

개념적으로, 연결은 부채통계 연결 대상이 되는 기관단위 또는 실체들 간 발생하는 모든 유량과 채권자−채무자 관계를 제거해야 한다. 적절한 연결을 하기 위해서는 내부 저량(및 유량)을 인식할 수 있도록 계정에 대한 검토가 요구된다. 이는 완벽한 연결이라기보다는 최종 총계에 유의미한 영향을 미치는 저량(및 유량)을 일관성 있게 제거하는 데 목적이 있다. 지극히 미미한 저량 또는 유량과 그 규모를 파악하는 데 자원을 소모해서는 안 된다. 채무상품은 특별인출권, 채무증권, 융자, 보험, 연금 및 표준화 보증상품, 기타미지급계정으로 구성된다.

원칙적으로 특별인출권(SDRs)은 공공부문 부채통계를 편제할 때 그 어떤 연결에도 포함되지 않는 유일한 채무상품이다. 이는 SDR 채무에 대한 상대방(채권자)은 국외이기 때문이다(총칭, IMF의 SDR 계정 참가국). 또한 중요도 순서로 나열된 다음 항목의 거래, 거래외 경제유량 및 저량은 공공부문 일부 또는 전체를 포괄하는 부채통계에서 제거되어야 한다(융자, 채무증권, 기타 미지급계정). 이에 추가하여 금융공기업의 거래, 거래외 경제유량 및 저량을 포함한 부채통계는 부문 내/부문 간 연결 모두에서 제거되는 것이 원칙(현금 및 예금, 보험, 연금 및 표준화 보증상품)이며, 감채기금 또한 제거되어야 한다.

표 5-20 연결 공공부문 부채통계 예시

	공공부문														
	비금융 공공부문												금융공기업	통합 4	통합공공부문
	일반정부부문									비금융공기업	통합 3	통합비금융공공부문			
	중앙정부 하위부문				통합중앙정부하위부문	주정부	지방정부	통합 2	통합일반정부부문						
	중앙정부의 예산기관	중앙정부의 예산외기관	사회보장기금	통합 1											
	1	2	3	4	5=1+2+3+4	6	7	8	9=5+6+7+8	10	11	12=9+10+11	13	14	15=12+13+14
순채무															
채무상품 대응 금융자산															
화폐용 금															
특별인출권															
현금 및 예금															
채무증권															
융자															
보험, 연금 및 표준화 보증상품															
기타미수금															
채무상품형태 부채(총채무)															
특별인출권															
현금 및 예금															
채무증권															
융자															
보험, 연금 및 표준화 보증상품															
기타미수금															

자료: PSDS(2013), 표 8.2

표 5-21 PSDS 기준 부채통계 기준(D1, D2, D3, D4)

유 형	포 괄 범 위
통합중앙정부부문 D1	중앙정부의 예산기관+중앙정부의 예산외 기관+사회보장기금
통합일반정부부문 D2	D1+주정부+지방정부
통합비금융공공부문 D3	D2+비금융공기업
통합공공부문 D4	D3+금융공기업

자료: 정성호(2015). 건전한 한국재정을 위한 담론.

5. 우리나라 공공부문 부채통계(D1, D2, D3)

(1) 산출과정

우리나라의 공공부문 부채통계체계는 국가채무(D1), 일반정부 부채(D2), 공공부문 부채(D3) 등 세 가지 유형을 활용하고 있다. 국제기준의 금융공기업 부채는 제외하고 있다. 다만 KBS와 EBS 등은 비금융공기업으로 분류할 필요성이 있을 것으로 판단된다.

국가채무(D1)는 현금주의 기준을 활용하여 규모를 산출하고 있으며, 국가재정운용계획에 활용된다. 일반정부 부채(D2)와 공공부문 부채(D3)는 발생주의 기준을 적용하며 국제비교를 위해, 공공부문 재정건전성관리를 위해 각각 활용된다. 다만 국가결산보고서 재무제표 상 부채는 중앙정부의 결산결과를 반영한 것이며, 발생주의 기준 부채인 D2, D3 산출시 활용된다.

표 5-22 공공부문 부채 산출(D1, D2, D3)

유 형	포괄범위	산출기준	활 용
국가채무(D1)	중앙 및 지방정부의 회계·기금	국가재정법, 현금주의	국가재정 운용계획
일반정부 부채(D2)	D1+비영리공공기관	국제지침, 발생주의	국제비교(IMF, OECD)
공공부문 부채(D3)	D2+비금융공기업	국제지침, 발생주의	공공부문 재정 건전성 관리

자료: 기획재정부 보도자료.

그림 5-4 공공부문 부채 산정 과정

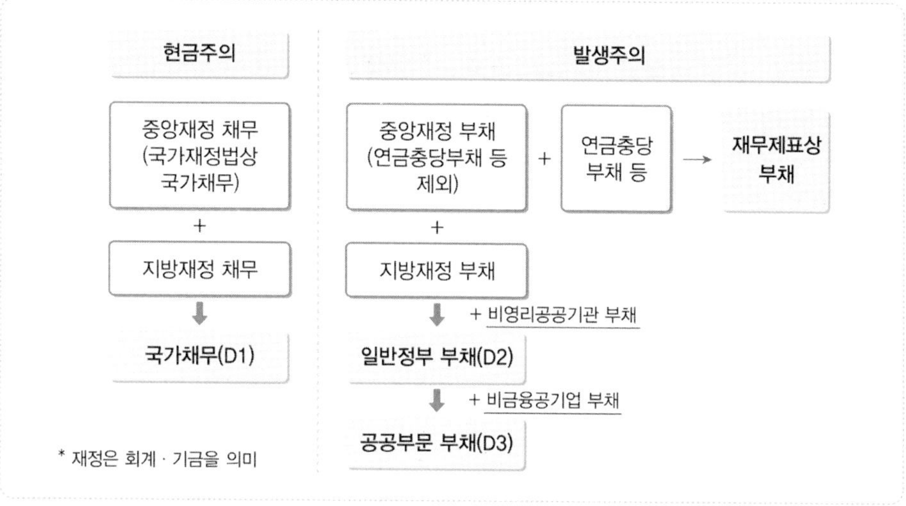

자료: 기획재정부 보도자료.

(2) 일반정부 부채(D2)

일반정부 부채는 GDP 대비 44%로, OECD 국가 중 7번째로 낮은 수준이며, 국가별 부채규모는 다음과 같다.

(단위: GDP 대비 %)

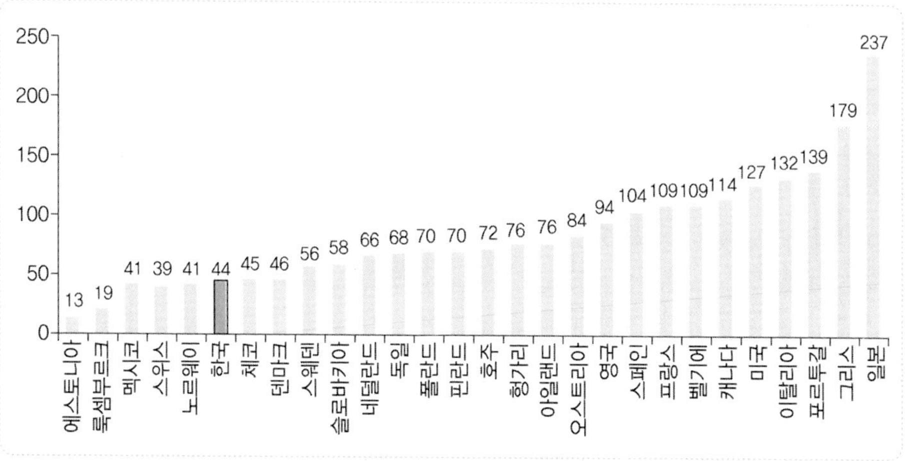

* 라트비아는 GDP 대비 수치가 1% 미만이므로, 집계에서 제외.
자료: 기획재정부 보도자료.

(3) 공공부문 부채(D3)

2016회계연도 공공부문 부채는 1,036.6조원(GDP 대비 63.3%)으로 일반정부 부채 717.5조원, 비금융공기업부채 386.4조원으로 구성되어 있다.

(단위: 조원, %, %p)

	2015년(A)		2016년(B)		증감(B-A)	
	규모	GDP 대비	규모	GDP 대비	규모	GDP 대비
공공부문 부채(A+B−C)	1,003.5	64.2	1,036.6	63.3	33.0	△0.9
A. 일반정부 부채(a+b−c)	676.2	43.2	717.5	43.8	41.3	0.6
a. 중앙정부	620.5	39.7	661.2	40.4	40.7	0.7
b. 지방정부	65.0	4.2	66.8	4.1	1.8	△0.1
c. 내부거래	9.3	0.6	10.5	0.6	1.2	0.0
B. 비금융공기업 부채	398.9	25.5	386.4	23.6	△12.5	△1.9
a. 중앙공기업	358.2	22.9	350.9	21.4	△7.3	△1.5
b. 지방공기업	47.7	3.1	43.6	2.7	△4.1	△0.4
c. 내부거래	7.0	0.4	8.1	0.5	1.1	0.1
C. 내부거래	71.6	4.6	67.4	4.1	△4.2	△0.5

자료: 기획재정부 보도자료.

항목별 공공부문 부채는 채무증권 753.8조원(전체부채의 72.6%), 차입금 113.2조원, 기타미지급금 169.6조원으로 구성되어 있다.

(단위: 조원, %, %p)

	2015년(A)		2016년(B)		증감(B-A)	
	금액	구성비	금액	구성비	금액	구성비
채무증권	733.1	(73.0)	753.8	(72.6)	20.7	(△0.4)
차입금	109.5	(11.0)	113.2	(11.0)	3.7	(0.0)
기타 미지급금	161.0	(16.0)	169.6	(16.4)	8.6	(0.4)
합 계	1,003.5	(100.0)	1,036.6	(100.0)	33.0	−

자료: 기획재정부 보도자료.

성질별 공공부문 부채를 만기, 표시통화, 이자율, 채권자 거주지로 구분하면 다음과 같다.

(만기) 차입 당시 만기 1년 이하인 단기 부채: 15.2%
1년 초과인 장기 부채: 84.8%
* 잔존만기('16년말) 기준 1년 이하 26.2%, 1년 초과 73.8%
(표시통화) 원화 부채 94.8%, 외화 부채 5.2%
(이자율) 고정이자율 부채 95.0%, 변동이자율 부채 5.0%
(채권자 거주지) 국내 거주자 비중 88.9%, 국외 거주자 비중 11.1%

(단위: 조원, %, %p)

		2015년(A)		2016년(B)		증감(B–A)	
		규모	구성비	규모	구성비	규모	구성비
만기	단기	147.0	(14.6)	157.3	(15.2)	10.3	(0.6)
	장기	856.5	(85.4)	879.3	(84.8)	22.7	(△0.6)
잔존 만기	단기	248.3	(24.7)	271.6	(26.2)	23.3	(1.5)
	장기	755.3	(75.3)	764.9	(73.8)	9.7	(△1.5)
통화별	원화	950.6	(94.7)	983.2	(94.8)	32.5	(0.1)
	외화	52.9	(5.3)	53.4	(5.2)	0.5	(△0.1)
이자율	고정	953.0	(95.0)	984.8	(95.0)	31.8	(0.0)
	변동	50.5	(5.0)	51.8	(5.0)	1.2	(0.0)
채권자	국내	896.3	(89.3)	921.3	(88.9)	24.9	(△0.4)
	국외	107.2	(10.7)	115.3	(11.1)	8.1	(0.4)

자료: 기획재정부 보도자료.

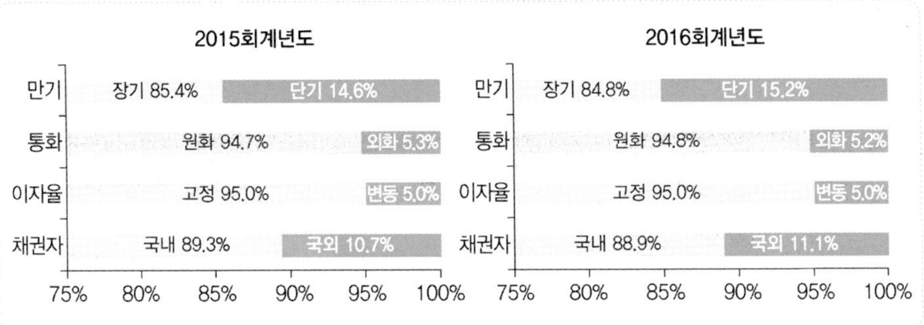

OECD 국가 중 일반정부 부채와 비금융공기업 부채를 포괄하는 공공부문 부채를 산출하는 국가는 7개이다. 7개 국가 중 두 번째로 양호하나, 비금융공기업 부채가 공공부문 부채에서 차지하는 비중이 큰 편이다.

(단위 : GDP 대비 %)

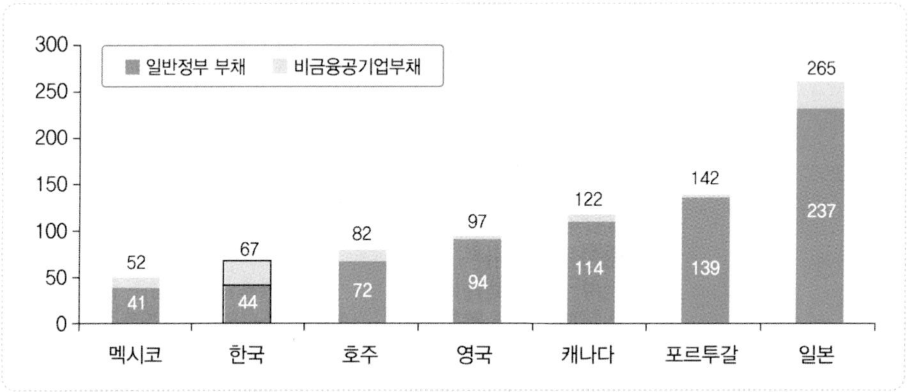

* 내부거래를 제거하지 않은 통계로, 한국의 경우 내부거래 제거시 63.3%.
자료: 기획재정부 보도자료.

지금까지 설명한 자료는 OECD 홈페이지에서 확인이 가능하다. 아울러 SOCX 등의 통계도 확인이 가능하다.

자료: OECD. https://stats.oecd.org/Index.aspx?DataSetCode=SOCX_AGG

제4절 국제기준에 근거한 재정통계 작성 및 제출

1. COFOG

COFOG는 정부지출을 기능별로 분류한 것이다. 우리나라 예산체계는 일정부분은 COFOG체계를 따른 것으로 판단된다(GFSM 1986의 14 분야를 벤치마킹하여 예산체계 16개 분야 적용). COFOG는 분야(10)－부문(69)－등급(109)으로 분류된다. 10개로 구성된 분야(divisions)는 COFOG 코드 7을 제외하고 두 자리 코드다(예 보건(707)과 사회보호(710)). 69개로 구성된 부문(groups)은 분야의 하위범주로 코드는 7을 제외하고 세 자리 코드다(예 병원서비스(7073)). 109개로 구성된 등급(class)은 부문의 하위범주로 7을 제외하고 네 자리 코드다(예 간호 및 요양 서비스(70734 등급), 장애(71012 등급)).

표 5-23 정부기능별분류

7	**총지출**		
701	**일반 공공행정**	706	**주거 및 지역사회 시설**
7011	행정 및 입법기관, 금융 및 재정, 국외 업무	7061	주거 개발
7012	해외 경제원조	7062	지역사회 개발
7013	일반 행정	7063	수도 공급
7014	기초연구	7064	가로등
7015	일반 공공행정 R&D	7065	주거 및 지역사회 시설 R&D
7016	기타 미분류 일반 공공행정	7066	기타 미분류 주거 및 지역사회 시실
7017	공공 채무 거래	707	**보건**
7018	정부간 일반 이전	7071	의료 제품, 기기, 장비
702	**국방**	7072	외래 환자서비스
7021	군사 방어	7073	병원서비스
7022	민방위	7074	공공 보건서비스
7023	해외 군사원조	7075	보건 R&D
7024	국방 R&D	7076	기타 미분류 보건
7025	기타 미분류 국방	708	**휴양, 문화, 종교**
703	**공공질서 및 안전**	7081	휴양 및 스포츠서비스

7031	경찰서비스	7082	문화서비스
7032	소방서비스	7083	방송 및 출판서비스
7033	법원	7084	종교 및 기타 공동체 서비스
7034	교도소	7085	휴양, 문화, 종교 R&D
7035	공공질서 및 안전 R&D	7086	기타 미분류 휴양, 문화, 종교
7036	기타 미분류 공공질서 및 안전	709	**교육**
704	**경제**	7091	유아 및 초등교육
7041	일반 경제, 상업, 노동	7092	중등교육
7042	농업, 임업, 어업 및 수렵	7093	2차 중등교육
7043	연료 및 에너지	7094	고등교육
7044	광업, 제조, 건설	7095	등급 외 교육
7045	운송	7096	교육 보조 서비스
7046	통신	7097	교육 R&D
7047	기타 산업	7098	기타 미분류 교육
7048	경제 R&D	710	**사회보호**
7049	기타 미분류 경제	7101	질병 및 장애
705	**환경보호**	7102	노령
7051	폐기물 관리	7103	유족
7052	폐수 관리	7104	가족 및 자녀
7053	공해 방지	7105	실업
7054	생물 다양성 및 경관 보호	7106	주거
7055	환경보호 R&D	7107	기타 미분류 사회적 배제
7056	기타 미분류 환경보호	7108	사회보호 R&D
		7109	기타 미분류 사회보호

주: R&D=연구개발. 기타 미분류=n.e.c.(not elsewhere classified: 어디에도 분류되지 않은 나머지(기타))
자료: GFSM 2014. 6장 부록.

COFOG는 일반정부 단위로 포괄범위를 확대하여 기능별 재정지출을 분류한 것이다. 우리나라는 공식적으로 COFOG는 총지출규모(7)만 IMF에 보고(GFS yearbook에서 확인 가능)하고 있으며, COFOG 분야와 부문지표는 보고하고 있지 않다. COFOG 통계편제는 IMF 템플릿(Table 7)에 기초하여 보고하도록 규정하고 있으며, 최근 GFSM 2014로 개정되면서 분야(division)에 추가하여 부문(group)까지 보고하도록 권고하고 있다(부록 2 참고). 대부분 OECD국가는 부문(group)까지 COFOG 통계를 보고하고 있다. 우리나라도 적어도 분야지표는 보고하고, 부문까지 확대하여 보고할 필요가 있을 것으로 판단된다.

ref 주의해야 할 부분은 정부기능별분류(COFOG)이다. COFOG는 국제적으로 승인된 기준이다. 다만 기획재정부에서는 총지출만 IMF에 제출하고 있으며(GFS yearbook), 한국은행에서는 10개 분야(divisions)의 지표를 OECD에 제출하고 있다(OECD Stat.).

표 5-24 프로그램 예산체계와 COFOG체계 연계 비교

<table>
<tr><th colspan="2">프로그램예산체계</th><th rowspan="2"></th><th colspan="2">COFOG</th></tr>
<tr><th>분야(16개)</th><th>부문(69개)</th><th>분야(10개)</th><th>부문(69개)</th></tr>
<tr><td>010
일반공공행정</td><td>011 입법 및 선거관리
012 국정운영
013 지방행정・재정지원
014 재정・금융
015 정부자원관리
016 일반행정</td><td rowspan="2">→</td><td rowspan="2">701
일반공공행정</td><td rowspan="2">행정 및 입법기관, 금융 및 재정, 국외 업무
해외 경제원조
일반 서비스
기초연구
일반 공공행정 R&D
기타 미분류 일반 공공행정
공공 채무 거래
정부 간 일반 이전</td></tr>
<tr><td>030
통일・외교</td><td>031 통일
032 외교・통상</td></tr>
<tr><td>020
공공질서 및 안전</td><td>021 법원 및 헌재
022 법무 및 검찰
023 경찰
024 해경
025 재난관리</td><td>→</td><td>703
공공질서 및 안전</td><td>경찰서비스
소방서비스
법원
교도소
공공질서 및 안전 R&D
기타 미분류 공공질서 및 안전</td></tr>
<tr><td>040
국방</td><td>041 병력운영
042 전력유지
043 방위력개선
044 병무행정</td><td>→</td><td>702
국방</td><td>군사 방어
민방위
해외 군사원조
국방 R&D
기타 미분류 국방</td></tr>
<tr><td>050
교육</td><td>051 유아 및 초중등교육
052 고등교육
053 평생・직업교육
054 교육일반</td><td>→</td><td>709
교육</td><td>유아 및 초등교육
중등교육
2차 중등교육
고등교육
등급 외 교육
교육 보조 서비스
교육 R&D
기타 미분류 교육</td></tr>
<tr><td>060
문화 및 관광</td><td>061 문화예술
062 관광
063 체육
064 문화재
065 문화 및 관광일반</td><td>→</td><td>708
휴양, 문화, 종교</td><td>휴양 및 스포츠서비스
문화서비스
방송 및 출판서비스
종교 및 기타 공동체 서비스
휴양, 문화, 종교 R&D
기타 미분류 휴양, 문화, 종교</td></tr>
</table>

070 환경	071 상하수도 · 수질 072 폐기물 073 대기 074 자연 075 해양환경 076 환경일반	→	705 환경보호	폐기물 관리 폐수 관리 공해 방지 생물 다양성 및 경관 보호 환경보호 R&D 기타 미분류 환경보호
080 사회복지	081 기초생활보장 082 취약계층지원 083 공적연금 084 보육 · 가족 및 여성 085 노인 · 청소년 086 노동 087 보훈 088 주택 089 사회복지일반	→	710 사회보호	질병 및 장애 노령 유족 가족 및 자녀 실업 주거 기타 미분류 사회적 배제 사회보호 R&D 기타 미분류 사회보호
090 보건	091 보건의료 092 건강보험 093 식품의약안전	→	707 보건	의료 제품, 기기, 장비 외래 환자서비스 병원서비스 공공 보건서비스 보건 R&D 기타 미분류 보건
100 농림수산	101 농업 · 농촌 102 임업 · 산촌 103 수산 · 어촌 104 식품업	→	704 경제활동	일반 경제, 상업, 노동 농업, 임업, 어업 및 수렵 연료 및 에너지 광업, 제조, 건설 운송 통신 기타 산업 경제 R&D 기타 미분류 경제활동
110 산업 · 중소기업 및 에너지	111 산업금융지원 112 산업기술지원 113 무역 및 투자유치 114 산업진흥 · 고도화 115 에너지 및 자원개발 116 산업 · 중소기업일반			
120 교통 및 물류	121 도로 122 철도 123 도시철도 124 해운 · 항만 125 항공 · 공항 126 물류 등 기타			
130 통신	131 방송통신 132 우정			
140 국토 및 지역개발	141 수자원 142 지역 및 도시 143 산업단지		706 주거 및 지역사회시설	주거개발 지역사회개발 수도공급 가로등 주거 및 지역사회시설 R&D 기타 미분류 주거 및 지역사회시설

150 과학기술	151 기술개발 152 과학기술연구지원 153 과학기술일반	→	701~710 각 기능	R&D
160 예비비	161 예비비	→	701~710 각 기능	예비비

자료: 정성호(2018). 대한민국재정정책70년사.

2. SOCX

OECD SOCX는 사회정책분석을 촉진하기 위해 1996년대에 개발된 사회보장관련 통계자료이다. SNA가 사회적 이전(현금과 현물급여)에 대한 통계자료를 제공하는데 한계가 있어 이를 보완하기 위하여 고안되었다. SOCX[2]는 공공사회복지지출, 법정민간사회복지지출, 자발적 민간사회복지지출, 총사회복지지출, 순사회복지지출로 제출된다.

일반적으로 SOCX는 COFOG의 보건(707)과 사회보호(710)가 혼합된 지출형태라 할 수 있다. 다음 <표 5-25>에서 설명하고 있는 바와 같이, 급여성격으로 볼 때 현금과 현물급여가 동시에 적용되는 분야는 노령, 유족, 근로무능력관련 급여, 기타사회정책이며, 현물급여만 적용되는 분야는 보건, 주거이며, 현금과 현물급여의 구분이 없는 분야는 적극적 노동시장정책이다.

SOCX 체계는 9개 분야로 다음과 같다.

표 5-25 SOCX 공공 및 민간(법정/자발) 지출 분류체계

분 야 (정책영역)	급여형태	공공 (public)	법정민간 (mandatory private)	자발민간 (voluntary private)	비 고 (지출유형)
1. 노령	현금(cash)				연금 조기퇴직연금 기타 현금급여들
	현물(in-kind)				돌봄/가사보조서비스 기타현물급여들
2. 유족	현금(cash)		n/a	n/a	연금 기타 현금급여들
	현물(in-kind)		n/a	n/a	장제비 기타현물급여들

2) http://stats.oecd.org/Index.aspx? DataSetCode=SOCX_AGG

3. 근로무능력관련 급여	현금(cash)				장애연금 연금(산업재해) 유급상병휴가(산업재해) 유급상병휴가(기타상병수당) 기타 현금급여들
	현물(in-kind)				생활시설/재가보조서비스 기타 현물급여들
4. 보건	현금(cash)	n/a	n/a	n/a	
	현물(in-kind)				현물급여들
5. 가족	현금(cash)			n/a	가족수당 산전휴가 및 육아휴직 기타 현금급여들
	현물(in-kind)			n/a	보육/재가서비스 기타 현물급여들
6. 적극적 노동시장 정책 ALMP	현금(cash)/ 현물(in-kind) 구분없음		n/a	n/a	고용서비스와 행정 노동시장행정 청년에 대한 지원 고용보호지원 장애인 고용지원
7. 실업	현금(cash)		n/a	n/a	실업수당/해고수당 노동시장환경으로 인한 조기퇴직
	현물(in-kind)		n/a	n/a	현물급여들
8. 주거	현금(cash)	n/a	n/a	n/a	
	현물(in-kind)		n/a	n/a	주거보조 기타 현물급여들
9. 기타 사회 정책	현금(cash)				소득보조 기타 현금급여들
	현물(in-kind)				공공부조 기타 현물급여들

주: 음영표시는 해당, n/a는 해당사항 없음
자료: Adema, W., Fron, P., & Ladaique, M. (2011). OECD SOCX Manual; http://stats.oecd.org/Index.aspx? DataSetCode=SOCX_AGG 재구성.

SOCX는 사회보장지출에 관한 국제 통계기준이다(유럽에서는 사회보호 지출만을 활용하여 ESpros도 편제). 일반적으로는 사회복지와 보건지출의 합이라 정의할 수 있지만 그 이외 재정지출에서도 사회보장지출이 존재하며, 더 나아가 조세지출(비과세, 감면 등)이 포함된다. 복지재정(SOCX) 산출의 포괄범위는 사회복지(080)와 보건(090)이며, 공적연금(083)과 건강보험(092)을 제외하고 예산체계에서 편제・자료수집하고, 재정지출 외 조세지출(비과세・감면)은 협의를 통한 자료수집에 기초하여 통계를 산출한다. 예산체계와 SOCX는 다음과 같이 연계하여 통계를 산출한다.

표 5-26 예산체계와 SOCX 체계 비교

예산 체계			SOCX
분야	부문		분야
080 사회복지	081 기초생활보장	→	9. 기타사회정책
	082 취약계층지원[1]	→	5. 가족 3. 근로무능력관련급여 9. 기타사회정책
	083 공적연금[2]	→	1. 노령 2. 유족 3. 근로무능력관련급여 9. 기타사회정책
	084 보육 · 가족 및 여성		5. 가족
	085 노인 · 청소년	→	1. 노령 또는 5. 가족
	086 노동	→	6. 적극적 노동시장정책
	087 보훈	→	2. 유족 3. 근로무능력관련급여 9. 기타사회정책
	088 주택	→	9. 기타사회정책
	089 사회복지일반	→	9. 기타사회정책
090 보건	091 보건의료	→	4. 보건
	092 건강보험[2]	→	4. 보건
	093 식품의약품안전	→	4. 보건

1) 취약계층지원은 요보호아동지원, 장애인, 노숙인지원으로 구성.
2) 공적연금(083)과 건강보험(092)은 개별기관(공무원연금통계연보, 건강보험통계연보 등)으로부터 수집됨.
자료: 정성호(2017). 사회보장위원회 발표자료.

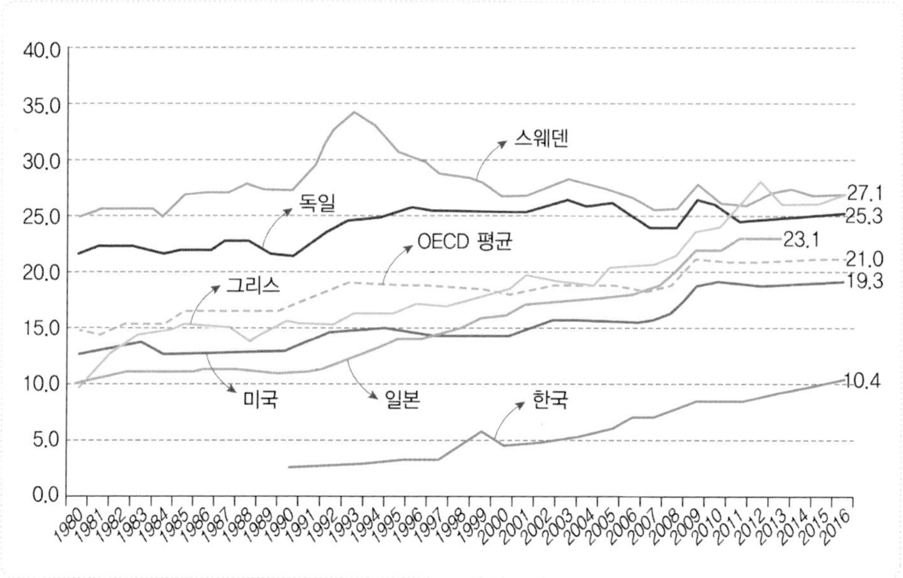

자료: OECD, Social Expenditure. http://stats.oecd.org.

우리나라 사회보장지출(SOCX) 규모는 OECD국가 중에서 낮은 수준이다.

최근 유럽통계청에서는 COFOG의 사회보호(710)만을 특화하여 ESSPROS(social protection statistics)를 편제하고 있다.

Government Accounting & Finance Statistics

제6장

수탁관리책임(회계책임성)/ 정보공개

제1절 수탁관리책임

제2절 정보공개

Government Accounting & Finance Statistics

제1절 수탁관리책임[1)]

회계책임성(accountability)은 광범위하고 다의적인 개념으로 획일적으로 정의하기는 어렵다. 그렇지만 일반적으로 재정운영결과의 설명 및 보고 등 책임으로 정의할 수 있다. 회계책임성의 논거에 관해 간략히 논의하면, Stewart(1984)는 정책회계책임, 프로그램 회계책임, 성과회계책임, 과정회계책임, 무결성 및 합법성 회계책임으로, Romzek and Dubnick(1987)은 관료적 회계책임, 법적 회계책임, 전문적 회계책임, 정치적 회계책임으로, Robinson(1971)은 프로그램 회계책임, 과정회계책임, 재정회계책임으로, Sinclair(1995)는 정치적 회계책임, 공공회계책임, 관리적 또는 재무적 회계책임, 전문적 회계책임, 개인적 회계책임으로 각각 정의하고 있다. 우리나라에서는 한국회계기준원의 '재무제표의 작성과 표시를 위한 개념체계'(2007)의 문단 14, 국가회계기준 제5조 4항 및 지방자치단체 회계기준 제4조 2항에서 '공공회계책임'으로 규정하고 있지만 이에 관해 세부 설명이 없어 회계책임의 의미나 범위를 정확하게 파악할 수 없다.

회계책임성은 "자신의 행동에 대해 어떤 당사자에게 '설명할 것을(to account)' 요구받고 있는 과정"이라 할 수 있다. 흔히 주인-대리인이론으로 설명하며 주인인 국민이 정보이용자가 되고 정부가 정보제공자가 된다. 즉, 주인(정보이용자)과 대리인(정보제공자)의 관점에서 보면 다른 누군가(accountee)에게 자신의 활동과 그 결과에 관해 "설명할 의무가 있는 자(accountor)"가 존재한다는 것이다. 여기서 'accountee'는 설명받을 권리를 가진 자(accountability holdee, 국민)이고, 'accountor'는 설명할 의무를 가진 자(accountability holder, 정부)이다.

회계책임성은 "헌법, 법률, 계약, 조직규칙, 관습 또는 비공식적 도덕적 의무"와 연관되며, 그 핵심은 수탁관리(stewardship)개념이다. 수탁관리라 함은 관리인(steward or accountor)과 주인(principal or accountee) 간의 관계를 의미한다. 궁극적으로 회계책임성은 설명의무를 가진 자가 설명을 받을 권리를 가진 자에게 설명을 해야 함은 물론 재정운영의 결과 판단・책임추궁까지 가능하다.

회계책임성은 다양한 관점에서 판단이 가능하겠지만, 결산서(재무제표 등) 작성

1) 정성호(2017). "정부회계정보의 회계책임성 강화대안"의 내용을 요약한 것임.

에 관한 책임성에 관해 논의해 본다. 중앙정부차원의 국가결산보고서 작성 책임은 기획재정부이며, 감사원의 결산검사를 거친 후 국회에 제출한다. 마찬가지로 개별 지방자치단체는 지방자치단체장이 결산서(재무제표)를 작성할 책임이 있으며, 회계법인의 회계검토 후 지방의회에 제출한다. 문제는 일부(극소수) 지방자치단체를 제외하고 회계법인에서 재무제표를 대리기장(회계검토 포함)하고 있는 현실을 감안해 볼 때 회계책임성을 담보한다고 보기는 어렵다.

또한 발생주의 기준에 근거한 국가결산보고서(지방, 재무제표)가 정책결정은 물론 국민에게 적정하게 설명되고 있는지 고민이 필요하다. 즉, 유용성의 문제를 제기한다. 왜냐하면 주인인 국민이 쉽게 알지도 못하는 내용을 다양한 표로 나열하고 있어 무엇이 유의미한지 의문이 든다. 미국, 영국 등 주요 국가에서는 재무제표가 단순화되어 있음은 물론 국민들이 알기 쉽게 이해할 수 있도록 설명되어 있다(예 citizen guide). 따라서 국가결산보고서를 단순화하고, 국민들이 쉽게 이해할 수 있도록 개편이 필요할 것이다.

제2절 정보공개

우리나라는 재정운영의 결과를 각 부처가 개설한 홈페이지에 공시하고 있다. 그 예는 중앙정부 차원의 '열린재정', 지방정부 차원의 '지방재정365', 교육재정의 '교육재정알리미', 공공기관의 '알리오', 지방공기업의 '클린아이' 등이다. 정보공개 관점에서는 일정 부분 기여한 바가 적지 않다. 하지만 정보공개가 실제 정보이용자에게 어떠한 기여를 했는지 그 실질을 따져볼 필요가 있다. 정부가 프로그램 집행내역 및 결과 등을 공시한다고 해서 회계책임성을 다했다고 볼 수는 없다. 개별부처들이 그리 유의미하지 않은 다양한 정보를 공개하는 것이 타당한지 심각한 고민이 필요하다는 것이다. 왜냐하면 정보공개시스템 운영은 필연적으로 구축비용과 유지보수비용이 수반되기 때문이다. 더욱 중요한 것은 개별 부처가 서로 다른 재정정보를 구현할 것이 아니라 적어도 필수적으로 공시해야 할 지표와 기준을 설정하여 정보이용자로 하여금 필요한 재정정보에 쉽게 접근할 수 있어야 한다. 대안으로 필수재정지표는 하나의 플랫폼에서 제공될 필요가 있다(예 USAspending).

ref 열린재정, 지방재정 365, 교육재정알리미, 알리오, 클린아이 등에 접속하여 다양한 재정 정보탐색을 권한다.

Government Accounting & Finance Statistics

부 록

1. <국가회계실체> 중앙관서 회계 및 기금현황(2017년 결산기준)
2. 재정통계연감(GFS yearbook) 작성을 위한 템플릿 양식
3. 회계처리지침의 주요내용
4. 정부회계관련 법률
   국가회계법
   국가회계기준에 관한 규칙
   지방회계법
   지방자치단체 회계기준에 관한 규칙
5. 공인회계사_회계학, 정부회계 기출문제(2012년~2018년)
6. 입법・행정고시 기출문제

Government Accounting & Finance Statistics

[부록 1] 〈국가회계실체〉 중앙관서 회계 및 기금현황(2017년 결산 기준)

번호	중앙관서	일반회계	기타특별회계	기업특별회계(책임운영기관특별회계)	기금
01	대통령비서실 및 국가안보실	○			
02	대통령경호처	○			
03	국회	○			
04	대법원	○	등기특별회계		
05	헌법재판소	○			
06	중앙선거관리위원회	○			
07	민주평화통일 자문회의	○			
08	감사원	○			
09	국가정보원	○			
10	국무조정실 및 국무총리비서실	○	에너지및자원사업특별회계 환경개선특별회계		
11	기획재정부	○	에너지및자원사업특별회계 지역발전특별회계		공공자금관리기금 외국환평형기금 복권기금 산업기반신용보증기금 대외경제협력기금 국유재산관리기금
12	교육부	○	유아교육지원특별회계 지역발전특별회계		사학진흥기금 사립학교교직원 연금기금
13	과학기술정보통신부	○	우체국보험특별회계 지역발전특별회계	우편사업특별회계 우체국예금특별회계 국립중앙과학관(책) 국립과천과학관(책)	방송통신발전기금 정보통신발전기금 원자력연구개발기금 과학기술진흥기금
14	외교부	○			국제교류기금
15	통일부	○			남북협력기금
16	법무부	○	교도작업특별회계 혁신도시건설특별회계		범죄자피해보호기금
17	국방부	○	주한미군기지이전특별회계 국방군사시설이전특별회계 혁신도시건설특별회계		군인복지기금 군인연금기금
18	행정안전부	○	지역발전특별회계 혁신도시건설특별회계		

19	문화체육관광부	○	지역발전특별회계 아시아문화중심조성특별회계		관광진흥개발기금 지역신문발전기금 문화예술진흥기금 언론진흥기금 영화발전기금 국민체육진흥기금
20	농림축산식품부	○	농어촌구조개선특별회계 에너지및자원사업특별회계 혁신도시건설특별회계 지역발전특별회계 양곡관리특별회계	양곡관리특별회계	농산물가격안정기금 농어업재해보험기금 농지관리기금 농업소득보전직불기금 FTA이행지원기금 축산발전기금 양곡증권정리기금
21	산업통상자원부	○	에너지및자원사업특별회계 지역발전특별회계		전력산업기반기금 산업기술진흥 및 사업화촉진기금 무역보험기금 방사성폐기물관리기금
22	보건복지부		농어촌구조개선특별회계 에너지및자원사업특별회계 지역발전특별회계	국립재활원(책) 국립목포병원(책) 국립마산병원(책) 국립서울병원(책) 국립나주병원(책) 국립부곡병원(책) 국립공주병원(책) 국립춘천병원(책)	국민건간증진기금 응급의료기금 국민연금기금
23	환경부	○	농어촌구조개선특별회계 에너지및자원사업특별회계 환경개선특별회계 지역발전특별회계		금강수계관리기금 낙동강수계관리기금 영산섬진강수계관리기금 한강수계관리기금 석면피해구제기금
24	고용노동부	○	에너지및자원사업특별회계 혁신도시건설특별회계 지역발전특별회계		임금채권보장기금 장애인고용촉진 및 직업재활기금 고용보험기금 산업재해보상기금 및 예방기금 근로자복지진흥기금
25	여성가족부	○	지역발전특별회계		양성평등기금 청소년육성기금
26	국토교통부	○	교통시설특별회계 에너지및자원사업특별회계 혁신도시건설특별회계 지역발전특별회계		주택도시기금

27	해양수산부	○	농어촌구조개선특별회계 교통시설특별회계 에너지및자원사업특별회계 지역발전특별회계	대산지방해양항만청(책)	수산발전기금
28	중소벤처기업부	○	지역발전특별회계		중소기업창업및진흥기금 소상공인시장진흥기금
29	국가보훈처	○	에너지및자원사업특별회계		보훈기금 순국선열애국지사사업기금
30	인사혁신처	○	혁신도시건설특별회계		공무원연금기금
31	법제처	○			
32	식품의약품안전처	○	농어촌구조개선특별회계		
33	국가인권위원회	○			
34	방송통신위원회	○			
35	공정거래위원회	○			
36	금융위원회	○			
37	국민권익위원회	○			
38	원자력안전위원회	○			
39	국세청	○	혁신도시건설특별회계		
40	관세청	○			
41	조달청	○		조달특별회계	
42	통계청	○			
43	병무청	○			
42	방위사업청	○			
43	경찰청	○	혁신도시건설특별회계	경찰병원(책)	
44	소방청	○			
45	문화재청	○	지역발전특별회계		문화재보호기금
46	농촌진흥청	○	농어촌구조개선특별회계 혁신도시건설특별회계 지역발전특별회계		
47	산림청	○	농어촌구조개선특별회계 지역발전특별회계	국립자연휴양림(책)	
48	특허청	○		특허청(책)	
49	기상청	○			
50	행정중심복합도시건설청	○	행정중심복합도시건설특별회계		
51	새만금개발청	○			
52	해양경찰청	○			
53	4.16 세월호참사특별조사위원회	○			

[부록 2] 재정통계연감(GFS yearbook) 작성을 위한 템플릿 양식

- GFS 2014 Annual Questionnaire

항 목	GFSM 2001	GFSM 2014	비 고
Statements	Statements I	Statements I	
	Statements II	Statements II	
		Statements III	신규
		Statements IV	신규
Tables	Tables1	Tables1	
	Tables2	Tables2	
	Tables3	Tables3	
	Tables4	Tables4	
	Tables5	Tables5	
	Tables6	Tables6	
		Tables6a	신규
		Tables6b	신규
	Tables7	Tables7	세분화(중분류)*
	Tables8	Tables8a	신규
		Tables8b	신규
	Tables9	Tables9	
Annex	Annex1	Annex1	
		Annex2	신규

* 분야 · 부문 지표 보고권고(기존 GFS 2001에서는 분야만 보고 → GFS 2004로 변경되어 분야 · 부문으로 확대, 세분화).

GFSM2014_V1.4

ANNUAL GFS QUESTIONNAIRE

STATISTICAL TABLES

Country name:
Country code:
Year:
Year ending (month):
Year ending (day):
Currency: Domestic Currency
Currency Name:
Magnitude: Million

Compiling organization:
Sender name:
Sender e-mail:
Alternate contact name:
Alternate contact e-mail:
Submission date:

Enter NA for 'not available' Enter NP for 'not applicable'		Budgetary central government	Extrabudgetary central government units	Central government	Social security funds	State governments	Local governments	General government	Memorandum: Central Govt. (incl. SSF of central level)
NATURE OF DATA AND ACCOUNTING PRACTICES									
Nature of the data	*A, P, or E?*								
Bases of recording: revenue	*CA or AC?*								
Bases of recording: expense	*CA or AC?*								
Bases of recording: investment in nonfinancial assets	*CA or AC?*								
Bases of recording: financial transactions	*CA or AC?*								
Investment in nonfinancial assets	*GR or NT?*								
Valuation of nonfinancial assets	*MV, HV, or BV?*								
Valuation of financial assets	*MV, NV, or FV?*								
Valuation of liabilities	*MV, NV, or FV?*								

Reference: ***Government Finance Statistics Manual 2014 (GFSM 2014)***

GFSM2014_V1.4

STATEMENT I

										0	0
										In Million of / Fiscal year ends in	
		General Government 0									Memorandum: Central Govt. (incl. SSF of central level)
	STATEMENT OF OPERATIONS	Central Government (excluding social security funds)				Social Security Funds	State Governments	Local Governments	Consolidation Column	General Government	
		Budgetary	Extrabudgetary	Consolidation Column	Central Government						
		BA=GL1	EA	CC	CG	SSF	SG	LG	CT	GG=GL3	GL2
23	Consumption of fixed capital										
24	Interest										
25	Subsidies										
26	Grants										
27	Social benefits										
28	Other expense										
GOB	***Gross operating balance (1-2+23)***										
NOB	***Net operating balance (1-2)***										
	TRANSACTIONS IN NONFINANCIAL ASSETS:										
31	**Net/gross investment in nonfinancial assets**										
311	Fixed assets										
312	Inventories										
313	Valuables										
314	Nonproduced assets										
2M	***Expenditure (2+31)***										
NLB	***Net lending (+) / Net borrowing (-) (1-2-31) or (1-2M)***										
	TRANSACTIONS IN FINANCIAL ASSETS AND LIABILITIES (FINANCING):										
32	**Net acquisition of financial assets**										
321	Domestic debtors										
322	External debtors										
33	**Net incurrence of liabilities**										
331	Domestic creditors										
332	External creditors										
NLBz	Overall statistical discrepancy: NLB vs Financing (32-33-NLB)										
	Memorandum items:										
2g	Expense, excluding consumption of fixed capital (=2-23)										
31g	Gross investment in nonfinancial assets (=31+23)										
NCB	Net change in the stock of cash (=3202=3212+3222)										
PB	Primary net lending /net borrowing (NLB+24)										
GB	Government balance per national definition										
VERTICAL CHECKS FOR STATEMENT 1											
Balancing items:											
	GOB=1-2+23	0.0	0.0	0.0	0.0	0.0	0.0	0.0	0.0	0.0	0.0
	NOB=1-2	0.0	0.0	0.0	0.0	0.0	0.0	0.0	0.0	0.0	0.0

GFSM2014_V1.4

STATEMENT II

0 0

In Million of / Fiscal year ends in

	STATEMENT OF SOURCES AND USES OF CASH	General Government 0									Memorandum: Central Govt (incl. SSF of central level)
		Central Government (excluding social security funds)									
		Budgetary	Extrabudgetary	Consolidation Column	Central Government	Social Security Funds	State Governments	Local Governments	Consolidation Column	General Government	
		BA=GL1	EA	CC	CG	SSF	SG	LG	CT	GG=GL3	GL2
	CASH FLOWS FROM OPERATING ACTIVITIES:										
C1	**Revenue cash flows**										
C11	Taxes										
C12	Social contributions										
C13	Grants										
C14	Other receipts										
C2	**Expense cash flows**										
C21	Compensation of employees										
C22	Purchases of goods and services										
C24	Interest										
C25	Subsidies										
C26	Grants										
C27	Social benefits										
C28	Other payments										
CIO	***Net cash inflow from operating activities (1-2)***										
	CASH FLOWS FROM TRANSACTIONS IN NONFINANCIAL ASSETS:										
C31	**Net cash outflow from investment in nonfinancial assets**										
C311	Fixed assets										
C312	Inventories										
C313	Valuables										
C314	Nonproduced assets										
C2M	***Expenditure cash flows (2+31)***										
CSD	***Cash surplus (+) / Cash deficit (-) (1-2-31)***										
	CASH FLOWS FROM TRANSACTIONS IN FINANCIAL ASSETS AND LIABILITIES (FINANCING):										
C32x	**Net acquisition of financial assets other than cash**										
C321x	Domestic debtors										
C322x	External debtors										
C33	**Net incurrence of liabilities**										
C331	Domestic creditors										
C332	External creditors										
NFB	***Net cash inflow from financing activities (33-32x)***										
NCB	***Net change in the stock of cash (CSD+NFB=3202=3212+3222)***										
CSDz	Overall statistical discrepancy: CSD vs Financing (C32x+NCB-C33-CSD)										
	Memorandum items:										
CPB	Primary cash surplus / deficit (CSD+24)										
GB	Government balance per national definition										

GFSM2014_V1.4 | 0 | 0

STATEMENT IV | In Million of / Fiscal year ends in

		0					
	STATEMENT OF TOTAL CHANGES IN NET WORTH	Social Security Funds	State Governments	Local Governments	Consolidation Column	General Government	Memorandum: Central Govt. (incl. SSF of central level)
		SSF	SG	LG	CT	GG=GL3	GL2
	TRANSACTIONS AFFECTING NET WORTH:						
1	Revenue						
2	Expense						
NOB	***Net operating balance (1-2)***						
	CHANGE IN NET WORTH DUE TO OTHER ECONOMIC FLOWS:						
91	**Nonfinancial assets**						
41	Holding gains						
51	Other changes in the volume of nonfinancial assets						
92	**Financial assets**						
42	Holding gains						
52	Other changes in the volume of financial assets						
93	**Liabilities**						
43	Holding gains						
53	Other changes in the volume of liabilities						
9	***Total other economic flows (91+92-93)***						
CNW	***Total change in net worth (NOB+9)***						
6_t	**NET WORTH AT THE END OF THE PERIOD**						
CNWz	Stock-Flow discrepancy: CNW vs Change in stocks ($CNW-6_t+6_{t-1}$)						

GFSM2014_V1.4

STATEMENT III

In Million of / Fiscal year ends in 0 0

	INTEGRATED STATEMENT OF FLOWS AND STOCK POSITIONS	General Government 0								Memorandum: Central Govt. (incl. SSF of central level)
		...ernment (excluding social security funds)								
		Extrabudgetary	Consolidation Column	Central Government	Social Security Funds	State Governments	Local Governments	Consolidation Column	General Government	
		EA	CC	CG	SSF	SG	LG	CT	GG=GL3	GL2
	NONFINANCIAL ASSETS									
61_{t-1}	**Opening stock position**									
31	Transactions (net)									
91	Total other economic flows									
61_t	**Closing stock position**									
NFAz	Stock-Flow discrepancy in nonfinancial assets (61_t-61_{t-1}-31-91)									
	FINANCIAL ASSETS									
62_{t-1}	**Opening stock position**									
32	Transactions (net)									
92	Total other economic flows									
62_t	**Closing stock position**									
FAz	Stock-Flow discrepancy in financial assets (62_t-62_{t-1}-32-92)									
	LIABILITIES									
63_{t-1}	**Opening stock position**									
33	Transactions (net)									
93	Total other economic flows									
63_t	**Closing stock position position**									
Lz	Stock-Flow discrepancy in liabilities (63_t-63_{t-1}-33-93)									
	Memorandum items:									
	NET FINANCIAL WORTH									
$6M2_{t-1}$	**Opening stock position**									
3M2	Transactions (net)									
9M2	Total other economic flows									
$6M2_t$	**Closing stock position**									
6M2z	Stock-Flow discrepancy in net financial worth ($6M2_t$-$6M2_{t-1}$-3M2-9M2)									
	D1 DEBT LIABILITIES									
$6M3D1_{t-1}$	**Opening stock position**									
3M3D1	Transactions (net)									
9M3D1	Total other economic flows									
$6M3D1_t$	**Closing stock position**									
6M3D1z	Stock-Flow discrepancy in D1 debt liabilities ($6MD1_t$-$6MD1_{t-1}$-3MD1-9MD1)									

GFSM2014_V1.4

TABLE 1

In Million of / Fiscal year ends in 0 0

	REVENUE	General Government 0									
		Central Government (excluding social security funds)				Social Security Funds	State Governments	Local Governments	Consolidation Column	General Government	Memorandum : Central Govt. (incl. SSF of central level)
		Budgetary	Extrabudgetary	Consolidation Column	Central Government						
		BA=GL1	EA	CC	CG	SSF	SG	LG	CT	GG=GL3	GL2
1	REVENUE										
11	Taxes										
111	**Taxes on income, profits, and capital gains**										
1111	Payable by individuals										
1112	Payable by corporations and other enterprises										
1113	Other										
112	**Taxes on payroll and workforce**										
113	**Taxes on property**										
1131	Recurrent taxes on immovable property										
1132	Recurrent taxes on net wealth										
1133	Estate, inheritance, and gift taxes										
1135	Capital levies										
1136	Other recurrent taxes on property										
114	**Taxes on goods and services**										
1141	General taxes on goods and services										
11411	Value-added taxes										
11412	Sales taxes										
11413	Turnover & other general taxes on G & S										
11414	Taxes on financial and capital transactions										
1142	Excises										
1143	Profits of fiscal monopolies										
1144	Taxes on specific services										
1145	Taxes on use of goods and on permission to use goods or perform activiti										
11451	Motor vehicles taxes										
11452	Other										
1146	Other taxes on goods and services										
115	**Taxes on international trade and transactions**										
1151	Customs and other import duties										
1152	Taxes on exports										
1153	Profits of export or import monopolies										
1154	Exchange profits										
1155	Exchange taxes										
1156	Other taxes on international trade and transactions										
116	**Other taxes**										
12	**Social contributions**										
121	**Social security contributions**										
1211	Employee contributions										
1212	Employer contributions										
1213	Self-employed or nonemployed contributions										
1214	Unallocable contributions										
122	**Other social contributions**										

GFSM2014_V1.4

TABLE 2

0 0

In Million of / Fiscal year ends in

EXPENSE		General Government 0									Memorandum: Central Govt. (incl. SSF of central level)
		Central Government (excluding social security funds)				Social Security Funds	State Governments	Local Governments	Consolidation Column	General Government	
		Budgetary	Extrabudgetary	Consolidation Column	Central Government						
		BA=GL1	EA	CC	CG	SSF	SG	LG	CT	GG=GL3	GL2
2	**EXPENSE**										
21	**Compensation of employees**										
211	Wages and salaries										
212	Employers' social contributions										
2121	Actual employers'social contributions										
2122	Imputed employers'social contributions										
22	**Use of goods and services**										
23	**Consumption of fixed capital**										
24	**Interest**										
241	To nonresidents										
242	To residents other than general government										
243	To other general government units										
25	**Subsidies**										
251	To public corporations										
252	To private enterprises										
253	To other sectors										
26	**Grants**										
261	To foreign governments										
2611	Current										
2612	Capital										
262	To international organizations										
2621	Current										
2622	Capital										
263	To other general government units										
2631	Current										
2632	Capital										
27	**Social benefits**										
271	Social security benefits										
272	Social assistance benefits										
273	Employment-related social benefits										
28	**Other expense**										
281	Property expense other than interest										
2811	Dividends										
2812	Withdrawals of income from quasi-corporations										
2813	Property expense for investment income disbursements										

GFSM2014_V1.4

TABLE 3

In Million of / Fiscal year ends in 0 0

TRANSACTIONS IN ASSETS AND LIABILITIES		General Government 0										
		Central Government (excluding social security funds)										Memorandum: Central Govt. (incl. SSF of central level)
		Budgetary	Extrabudgetary	Consolidation Column	Central Government	Social Security Funds	State Governments	Local Governments	Consolidation Column	General Government		
		BA=GL1	EA	CC	CG	SSF	SG	LG	CT	GG=GL3	GL2	
3	**NET TRANSACTIONS IN ASSETS AND LIABILITIES**											
31	**Net/gross investment in nonfinancial assets**											
311	**Fixed assets**											
3111	Buildings and structures											
3112	Machinery and equipment											
3113	Other fixed assets											
3114	Weapons systems											
312	**Inventories**											
313	**Valuables**											
314	**Nonproduced assets**											
3141	Land											
3142	Mineral and energy resources											
3143	Other naturally occurring assets											
3144	Intangible nonproduced assets											
32	**Net acquisition of financial assets**											
3201	Monetary gold and SDRs [3211+3212]											
3202	Currency and deposits [3212+3222]											
3203	Debt securities [3213+3223]											
3204	Loans [3214+3224]											
3205	Equity and investment fund shares [3215+3225]											
3206	Insurance, pension, and standardized guarantee schemes [3216+3226]											
3207	Financial derivatives and employee stock options [3217+3227]											
3208	Other accounts receivable [3218+3228]											
321	**Domestic debtors**											
3211	Monetary gold and SDRs											
3212	Currency and deposits											
3213	Debt securities											
3214	Loans											
3215	Equity and investment fund shares											
3216	Insurance, pension, and standardized guarantee schemes											
3217	Financial derivatives and employee stock options											
3218	Other accounts receivable											
322	**External debtors**											
3221	Monetary gold and SDRs											
3222	Currency and deposits											

GFSM2014_V1.4

TABLE 4

0 0

In Million of / Fiscal year ends in

	HOLDING GAINS AND LOSSES IN ASSETS AND LIABILITIES	General Government 0									Memorandum: Central Govt. (incl. SSF of central level)
		Central Government (excluding social security funds)				Social Security Funds	State Governments	Local Governments	Consolidation Column	General Government	
		Budgetary	Extrabudgetary	Consolidation Column	Central Government						
		BA=GL1	EA	CC	CG	SSF	SG	LG	CT	GG=GL3	GL2
4	CHANGE IN NET WORTH DUE TO HOLDING GAINS AND LOSSES										
41	**Holding gains and losses in nonfinancial assets**										
411	Fixed assets										
412	Inventories										
413	Valuables										
414	Nonproduced assets										
42	**Holding gains and losses in financial assets**										
4201	Monetary gold and SDRs										
4202	Currency and deposits										
4203	Debt securities										
4204	Loans										
4205	Equity and investment fund shares										
4206	Insurance, pension, and standardized guarantee schemes										
4207	Financial derivatives and employee stock options										
4208	Other accounts receivable										
421	**Domestic debtors**										
422	**External debtors**										
43	**Holding gains and losses in liabilities**										
4301	Special Drawing Rights (SDRs)										
4302	Currency and deposits										
4303	Debt securities										
4304	Loans										
4305	Equity and investment fund shares										
4306	Insurance, pension, and standardized guarantee schemes										
4307	Financial derivatives and employee stock options										
4308	Other accounts payable										
431	**Domestic creditors**										
432	**External creditors**										
	Memorandum items:										
4M2	Change in net financial worth due to holding gains and losses [=42-43]										
4M3	Gross debt (D4) at market value: holding gains and losses										
4M3D3	D3 debt liabilities at market value: holding gains and losses										
4M3D2	D2 debt liabilities at market value: holding gains and losses										
4M3D1	D1 debt liabilities at market value: holding gains and losses										

GFSM2014_V1.4 — 0 — 0

TABLE 5 — **In Million of / Fiscal year ends in**

OTHER CHANGES IN VOLUME OF ASSETS AND LIABILITIES

		General Government 0									
		Central Government (excluding social security funds)									Memorandum: Central Govt. (incl. SSF of central level)
		Budgetary	Extrabudgetary	Consolidation Column	Central Government	Social Security Funds	State Governments	Local Governments	Consolidation Column	General Government	
		BA=GL1	EA	CC	CG	SSF	SG	LG	CT	GG=GL3	GL2
5	CHANGE IN NET WORTH DUE TO VOLUME CHANGES										
51	**Other volume changes in nonfinancial assets**										
511	Fixed assets										
512	Inventories										
513	Valuables										
514	Nonproduced assets										
52	**Other volume changes in financial assets**										
5201	Monetary gold and SDRs										
5202	Currency and deposits										
5203	Debt securities										
5204	Loans										
5205	Equity and investment fund shares										
5206	Insurance, pension, and standardized guarantee schemes										
5207	Financial derivatives and employee stock options										
5208	Other accounts receivable										
521	**Domestic debtors**										
522	**External debtors**										
53	**Other volume changes in liabilities**										
5301	Special Drawing Rights (SDRs)										
5302	Currency and deposits										
5303	Debt securities										
5304	Loans										
5305	Equity and investment fund shares										
5306	Insurance, pension, and standardized guarantee schemes										
5307	Financial derivatives and employee stock options										
5308	Other accounts payable										
531	**Domestic creditors**										
532	**External creditors**										
	Memorandum items:										
5M2	Change in net fin. worth due to other vol. changes [52-53]										
5M3	Gross debt (D4) at market value: other volume changes										
5M3D3	D3 debt liabilities at market value: other volume changes										
5M3D2	D2 debt liabilities at market value: other volume changes										
5M3D1	D1 debt liabilities at market value: other volume changes										

GFSM2014_V1.4

TABLE 6

In Million of / Fiscal year ends in 0 0

	BALANCE SHEET	General Government 0									Memorandum: Central Govt. (incl. SSF of central level)
		Central Government (excluding social security funds)				Social Security Funds	State Governments	Local Governments	Consolidation Column	General Government	
		Budgetary	Extrabudgetary	Consolidation Column	Central Government						
		BA=GL1	EA	CC	CG	SSF	SG	LG	CT	GG=GL3	GL2
6	**NET WORTH**										
61	**Nonfinancial assets**										
611	**Fixed assets**										
6111	Buildings and structures										
6112	Machinery and equipment										
6113	Other fixed assets										
6114	Weapons systems										
612	**Inventories**										
613	**Valuables**										
614	**Nonproduced assets**										
6141	Land										
6142	Mineral and energy resources										
6143	Other naturally occurring assets										
6144	Intangible nonproduced assets										
62	**Financial assets**										
6201	Monetary gold and SDRs [6221]										
6202	Currency and deposits [6212+6222]										
6203	Debt securities [6213+6223]										
6204	Loans [6214+6224]										
6205	Equity and investment fund shares [6215+6225]										
6206	Insurance, pension, and standardized guarantee schemes [6216+6226]										
6207	Financial derivatives and employee stock options [6217+6227]										
6208	Other accounts receivable [6218+6228]										
621	**Domestic debtors**										
6211	Monetary gold and SDRs	NP	NP	NP	NP	NP	NP	NP	NP	NP	NP
6212	Currency and deposits										
6213	Debt securities										
6214	Loans										
6215	Equity and investment fund shares										
6216	Insurance, pension, and standardized guarantee schemes										
6217	Financial derivatives and employee stock options										
6218	Other accounts receivable										
622	**External debtors**										
6221	Monetary gold and SDRs										
6222	Currency and deposits										
6223	Debt securities										

GFSM2014_V1.4

TABLE 6A

In Million of / Fiscal year ends in 0 0

DEBT LIABILITIES AT NOMINAL/MARKET VALUE		General Government 0									
		Central Government (excluding social security funds)									Memorandum: Central Govt. (incl. SSF of central level)
		Budgetary	Extrabudgetary	Consolidation Column	Central Government	Social Security Funds	State Governments	Local Governments	Consolidation Column	General Government	
		BA=GL1	EA	CC	CG	SSF	SG	LG	CT	GG=GL3	GL2
6301N	**Special Drawing Rights**										
6301NA1	Domestic creditors	NP	NP	NP	NP	NP	NP	NP	NP	NP	NP
6301NA2	External creditors										
6301NB1	Short-term by original maturity	NP	NP	NP	NP	NP	NP	NP	NP	NP	NP
6301NB2	Long-term by original maturity, with payment due in one year or less	NP	NP	NP	NP	NP	NP	NP	NP	NP	NP
6301NB3	Long-term by original maturity, with payment due in more than one year										
6301NC1	Domestic currency denominated	NP	NP	NP	NP	NP	NP	NP	NP	NP	NP
6301NC2	Foreign currency denominated										
6301ND1	Fixed rate	NP	NP	NP	NP	NP	NP	NP	NP	NP	NP
6301ND2	Variable rate										
6302N	**Currency and deposits**										
6302NA1	Domestic creditors										
6302NA2	External creditors										
6302NB1	Short-term by original maturity										
6302NB2	Long-term by original maturity, with payment due in one year or less										
6302NB3	Long-term by original maturity, with payment due in more than one year										
6302NC1	Domestic currency denominated										
6302NC2	Foreign currency denominated										
6302ND1	Fixed rate										
6302ND2	Variable rate										
6303N	**Debt securities at nominal value**										
6303NA1	Domestic creditors										
6303NA2	External creditors										
6303NB1	Short-term by original maturity										
6303NB1d	*of which: domestic currency denominated*										
6303NB2	Long-term by original maturity, with payment due in one year or less										
6303NB2d	*of which: domestic currency denominated*										
6303NB3	Long-term by original maturity, with payment due in more than one year										
6303NC1	Domestic currency denominated										
6303NC2	Foreign currency denominated										
6303ND1	Fixed rate										
6303ND2	Variable rate										
6303M	**Debt securities at market value**										
6303MA1	Domestic creditors										
6303MA2	External creditors										
6303MB1	Short-term by original maturity										

GFSM2014_V1.4

TABLE 6B

In Million of / Fiscal year ends in 0 0

DEBT LIABILITIES AT FACE VALUE

		General Government 0									
		Central Government (excluding social security funds)									
		Budgetary	Extrabudgetary	Consolidation Column	Central Government	Social Security Funds	State Governments	Local Governments	Consolidation Column	General Government	Memorandum: Central Govt. (incl. SSF of central level)
		BA=GL1	EA	CC	CG	SSF	SG	LG	CT	GG=GL3	GL2
6301F	**Special Drawing Rights**										
6301FA1	Domestic creditors	NP	NP	NP	NP	NP	NP	NP	NP	NP	NP
6301FA2	External creditors										
6301FB1	Short-term by original maturity	NP	NP	NP	NP	NP	NP	NP	NP	NP	NP
6301FB2	Long-term by original maturity, with payment due in one year or less	NP	NP	NP	NP	NP	NP	NP	NP	NP	NP
6301FB3	Long-term by original maturity, with payment due in more than one year										
6301FC1	Domestic currency denominated	NP	NP	NP	NP	NP	NP	NP	NP	NP	NP
6301FC2	Foreign currency denominated										
6301FD1	Fixed rate	NP	NP	NP	NP	NP	NP	NP	NP	NP	NP
6301FD2	Variable rate										
6302F	**Currency and deposits**										
6302FA1	Domestic creditors										
6302FA2	External creditors										
6302FB1	Short-term by original maturity										
6302FB2	Long-term by original maturity, with payment due in one year or less										
6302FB3	Long-term by original maturity, with payment due in more than one year										
6302FC1	Domestic currency denominated										
6302FC2	Foreign currency denominated										
6302FD1	Fixed rate										
6302FD2	Variable rate										
6303F	**Debt securities**										
6303FA1	Domestic creditors										
6303FA2	External creditors										
6303FB1	Short-term by original maturity										
6303FB1d	*of which: domestic currency denominated*										
6303FB2	Long-term by original maturity, with payment due in one year or less										
6303FB2d	*of which: domestic currency denominated*										
6303FB3	Long-term by original maturity, with payment due in more than one year										
6303FC1	Domestic currency denominated										
6303FC2	Foreign currency denominated										
6303FD1	Fixed rate										
6303FD2	Variable rate										
6304F	**Loans**										
6304FA1	Domestic creditors										
6304FA2	External creditors										
6304FB1	Short-term by original maturity										

GFSM2014_V1.4

TABLE 7

										0	**0**
										In Million of / Fiscal year ends in	
		General Government 0									
		Central Government (excluding social security funds)									Memorandum:
	EXPENDITURE BY FUNCTIONS OF GOVERNMENT (COFOG)	Budgetary	Extrabudgetary	Consolidation Column	Central Government	Social Security Funds	State Governments	Local Governments	Consolidation Column	General Government	Central Govt. (incl. SSF of central level)
		BA=GL1	EA	CC	CG	SSF	SG	LG	CT	GG=GL3	GL2
701	**General public services**										
7011	Executive and legislative organs, financial and fiscal affairs, external affair:										
7012	Foreign economic aid										
7013	General services										
7014	Basic research										
7015	R & D General public services										
7016	General public services not elsewhere classified										
7017	Public debt transactions										
7018	Transfers of general character between levels of government										
702	**Defense**										
7021	Military defense										
7022	Civil defense										
7023	Foreign military aid										
7024	R & D Defense										
7025	Defense not elsewhere classified										
703	**Public order and safety**										
7031	Police services										
7032	Fire protection services										
7033	Law courts										
7034	Prisons										
7035	R & D Public order and safety										
7036	Public order and safety not elsewhere classified										
704	**Economic affairs**										
7041	General economic, commercial, and labor affairs										
7042	Agriculture, forestry, fishing, and hunting										
7043	Fuel and energy										
7044	Mining, manufacturing, and construction										
7045	Transport										
7046	Communication										
7047	Other industries										
7048	R & D Economic affairs										

GFSM2014_V1.4

TABLE 8A

0 0

In Million of / Fiscal year ends in

TRANSACTIONS IN FINANCIAL ASSETS AND LIABILITIES BY COUNTERPART SECTOR

		General Government 0									
		Central Government (excluding social security funds)									Memorandum: Central Govt. (incl. SSF of central level)
		Budgetary	Extrabudgetary	Consolidation Column	Central Government	Social Security Funds	State Governments	Local Governments	Consolidation Column	General Government	
		BA=GL1	EA	CC	CG	SSF	SG	LG	CT	GG=GL3	GL2
82	**Net acquisition of financial assets [=32]**										
821	**Domestic debtors [=321]**										
8211	General government										
82111	Central government										
821111	Budgetary central government										
821112	Extrabudgetary central government										
82112	Social security funds										
82113	State governments										
82114	Local governments										
8212	Central bank										
8213	Deposit-taking corporations except the central bank										
8214	Other financial corporations										
8215	Nonfinancial corporations										
8216	Households & nonprofit institutions serving households										
822	**External debtors [=322]**										
8221	General government										
8227	International organizations										
8228	Financial corporations other than international organizations										
8229	Other nonresidents										
83	**Net incurrence of liabilities [=33]**										
831	**Domestic creditors [=331]**										
8311	General government										
83111	Central government										
831111	Budgetary central government										
831112	Extrabudgetary central government										
83112	Social security funds										
83113	State governments										
83114	Local governments										
8312	Central bank										
8313	Deposit-taking corporations except the central bank										
8314	Other financial corporations										
8315	Nonfinancial corporations										
8316	Households & nonprofit institutions serving households										
832	**External creditors [=332]**										
8321	General government										
8327	International organizations										
8328	Financial corporations other than international organizations										
8229	Other nonresidents										

GFSM2014_V1.4

TABLE 8B

In Million of / Fiscal year ends in 0 0

STOCK POSITIONS IN FINANCIAL ASSETS AND LIABILITIES BY COUNTERPART SECTOR

		General Government 0										
		Central Government (excluding social security funds)										Memorandum: Central Govt. (incl. SSF of central level)
		Budgetary	Extrabudgetary	Consolidation Column	Central Government	Social Security Funds	State Governments	Local Governments	Consolidation Column	General Government	
		BA=GL1	EA	CC	CG	SSF	SG	LG	CT	GG=GL3	GL2
682	**Financial assets [=62]**										
6821	**Domestic debtors [=621]**										
68211	General government										
682111	Central government										
6821111	Budgetary central government										
6821112	Extrabudgetary central government										
682112	Social security funds										
682113	State governments										
682114	Local governments										
68212	Central bank										
68213	Deposit-taking corporations except the central bank										
68214	Other financial corporations										
68215	Nonfinancial corporations										
68216	Households & nonprofit institutions serving households										
6822	**External debtors [=622]**										
68221	General government										
68227	International organizations										
68228	Financial corporations other than international organizations										
68229	Other nonresidents										
683	**Liabilities [=63]**										
6831	**Domestic creditors [=631]**										
68311	General government										
683111	Central government										
6831111	Budgetary central government										
6831112	Extrabudgetary central government										
683112	Social security funds										
683113	State governments										
683114	Local governments										
68312	Central bank										
68313	Deposit-taking corporations except the central bank										
68314	Other financial corporations										
68315	Nonfinancial corporations										

GFSM2014_V1.4

TABLE 9

TOTAL OTHER ECONOMIC FLOWS IN ASSETS AND LIABILITIES		General Government 0										Memorandum: Central Govt. (incl. SSF of central level)
		Central Government (excluding social security funds)										
		Budgetary	Extrabudgetary	Consolidation Column	Central Government	Social Security Funds	State Governments	Local Governments	Consolidation Column	General Government		
		BA=GL1	EA	CC	CG	SSF	SG	LG	CT	GG=GL3		GL2
9	**CHANGE IN NET WORTH DUE TO OTHER ECONOMIC FLOWS**											
91	**Other economic flows in nonfinancial assets**											
911	Fixed assets											
912	Inventories											
913	Valuables											
914	Nonproduced assets											
92	**Other economic flows in financial assets**											
9201	Monetary gold and SDRs											
9202	Currency and deposits											
9203	Debt securities											
9204	Loans											
9205	Equity and investment fund shares											
9206	Insurance, pension, and standardized guarantee schemes											
9207	Financial derivatives and employee stock options											
9208	Other accounts receivable											
921	**Domestic**											
922	**External**											
93	**Other economic flows in liabilities**											
9301	Special Drawing Rights (SDRs)											
9302	Currency and deposits											
9303	Debt securities											
9304	Loans											
9305	Equity and investment fund shares											
9306	Insurance, pension, and standardized guarantee schemes											
9307	Financial derivatives and employee stock options											
9308	Other accounts payable											
931	**Domestic**											
932	**External**											
	Memorandum items:											
9M2	Change in net financial worth due to other economic flows [92-93]											
9M3	Gross debt (D4) at market value: other economic flows											
9M3D3	D3 debt liabilities at market value: other economic flows											
9M3D2	D2 debt liabilities at market value: other economic flows											
9M3D1	D1 debt liabilities at market value: other economic flows											

Top right: **0** **0**; **In Million of / Fiscal year ends in**

ANNEX 1. CONSOLIDATION (FROM-WHOM-TO-WHOM) TABLES

0

In Million of / Fiscal year ends in

TRANSACTIONS:

		Counterpart information for Taxes									
		BA=GL1	EA	CC	CG	SSF	SG	LG	CT	GG=GL3	GL2
TAXES RECEIVABLE											
11CBA	From budgetary central government										
11CEA	From extrabudgetary central government ...										
11CCG	From central government										
11CSS	From social security funds										
11CSG	From state governments										
11CLG	From local governments										
TAXES PAYABLE											
2821CBA	To budgetary central government										
2821CEA	To extrabudgetary central government										
2821CCG	To central government										
2821CSS	To social security funds										
2821CSG	To state governments										
2821CLG	To local governments										

		Intragovernmental interest memo items from Tables 1 and 2									
		BA=GL1	EA	CC	CG	SSF	SG	LG	CT	GG=GL3	GL2
INTEREST RECEIVABLE											
14113CBA	From budgetary central government	0.0	0.0	0.0	0.0	0.0	0.0	0.0	0.0	0.0	0.0
14113CEA	From extrabudgetary central government ...	0.0	0.0	0.0	0.0	0.0	0.0	0.0	0.0	0.0	0.0
14113CCG	From central government	0.0	0.0	0.0	0.0	0.0	0.0	0.0	0.0	0.0	0.0
14113CSS	From social security funds	0.0	0.0	0.0	0.0	0.0	0.0	0.0	0.0	0.0	0.0
14113CSG	From state governments	0.0	0.0	0.0	0.0	0.0	0.0	0.0	0.0	0.0	0.0
14113CLG	From local governments	0.0	0.0	0.0	0.0	0.0	0.0	0.0	0.0	0.0	0.0
INTEREST PAYABLE											
243CBA	To budgetary central government	0.0	0.0	0.0	0.0	0.0	0.0	0.0	0.0	0.0	0.0
243CEA	To extrabudgetary central government	0.0	0.0	0.0	0.0	0.0	0.0	0.0	0.0	0.0	0.0
243CCG	To central government	0.0	0.0	0.0	0.0	0.0	0.0	0.0	0.0	0.0	0.0
243CSS	To social security funds	0.0	0.0	0.0	0.0	0.0	0.0	0.0	0.0	0.0	0.0
243CSG	To state governments	0.0	0.0	0.0	0.0	0.0	0.0	0.0	0.0	0.0	0.0
243CLG	To local governments	0.0	0.0	0.0	0.0	0.0	0.0	0.0	0.0	0.0	0.0

1. Taxes		Taxes receivable from other general government units (column) [GFS code 11]						
		Budgetary	Extrabudgetary	Central government	Social security funds	State governments	Local governments	**Total (payable)**
Taxes payable to other general government units (row) [GFS code 2821]	Budgetary	0.0	0.0	0.0	0.0	0.0	0.0	0.0
	Extrabudgetary	0.0	0.0	0.0	0.0	0.0	0.0	0.0
	Central government	0.0	0.0	0.0	0.0	0.0	0.0	0.0
	Social security funds	0.0	0.0	0.0	0.0	0.0	0.0	0.0
	State governments	0.0	0.0	0.0	0.0	0.0	0.0	0.0
	Local governments	0.0	0.0	0.0	0.0	0.0	0.0	0.0
	Total (receivable)	0.0	0.0	0.0	0.0	0.0	0.0	

2. Interest income/expense:		Interest receivable from other general government units (column) [GFS code 14113]						
		Budgetary	Extrabudgetary	Central government	Social security funds	State governments	Local governments	**Total (payable)**
Interest payable to other general government units (row) [GFS code 243]	Budgetary	0.0	0.0	0.0	0.0	0.0	0.0	0.0
	Extrabudgetary	0.0	0.0	0.0	0.0	0.0	0.0	0.0
	Central government	0.0	0.0	0.0	0.0	0.0	0.0	0.0
	Social security funds	0.0	0.0	0.0	0.0	0.0	0.0	0.0
	State governments	0.0	0.0	0.0	0.0	0.0	0.0	0.0
	Local governments	0.0	0.0	0.0	0.0	0.0	0.0	0.0
	Total (receivable)	0.0	0.0	0.0	0.0	0.0	0.0	

GFSM2014_V1.4 ANNEX 2	0	0 In Million of / Fiscal year ends in
	0	
CONSISTENCY WITH OTHER MACROECONOMIC STATISTICS	General Government	Observations on discrepancies
NATIONAL ACCOUNTS		
Current Revenue minus Current Expense [GFS]	0.0	
Saving, net [SNA B8n]		
Discrepancy		
Net investment in nonfinancial assets [GFS 31]	0.0	
Net investment [SNA P5g-K1+NP]		
Discrepancy		
Net lending (+) / Net borrowing (-) [GFS NLB]	0.0	
Net lending (+) / Net borrowing (-) [SNA B9]		
Discrepancy		
BALANCE OF PAYMENTS		
Capital grants from foreign governments and international organizations [GFS 1312+1322]	0.0	
Capital transfers, credit, general government [BOP 20A100 C GA]		
Discrepancy		
Capital grants to foreign governments and international organizations [GFS 2612+2622]	0.0	
Capital transfers, debit, general government [BOP 20A100 D GA]		
Discrepancy		
Net acquisition of financial assets, external [GFS 322]	0.0	
NAFA, general government [BOP 3x A GA]		
Discrepancy		
Net incurrence of liabilities, external [GFS 332]	0.0	
NIL, general government [BOP 3x L GA]		
Discrepancy		
INTERNATIONAL INVESTMENT POSITION		
Financial assets, external [GFS 622]	0.0	
Financial assets, general government [BOP 8x A GA]		
Discrepancy		
Liabilities, external [GFS 632]	0.0	
Liabilities, general government [BOP 8x L GA]		
Discrepancy		
CENTRAL BANK ACCOUNT		
Net liabilities to central bank [GFS 68312-68212]	0.0	
Net claims on general government [SR1 xxx]		
Discrepancy		

[부록 3] 회계처리지침의 주요내용

1. 원가계산에 관한 지침

1) 행정형회계 원가계산 절차

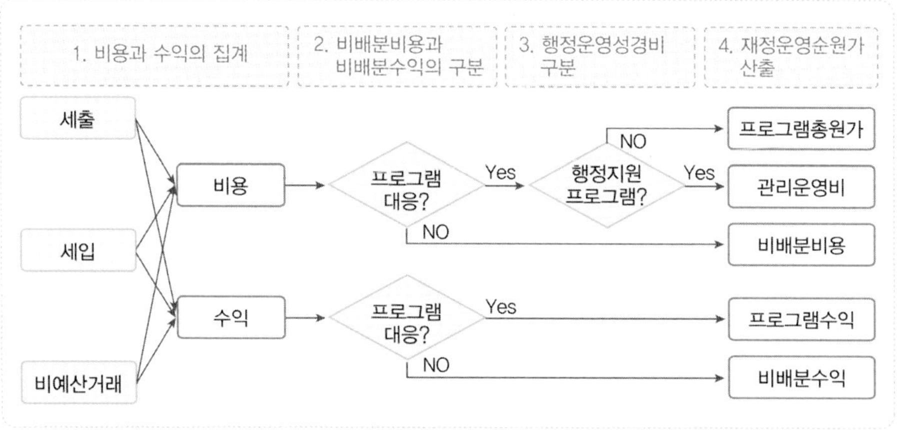

주: 행정형회계는 비교환수익을 순자산변동표에 기록(재정운영표에 기록하지 않음).
자료: 기획재정부 · 한국조세재정연구원(2016). 국가회계편람. p.481.

2) 사업형회계 원가계산 절차

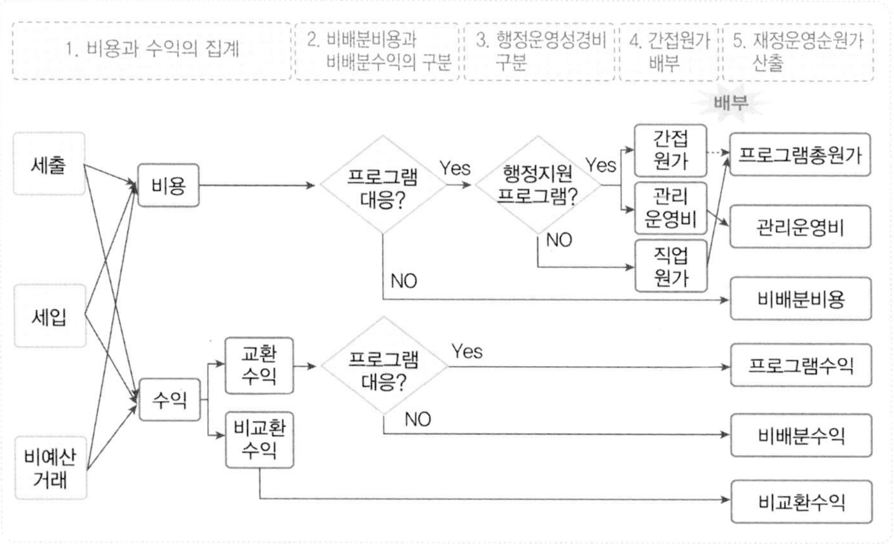

자료: 기획재정부 · 한국조세재정연구원(2016). 국가회계편람. p.481.

2. 비교환수익 회계처리 지침

1) 비교환수익 인식시점

대분류	세분류	수익 인식
국세수익	물납	취득한 부동산과 유가증권 등의 공정가액이 아닌 신고하거나 고지한 금액
부담금수익	부담금수익	고지한 때 그 확정된 금액
제재금수익	변상금수익	고지하는 때
	위약금수익	고지하는 때
	가산금수익	납부기한 종료 후 고지하는 때
	벌금(5만원이상), 과료(5만원미만)	납부하는 때
	과태료	고지하는 때, 다만 자진신고 후 고지 전 납하는 경우 납부하는 때
	과징금	고지하는 때
	징계부가금	고지하는 때
	몰수금수익	화폐성자산의 경우 몰수가 집행된 때, 비화폐성자산의 경우 몰수품 처분시
	일반회계·특별회계·기금전입금	고지한 때 그 확정된 금액
	정수내·외자산수증, 기부금수익	청구권이 확정되는 자산의 수취시점에 그 확정된 금액
	농특세·주세이전수입	실제 세수입이 수납되는 시점의 수납금액
채무면제이익	채무면제이익	실제 채무의 면제가 확정되는 시점

예 국세의 물납 회계처리

A씨는 20X2년 2월 15일 상속세 100,000,000원을 신고하였다. A씨는 법정신고기한 내인 20X2년 3월 31일 나머지 30,000,000원은 보유하고 있는 건물로 물납하고 70,000,000원의 세금은 3년에 걸쳐 연부연납신청을 하였다. 이에 따라 A씨는 연부연납세액 중 1/4인 17,500,000원을 20X2년 3월 31일 납부하였다. 이에 관할세무서장은 연부연납 및 물납신청을 승인하고 20X2년 5월 31일 상속세의 과세표준과 세액을 결정하여 납세의무자에게 통지하였다. A씨는 연부연납에 의해 향후 3년간 매년 3월 31일 17,500,000원씩 납부하여야 한다. 관할세무서는 20X2년 9월 30일 물납된 건물을 기획재정부로 이관하였고, 기획재정부는 11월 30일 물납자산의

경매를 통하여 50,000,000원을 수취하여 30,000,000원의 미수국세를 회수하였다.

해당하는 시점에 발생하는 회계처리는 다음과 같다.

- 20X2년 3월 31일 납부 시(국세청)

차) 국고이전지출 (국세징수활동표)	17,500,000	대) 기타의 선수수익	17,500,000

- 20X2년 5월 31일 부과고지 시(국세청)

차) 기타의 선수수익	17,500,000	대) 상속세수익	100,000,000
미수국세*	17,500,000	(국세징수활동표)	
장기미수국세**	35,000,000		
건설중인 기타의 유형자산	30,000,000		

* 20X2년 5월 31일 기준 1년 이내 납부하여야 할 국세
** 20X2년 5월 31일 기준 1년 이후 납부 세액

- 20X2년 9월 30일 물납자산의 이관 시(국세청)

차) 물납이전	30,000,000	대) 건설중인 기타의 유형자산	30,000,000

- 20X2년 9월 30일 물납자산의 이관 시(기획재정부)

차) 건물	30,000,000	대) 기타무상이전수입	30,000,000

- 20X2년 11월 30일 경매처분 시(기획재정부)

차) 국고이전지출	50,000,000	대) 건물	30,000,000
		일반유형자산처분이익	20,000,000

- 20X2년 12월 31일 유동성대체 및 감가상각

회계처리 없음

- 20X3년 3월 31일 연부연납 시

차) 국고이전지출	17,500,000	대) 미수국세	17,500,000

- 20X3년 12월 31일 유동성대체

차) 미수국세	17,500,000	대) 장기미수국세	17,500,000

- 20X4년 3월 31일 연부연납 시

차) 국고이전지출 (국세징수활동표)	17,500,000	대) 미수국세	17,500,000

- 20X4년 12월 31일 유동성대체

차) 미수국세	17,500,000	대) 장기미수국세	17,500,000

- 20X5년 3월 31일 연부연납 시

차) 국고이전지출 (국세징수활동표)	17,500,000	대) 미수국세	17,500,000

ref 이외에도 비교환수익관련 다양한 회계처리는 국가회계편람(2016)을 참고하라.

3. 민간투자사업 회계처리지침

1) BTO

"수익형 민자사업"(BTO: Build－Transfer－Operate)이란 민간사업자가 자금을 투자하여 일반유형자산 또는 사회기반시설을 건설하여 자산의 소유권을 국가회계실체로 이전하면, 그 대가로 민간사업자에게는 일정기간 동안 사용수익권을 인정하는 방식을 말한다. 민간사업자는 동 시설을 운영하면서 사용료를 징수하여 투자비를 회수하는 방식을 말한다.

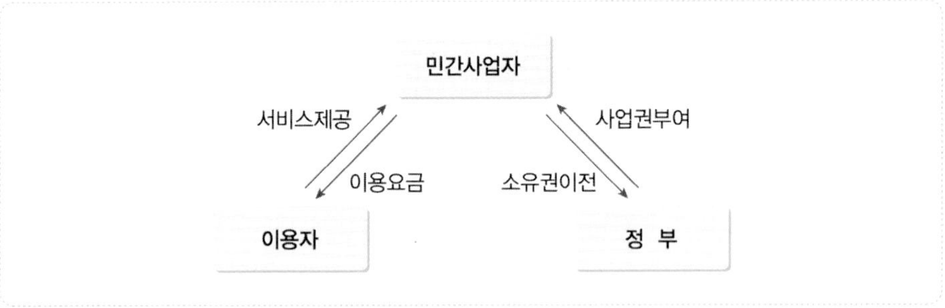

자료: 기획재정부·한국조세재정연구원(2016). 국가회계편람. p.454.

20x1년 XX부처는 다음과 같이 민간투자사업 방식으로 건물(내용연수 20년)을 취득하였다.

- 임대기간: 10년
- 기대수익률: 5.5%
- 총민간투자비: 100억원

– 부속사업순이익: 5억원/년
– 부속사업운영비용: 3억원/년

총 민간투자비는 100억원이며, XX부처는 사업시행자에게 향후 10년간 사용수익권을 인정해주기로 합의하였다. (단위: 억원)

2) 회계처리

• 준공 후 자산의 소유권이 국가에 귀속된 때

차) 건물	100	대) 건물사용수익권	100

• 시설임대료지급 시 및 부속사업수익 및 운영비용 정산 시

해당 사항 없음

• 감가상각 시

차) 건물감가상각비	5	대) 건물감가상각누계액	5
차) 건물사용수익권	10	대) 정부외자산수증	10

수익형 민자사업(BTO)의 경우는 경제적 실질이 자산을 기부 받고 이에 대한 사용수익권을 민간에게 이전하는 것이며 민간이 직접 최종이용자로부터 사용료 등을 회수하므로 부속사업수익 및 운영비용에 대한 회계처리는 없음

※ 건물 이외의 일반유형자산(사회기반시설 포함)의 경우에도 위와 동일한 방식으로 회계처리함.

3) BTL

"임대형 민자사업"(BTL: Build–Transfer–Lease)이란 일반유형자산 또는 사회기반시설을 민간자금으로 건설하여 자산의 소유권을 국가회계실체로 이전하면, 협약된 기간 동안 민간사업자가 관리운영을 하고 국가회계실체는 민간사업자에게 시설임차 및 사용료를 지급하는 방식을 말한다.

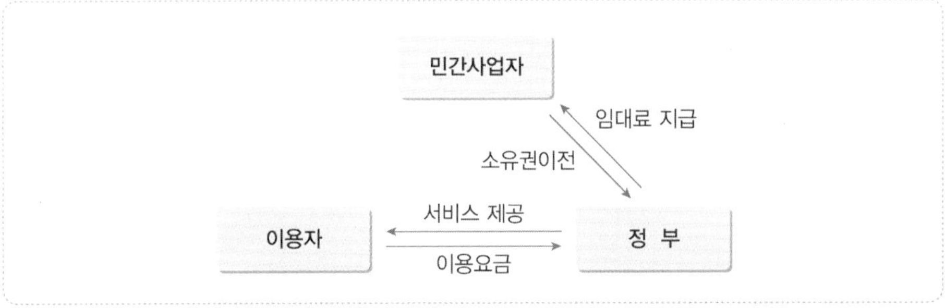

자료: 기획재정부 · 한국조세재정연구원(2016). 국가회계편람. p.455.

20x1년 XX부처는 다음과 같이 민간투자사업 방식으로 건물(내용연수 20년)을 취득하였다.

- 임대기간: 10년
- 연도별임대료지급방식: 매년 동일한 금액
- 기대수익률: 5.5%
- 총민간투자비: 100억원
- 부속사업순이익: 5억원/년
- 부속사업운영비용: 3억원/년

사용수익권을 인정하고 동 건물을 다시 임차하였으며, 향후 10년간 지급하여 연간지급해야 할 시설임대료는 13.27억원인 경우 임대형 민간사업(BTL) 방식의 회계처리는 다음과 같다. 다만, BTL임대료미지급금 등에 대한 유동성대체는 생략한다.

- 준공 후

차) 건물*	100	대) BTL임대료장기미지급금**	132.7
BTL임대료장기미지급금 현재가치할인차금	32.7		

* 건물사용수익권은 형식적 요건일 뿐 경제적 실질은 임대료 명칭으로 장기연불조건으로 건물을 취득한 거래로 간주함. 건물의 취득가액 100억원은 총 민간투자비로서 연간 지급해야 할 시설임대료 13.27억원의 현재가치와 동일함.

** 10년 동안 지급해야 할 연간 시설임대료 13.27억원의 명목가치임.

- 시설임대료지급 시

차)	BTL임대료장기미지급금	13.27	대)	현금및현금성자산	13.27
	BTL임대료이자비용***	5.5		BTL임대료장기미지급금	5.5
				현재가치할인차금	

- 부속사업수익 및 운영비용 정산 시

차)	현금및현금성자산	5	대)	사용료수익	5
차)	운영비용	3	대)	현금및현금성자산	3

- 감가상각 시

차)	건물감가상각비	5	대)	건물감가상각누계액	5

※ 건물 이외의 일반유형자산(사회기반시설 포함)의 경우에도 위와 동일한 방식으로 회계처리함.

*** 현재가치할인차금 상각표

(단위: 억원)

년도	현재가치할인차금상각[1]	부채상환액	장부가액[2]
2000			100
2001	5.50	13.27	92.23
2002	5.07	13.27	84.04
2003	4.62	13.27	75.39
2004	4.15	13.27	66.27
2005	3.65	13.27	56.65
2006	3.12	13.27	46.50
2007	2.56	13.27	35.79
2008	1.97	13.27	24.49
2009	1.35	13.27	12.58
2010	0.69	13.27	–

1) 현재가치할인차금상각액은 전년도말 직전장부가액에 기대수익률(5.5%)을 곱하여 계산함.
2) 장부가액은 BTL임대료장기미지급금의 명목가액에서 현재가치할인차금잔액을 차감한 가액으로 최초발생액에서 부채상환에 따른 감소와 현재가치할인차금상각액 등을 고려하여 계산함.

4. 연금 회계처리지침

1) 공무원연금 및 군인연금

공무원연금과 군인연금은 이미 설명한 바와 같이 고용관련연금제도이다. 공무원과 군인은 정부가 직접고용한 것으로 보기 때문에 보험수리적 가정을 적용하여 측정한 연금충당부채를 국가부채로 인식한다. 연금수급자뿐만 아니라 연금미수급자(재직자)도 연금충당부채에 포함한다. 연금비용의 측정은 연금충당부채증감액에 회계연도중 지급기일이 도래한 금액을 합한 것이며, 연금비용의 인식은 당기근무자, 이자원가, 과거근무원가는 재정운영표상 프로그램총원가 또는 관리운영비에 계상하고, 보험수리적 손익은 순자산변동표에 순자산조정항목에 계상한다. 또한 고용주부담금, 피용자기여금은 재정운영표상 프로그램수익으로, 보전금은 순자산변동표 또는 재정운영표상 비교환수익으로 인식한다.

〈공무원연금 연금충당부채 산정결과, 2017 국가결산보고서 요약〉

- 평가방식과 부채개념(2017회계연도 기준)
  평가방식 : 예측단위적립방식(PUCM, Projected Unit Cost Method)
  부채개념 : 예측급여채무(PBO, Projected Benefits Obligation)
- 산정액수(2017년 12월 31일 기준)
  연금수급자 연금충당부채 : 227조 7,082억원
  재직자 연금충당부채 : 447조 6,157억원
  공무원연금 연금충당부채 : **675조 3,239억원**

2) 사학연금 및 국민연금

사립학교 교직원과 국민은 정부가 직접고용한 것이 아니기 때문에 연금충당부채를 국가의 부채로 인식하지 않고 연금미지급금만 연금부채로 인식한다. 따라서 보험수리적 가정을 적용하지 않는다. 연금비용의 측정은 연금미지급금증감액에 회계연도중 지급액을 합한 것이며, 연금비용은 프로그램총원가로 인식한다. 또한 고용주부담금, 국가기여금, 피용자기여금은 재정운영표상 프로그램수익으로, 보전금은 순자산변동표 또는 재정운영표상 비교환수익 등으로 인식한다.

[부록 4] 정부회계관련 법률

국가회계법

[시행 2018.1.1.] [법률 제15285호, 2017.12.26., 일부개정]

제1장 총 칙

제1조(목적) 이 법은 국가회계와 이와 관계되는 기본적인 사항을 정하여 국가회계를 투명하게 처리하고, 재정에 관한 유용하고 적정한 정보를 생산·제공하는 것을 목적으로 한다.

제2조(정의) 이 법에서 사용하는 용어의 정의는 다음과 같다.

1. "중앙관서의 장"이란 다음 각 목의 어느 하나에 해당하는 자를 말한다.
   가. 「헌법」이나 「정부조직법」, 그 밖의 법률에 따라 설치된 중앙행정기관의 장
   나. 국회사무총장, 법원행정처장, 헌법재판소사무처장 및 중앙선거관리위원회사무총장
2. "기금관리주체"란 법률에 따라 기금(제3조제2호의 기금을 말한다. 이하 이 호에서 같다)을 관리·운용하는 자(기금의 관리업무나 운용업무를 위탁받은 자를 제외한다)를 말한다.
3. 삭제

제3조(적용범위) 이 법은 다음 각 호의 회계 및 기금에 대하여 적용한다.

1. 「국가재정법」 제4조에 따른 일반회계 및 특별회계
2. 「국가재정법」 제5조제1항에 따라 설치된 기금(이하 "기금"이라 한다)

제4조(국가회계의 원칙) 국가회계는 다음 각 호의 원칙에 따라 처리되어야 한다.

1. 국가회계는 신뢰할 수 있도록 객관적인 자료와 증빙에 의하여 공정하게 처리되어야 한다.
2. 국가회계는 재정활동의 내용과 그 성과를 쉽게 파악할 수 있도록 충분한 정보를 제공하고, 간단·명료하게 처리되어야 한다.
3. 삭제

제5조(회계연도) 국가의 회계연도는 매년 1월 1일에 시작하여 12월 31일에 종료한다.

제6조(국가회계에 관한 사무의 관장 등) ① 기획재정부장관은 국가회계에 관한 사무를 총괄하고, 중앙관서의 장과 기금관리주체는 그 소관의 회계에 관한 사무를 관리한다.

② 중앙관서의 장은 제1항에 따른 사무에 관한 법령을 제정·개정 또는 폐지하려는 때에는 기획재정부장관 및 감사원과 협의하여야 한다.

제7조(회계책임관의 임명 등) ① 중앙관서의 장은 그 소관에 속하는 회계업무를 총괄적으로 수행하도록 하기 위하여 회계책임관을 임명하여야 한다.

② 회계책임관은 다음 각 호의 업무를 수행한다.

1. 제24조에 따른 내부통제 등 회계업무에 관한 사항
2. 회계·결산 및 분석에 관한 사항
3. 제1호 및 제2호의 업무와 관련된 공무원에 대한 지도·감독
4. 그 밖에 회계업무의 수행에 관하여 대통령령으로 정하는 사항

③ 회계책임관의 임명은 중앙관서의 장이 소속 관서에 설치된 직위를 지정하는 것으로 갈음할 수 있다.

제8조(국가회계제도심의위원회의 설치 등) ① 국가회계업무의 수행과 관련하여 다음 각 호의 사항을 심의하기 위하여 기획재정부에 국가회계제도심의위원회(이하 이 조에서 "위원회"라 한다)를 둔다.

1. 국가회계제도와 그 운영
2. 국가회계의 처리 또는 결산 관련 법령의 제정·개정 및 폐지
3. 국가와 지방자치단체 및 공공기관(「공공기관의 운영에 관한 법률」 제4조부터 제6조까지의 규정에 따라 지정·고시된 공공기관을 말한다) 간 회계제도의 연계
4. 그 밖에 국가회계제도의 운영에 관한 사항으로서 대통령령으로 정하는 사항

② 위원회는 위원장 1인을 포함한 15인 이내의 위원으로 구성한다.

③ 위원회의 위원장은 기획재정부장관이 지명하는 기획재정부차관이 되고, 위원은 감사원, 행정안전부 등 관계 부처 3급 공무원 또는 고위공무원단에 속하는 일반직 공무원과 회계업무에 관한 학식과 경험이 풍부한 사람 중에서 기획재정부장관이 임명 또는 위촉한다.

④ 그 밖에 위원회의 조직과 운영 등에 관하여 필요한 사항은 대통령령으로 정한다.

제9조 삭제

제10조(다른 법률과의 관계) 이 법은 일반회계·특별회계 및 기금의 회계 및 결산에 관하여 다른 법률에 우선하여 적용한다.

제 2 장 회계처리의 기준

제11조(국가회계기준) ① 국가의 재정활동에서 발생하는 경제적 거래 등을 발생 사실에 따라 복식부기 방식으로 회계처리하는 데에 필요한 기준(이하 "국가회계기준"이라 한다)은 기획재정부령으로 정한다.

② 국가회계기준은 회계업무 처리의 적정을 기하고 재정상태 및 재정운영의 내용을 명백히 하기 위하여 객관성과 통일성이 확보될 수 있도록 하여야 한다.

③ 삭제

④ 기획재정부장관은 국가회계기준에 관한 업무를 대통령령으로 정하는 바에 따라 전문성을 갖춘 기관 또는 단체에 위탁할 수 있다.

제12조 삭제

제 3 장 결 산

제13조(결산의 수행) ① 중앙관서의 장은 회계연도마다 제14조·제15조 및 제15조의2에 따라 그 소관에 속하는 일반회계·특별회계 및 기금을 통합한 결산보고서(이하 "중앙관서결산보고서"라 한다)를 작성하여야 한다.

② 중앙관서의 장이 아닌 기금관리주체는 회계연도마다 제14조·제15조 및 제15조의2(세입세출결산에 관한 부분은 제외한다)에 따라 기금에 관한 결산보고서(이하 "기금결산보고서"라 한다)를 작성하여 소관 중앙관서의 장에게 제출하여야 한다. 이 경우 기금운용규모 등을 고려하여 대

통령령으로 정하는 기준에 해당하는 기금은 기금결산보고서에 「공인회계사법」 제23조에 따른 회계법인의 감사보고서를 첨부하여야 한다.

③ 기획재정부장관은 회계연도마다 중앙관서결산보고서를 통합하여 국가의 결산보고서(이하 "국가결산보고서"라 한다)를 작성한 후 국무회의의 심의를 거쳐 대통령의 승인을 받아야 한다.

④ 제2항 후단에 따른 회계감사의 방법·절차 등에 관하여 필요한 사항은 대통령령으로 정한다.

제14조(결산보고서의 구성) 결산보고서는 다음 각 호의 서류로 구성된다.

1. 결산 개요
2. 세입세출결산(중앙관서결산보고서 및 국가결산보고서의 경우에는 기금의 수입지출결산을 포함하고, 기금결산보고서의 경우에는 기금의 수입지출결산을 말한다)
3. 재무제표
   가. 재정상태표
   나. 재정운영표
   다. 순자산변동표
4. 성과보고서

제15조(결산보고서의 작성) ① 제14조제1호에 따른 결산 개요는 결산의 내용을 요약하여 예산 및 기금의 집행 결과, 재정의 운영 내용과 재무상태를 분명하게 파악할 수 있도록 작성하여야 한다.

② 제14조제2호에 따른 세입세출결산은 세입세출예산 또는 기금운용계획과 같은 구분에 따라 그 집행 결과를 종합하여 작성하여야 한다. 이 경우 구체적인 작성사항은 대통령령으로 정한다.

③ 제14조제3호에 따른 재무제표는 국가회계기준에 따라 작성하여야 한다.

④ 제14조제4호에 따른 성과보고서는 「국가재정법」 제8조에 따른 성과계획서에서 정한 성과목표와 그에 대한 실적을 대비하여 작성하여야 한다.

제15조의2(결산보고서의 부속서류) ① 제14조제2호에 따른 세입세출결산(기금의 수입지출결산은 제외한다)에는 다음 각 호의 서류가 첨부되어야 한다.

1. 계속비 결산명세서

1의2. 세입세출결산 사업별설명서

2. 총액계상 사업집행명세서
3. 수입대체경비 사용명세서
4. 이월명세서
5. 명시이월비 집행명세서
6. 정부기업특별회계 회전자금운용명세서
7. 성인지(性認知) 결산서
8. 예비금 사용명세서

8의2. 「국가재정법」 제50조에 따른 총사업비 관리대상 사업의 사업별 집행명세서

9. 「국가재정법」 제53조제2항에 따른 현물출자명세서
10. 「국고금관리법」 제32조제1항에 따른 재정증권의 발행 및 한국은행 일시차입금의 운용명세서
11. 「국가재정법」 제90조에 따른 전년도 세계잉여금의 처리명세서
12. 그 밖에 대통령령으로 정하는 서류

② 기금의 수입지출결산에는 다음 각 호의 서류가 첨부되어야 한다.

1. 재원조성실적표
2. 성인지 기금결산서
3. 그 밖에 대통령령으로 정하는 서류

③ 국가결산보고서의 세입세출결산에는 제1항 및 제2항에 따른 서류 외에 다음 각 호의 서류가 첨부되어야 한다.

1. 통합재정수지표

2. 통합계정자금 운용 및 수익금사용명세서

④ 제14조제3호에 따른 재무제표에는 다음 각 호의 서류가 첨부되어야 한다.

1. 국가채무관리보고서
2. 「국가채권관리법」 제36조에 따른 국가채권현재액보고서
3. 그 밖에 대통령령으로 정하는 서류

⑤ 제1항제7호에 따른 성인지 결산서 및 제2항제2호에 따른 성인지 기금결산서의 작성에 관한 구체적인 사항은 대통령령으로 정한다.

제16조(예비비 사용명세서의 작성) ① 중앙관서의 장은 예비비로 사용한 금액의 명세서를 작성하여야 한다.

② 기획재정부장관은 제1항에 따른 예비비 사용명세서를 통합하여 예비비로 사용한 금액의 총괄명세서를 작성하여야 한다.

제17조~제23조 삭제

제4장 보 칙

제24조(내부통제) ① 중앙관서의 장은 회계처리의 적정 여부와 결산보고서의 신뢰성을 평가하기 위하여 회계책임관으로 하여금 이에 관한 사항을 관리·감독하는 등 내부통제를 하게 하여야 한다.

② 중앙관서의 장은 제1항에 따른 내부통제를 위하여 필요한 절차와 방법을 정하여야 한다.

③ 제2항에 따른 절차와 방법에 관한 기본적인 사항은 기획재정부장관이 감사원과 협의하여 정한다.

제25조(회계장부의 비치) 중앙관서의 장과 기금관리주체는 대통령령으로 정하는 바에 따라 회계장부를 비치하고, 필요한 사항을 기록·관리하여야 한다.

제26조(회계처리 및 결산보고서 작성에 대한 감독) ① 기획재정부장관은 국가회계업무를 적정하게 관리하기 위하여 필요한 경우에는 대통령령으로 정하는 바에 따라 소속 공무원으로 하여금 회계처리 및 결산보고서 작성에 관한 실지 지도 및 조사를 하게 할 수 있다.

② 기획재정부장관은 결산보고서를 적정하게 작성하도록 결산에 관한 지침을 작성하여 각 중앙관서의 장에게 통보할 수 있다.

③ 기획재정부장관은 국가결산보고서의 작성을 위하여 필요한 자료를 관계 중앙관서의 장에게 요구할 수 있다.

제27조(회계관계공무원 등의 교육) 기획재정부장관은 국가회계업무 수행의 전문성을 향상시키기 위하여 대통령령으로 정하는 바에 따라 회계관계공무원 등에 대한 교육을 실시할 수 있다.

제28조(회계관계공무원 등의 책임) 회계관계공무원 등의 책임에 관하여는 다른 법률로 정하는 바에 따른다.

부 칙

제1조(시행일) 이 법은 2018년 1월 1일부터 시행한다.

제2조(총사업비 관리대상 사업의 사업별 집행명세서 첨부에 관한 적용례) 제15조의2 제1항제8호의2의 개정규정은 2018회계연도 세입세출결산부터 적용한다.

국가회계기준에 관한 규칙

[시행 2018.3.5.] [기획재정부령 제657호, 2018.3.5., 일부개정]

제1장 총 칙

제1조(목적) 이 규칙은 「국가회계법」 제11조 제1항에 따라 국가의 재정활동에서 발생하는 경제적 거래 등을 발생 사실에 따라 복식부기 방식으로 회계처리하는 데에 필요한 기준을 정함을 목적으로 한다.

제2조(정의) 이 규칙에서 사용하는 용어의 뜻은 다음과 같다.

1. "국가회계실체"란 「국가재정법」 제4조에 따른 일반회계, 특별회계 및 같은 법 제5조에 따른 기금으로서 중앙관서별로 구분된 것을 말한다.
2. "재정상태표일"이란 제7조에 따른 재정상태표의 작성 기준일을 말한다.
3. "공정가액"이란 합리적인 판단력과 거래의사가 있는 독립된 당사자 간에 거래될 수 있는 교환가격을 말한다.
4. "내부거래"란 재무제표를 작성할 때 상계(相計)되어야 하는 국가회계실체 간의 거래를 말한다.
5. "회수가능가액"이란 순실현가능가치와 사용가치 중 큰 금액을 말한다.

제3조(적용범위 등) ① 이 규칙은 「국가재정법」 제4조에 따른 일반회계, 특별회계 및 같은 법 제5조에 따른 기금의 회계처리에 대하여 적용한다.

② 이 규칙의 해석과 실무회계처리에 관한 사항은 기획재정부장관이 정하는 바에 따른다.

③ 이 규칙에서 정하는 것 외의 사항에 대해서는 일반적으로 인정되는 회계원칙과 일반적으로 공정하고 타당하다고 인정되는 회계관습에 따른다.

제4조(일반원칙) 국가의 회계처리는 복식부기·발생주의 방식으로 하며, 다음 각 호의 원칙에 따라 이루어져야 한다.

1. 회계처리는 신뢰할 수 있도록 객관적인 자료와 증거에 따라 공정하게 이루어져야 한다.
2. 재무제표의 양식, 과목 및 회계용어는 이해하기 쉽도록 간단명료하게 표시하여야 한다.
3. 중요한 회계방침, 회계처리기준, 과목 및 금액에 관하여는 그 내용을 재무제표에 충분히 표시하여야 한다.
4. 회계처리에 관한 기준 및 추정(推定)은 기간별 비교가 가능하도록 기간마다 계속하여 적용하고 정당한 사유 없이 변경해서는 아니 된다.
5. 회계처리와 재무제표 작성을 위한 계정과목과 금액은 그 중요성에 따라 실용적인 방법으로 결정하여야 한다.
6. 회계처리는 거래 사실과 경제적 실질을 반영할 수 있어야 한다.

제5조(재무제표와 부속서류) ① 재무제표는 「국가회계법」 제14조제3호에 따라 재정상태표, 재정운영표, 순자산변동표로 구성하되, 재무제표에 대한 주석을 포함한다.

② 재무제표의 부속서류는 필수보충정보와 부속명세서로 한다.

③ 재무제표는 국가의 재정활동에 직접적 또는 간접적으로 이해관계를 갖는 정보이

용자가 국가의 재정활동 내용을 파악하고, 합리적으로 의사결정을 할 수 있도록 유용한 정보를 제공하는 것을 목적으로 한다.

④ 재무제표는 국가가 공공회계책임을 적절히 이행하였는지를 평가하는 데 필요한 다음 각 호의 정보를 제공하여야 한다.

1. 국가의 재정상태 및 그 변동과 재정운영결과에 관한 정보
2. 국가사업의 목적을 능률적, 효과적으로 달성하였는 지에 관한 정보
3. 예산과 그 밖에 관련 법규의 준수에 관한 정보

제6조(재무제표의 작성원칙) ① 재무제표는 다음 각 호의 원칙에 따라 작성한다.

1. 재무제표는 해당 회계연도분과 직전 회계연도분을 비교하는 형식으로 작성한다.
2. 제1호에 따라 비교하는 형식으로 작성되는 두 회계연도의 재무제표는 계속성의 원칙에 따라 작성하며, 「국가회계법」에 따른 적용 범위, 회계정책 또는 이 규칙 등이 변경된 경우에는 그 내용을 주석으로 공시한다.
3. 재무제표의 과목은 해당 항목의 중요성에 따라 별도의 과목으로 표시하거나 다른 과목으로 통합하여 표시할 수 있다.
4. 재무제표를 통합하여 작성할 경우 내부거래는 상계하여 작성한다.

② 「국고금관리법 시행령」 제2장에 따른 출납정리기한 중에 발생하는 거래에 대한 회계처리는 해당 회계연도에 발생한 거래로 보아 다음 각 호와 같이 처리한다.

1. 「국고금관리법 시행령」 제5조제2항 각 호의 어느 하나에 해당하는 납입은 해당 회계연도 말일에 수입된 것으로 본다.
2. 「국고금관리법 시행령」 제6조제1항 각 호의 어느 하나에 해당하는 지출은 해당 회계연도 말일에 지출된 것으로 본다.
3. 「국고금관리법 시행령」 제7조 단서에 따라 관서운영경비출납공무원이 교부받은 관서운영경비를 해당 회계연도 말일 후에 반납하는 경우에는 해당 회계연도 말일에 반납된 것으로 본다.

제 2 장 재정상태표

제 1 절 총 칙

제7조(재정상태표) ① 재정상태표는 재정상태표일 현재의 자산과 부채의 명세 및 상호관계 등 재정상태를 나타내는 재무제표로서 자산, 부채 및 순자산으로 구성된다.

② 재정상태표는 별지 제1호서식과 같다.

제8조(재정상태표 작성기준) ① 자산과 부채는 유동성이 높은 항목부터 배열한다. 이 경우 유동성이란 현금으로 전환되기 쉬운 정도를 말한다.

② 자산, 부채 및 순자산은 총액으로 표시한다. 이 경우 자산 항목과 부채 또는 순자산 항목을 상계함으로써 그 전부 또는 일부를 재정상태표에서 제외해서는 아니 된다.

제 2 절 자 산

제9조(자산의 정의와 구분) ① 자산은 과거의 거래나 사건의 결과로 현재 국가회계실체가 소유(실질적으로 소유하는 경우를 포함한다) 또는 통제하고 있는 자원으로서, 미래에 공공서비스를 제공할 수 있거나 직접 또는 간접적으로 경제적 편익을 창출하거나 창출에 기여할 것으로 기대되는 자원을 말한다.

② 자산은 유동자산, 투자자산, 일반유형자산, 사회기반시설, 무형자산 및 기타 비유동자산으로 구분하여 재정상태표에 표시

한다.

제10조(자산의 인식기준) ① 자산은 공용 또는 공공용으로 사용되는 등 공공서비스를 제공할 수 있거나 직접적 또는 간접적으로 경제적 편익을 창출하거나 창출에 기여할 가능성이 매우 높고 그 가액을 신뢰성 있게 측정할 수 있을 때에 인식한다.

② 현재 세대와 미래 세대를 위하여 정부가 영구히 보존하여야 할 자산으로서 역사적, 자연적, 문화적, 교육적 및 예술적으로 중요한 가치를 갖는 자산(이하 "유산자산"이라 한다)은 자산으로 인식하지 아니하고 그 종류와 현황 등을 필수보충정보로 공시한다.

③ 국가안보와 관련된 자산은 기획재정부장관과 협의하여 자산으로 인식하지 아니할 수 있다. 이 경우 해당 중앙관서의 장은 해당 자산의 종류, 취득시기 및 관리현황 등을 별도의 장부에 기록하여야 한다.

제11조(유동자산) ① 유동자산은 재정상태표일부터 1년 이내에 현금화되거나 사용될 것으로 예상되는 자산으로서, 현금 및 현금성자산, 단기금융상품, 단기투자증권, 미수채권, 단기대여금 및 기타 유동자산 등을 말한다.

② 제1항의 단기투자증권은 만기가 1년 이내이거나 1년 이내에 처분 예정인 채무증권, 지분증권 및 기타 단기투자증권을 말하고, 같은 항의 기타 유동자산은 미수수익, 선급금, 선급비용 및 재고자산 등을 말한다.

제12조(투자자산) ① 투자자산은 투자 또는 권리행사 등의 목적으로 보유하고 있는 자산으로서, 장기금융상품, 장기투자증권, 장기대여금 및 기타 투자자산 등을 말한다.

② 제1항의 장기투자증권은 만기가 1년 후이거나 1년 후에 처분 예정인 채무증권, 지분증권 및 기타 장기투자증권을 말한다.

제13조(일반유형자산) ① 일반유형자산은 고유한 행정활동에 1년 이상 사용할 목적으로 취득한 자산(제14조에 따른 사회기반시설은 제외한다)으로서, 토지, 건물, 구축물, 기계장치, 집기·비품·차량운반구, 전비품, 기타 일반유형자산 및 건설 중인 일반유형자산 등을 말한다.

② 제1항의 전비품은 전쟁의 억제 또는 수행에 직접적으로 사용되는 전문적인 군사장비와 탄약 등을 말한다.

제14조(사회기반시설) 사회기반시설은 국가의 기반을 형성하기 위하여 대규모로 투자하여 건설하고 그 경제적 효과가 장기간에 걸쳐 나타나는 자산으로서, 도로, 철도, 항만, 댐, 공항, 하천, 상수도, 국가어항, 기타 사회기반시설 및 건설 중인 사회기반시설 등을 말한다.

제15조(무형자산) 무형자산은 일정 기간 독점적·배타적으로 이용할 수 있는 권리인 자산으로서, 산업재산권, 광업권, 소프트웨어, 기타 무형자산 등을 말한다.

제16조(기타 비유동자산) 기타 비유동자산은 유동자산, 투자자산, 일반유형자산, 사회기반시설 및 무형자산에 해당하지 아니하는 자산을 말한다.

제3절 부 채

제17조(부채의 정의와 구분) ① 부채는 과거의 거래나 사건의 결과로 국가회계실체가 부담하는 의무로서, 그 이행을 위하여 미래에 자원의 유출 또는 사용이 예상되는 현재의 의무를 말한다.

② 부채는 유동부채, 장기차입부채, 장기충당부채 및 기타 비유동부채로 구분하여 재정상태표에 표시한다.

제18조(부채의 인식기준) ① 부채는 국가회

계실체가 부담하는 현재의 의무 중 향후 그 이행을 위하여 지출이 발생할 가능성이 매우 높고 그 금액을 신뢰성 있게 측정할 수 있을 때 인식한다.

② 국가안보와 관련된 부채는 기획재정부장관과 협의하여 부채로 인식하지 아니할 수 있다. 이 경우 해당 중앙관서의 장은 해당 부채의 종류, 취득시기 및 관리현황 등을 별도의 장부에 기록하여야 한다.

제19조(유동부채) ① 유동부채는 재정상태표일부터 1년 이내에 상환하여야 하는 부채로서 단기국채, 단기공채, 단기차입금, 유동성장기차입부채 및 기타 유동부채 등을 말한다.

② 제1항의 기타 유동부채는 미지급금, 미지급비용, 선수금, 선수수익 등을 말한다.

제20조(장기차입부채) 장기차입부채는 재정상태표일부터 1년 후에 만기가 되는 확정부채로서 국채, 공채, 장기차입금 및 기타 장기차입부채 등을 말한다.

제21조(장기충당부채) 장기충당부채는 지출시기 또는 지출금액이 불확실한 부채로서 퇴직급여충당부채, 연금충당부채, 보험충당부채 및 기타 장기충당부채 등을 말한다.

제22조(기타 비유동부채) 기타 비유동부채는 유동부채, 장기차입부채 및 장기충당부채에 해당하지 아니하는 부채를 말한다.

제 4 절 순자산

제23조(순자산의 정의와 구분) ① 순자산은 자산에서 부채를 뺀 금액을 말하며, 기본순자산, 적립금 및 잉여금, 순자산조정으로 구분한다.

② 기본순자산은 순자산에서 적립금 및 잉여금과 순자산조정을 뺀 금액으로 표시한다.

③ 적립금 및 잉여금은 임의적립금, 전기이월결손금·잉여금, 재정운영결과 등을 표시한다.

④ 순자산조정은 투자증권평가손익, 파생상품평가손익 및 기타 순자산의 증감 등을 표시한다.

제 3 장 재정운영표

제 1 절 총 칙

제24조(재정운영표) ① 재정운영표는 회계연도 동안 수행한 정책 또는 사업의 원가와 재정운영에 따른 원가의 회수명세 등을 포함한 재정운영결과를 나타내는 재무제표를 말한다.

② 중앙관서 또는 기금의 재정운영표는 별지 제2호서식과 같다.

③ 국가의 재정운영표는 별지 제3호서식과 같다.

제25조(중앙관서 또는 기금의 재정운영표) ① 중앙관서 또는 기금의 재정운영표는 프로그램순원가, 재정운영순원가, 재정운영결과로 구분하여 표시한다.

② 프로그램순원가는 프로그램을 수행하기 위하여 투입한 원가 합계에서 다른 프로그램으로부터 배부받은 원가를 더하고, 다른 프로그램에 배부한 원가는 빼며, 프로그램 수행과정에서 발생한 수익 등을 빼서 표시한다.

③ 재정운영순원가는 프로그램순원가에서 제1호 및 제2호의 비용은 더하고, 제3호의 수익은 빼서 표시한다.

1. 관리운영비: 기관운영비와 같이 기관의 여러 정책이나 사업, 활동을 지원하는 비용(「정부기업예산법」 제3조에 따른 특별회계나 기금의 경우에는 관리업무비를 말한다)
2. 비배분비용: 투입한 비용 중 프로그램

과 직접적·간접적인 대응관계가 없거나, 프로그램에 배분하는 것이 합리적이지 아니한 비용

3. 비배분수익: 프로그램과 관련 없이 발생하거나 프로그램 외의 업무로부터 발생한 수익

④ 재정운영결과는 재정운영순원가에서 비교환수익(제28조제2항제2호의 비교환수익을 말한다. 이하 같다) 등을 빼서 표시한다. 다만, 「국고금관리법 시행령」 제50조의2에 따라 통합관리하는 일반회계 및 특별회계의 자금에서 발생하는 비교환수익 등은 순자산변동표의 재원의 조달 및 이전란에 표시한다.

제26조(국가의 재정운영표) ① 중앙관서 또는 기금의 재정운영표를 통합하여 작성하는 국가의 재정운영표는 다음 각 호와 같이 표시한다.

1. 재정운영표: 내부거래를 제거하여 작성하되 재정운영순원가, 비교환수익 등 및 재정운영결과로 구분하여 표시
2. 재정운영순원가: 각 중앙관서별로 구분하여 표시
3. 재정운영결과: 재정운영순원가에서 비교환수익 등을 빼서 표시

② 제1항에서 정한 사항 외에 국가의 재정운영표 작성 방법은 중앙관서 또는 기금의 재정운영표 작성 방법을 준용한다.

제27조(재정운영표의 작성기준) 재정운영표의 모든 수익과 비용은 발생주의 원칙에 따라 거래나 사실이 발생한 기간에 표시한다.

제2절 수익과 비용

제28조(수익의 정의와 구분) ① 수익은 국가의 재정활동과 관련하여 재화 또는 용역을 제공한 대가로 발생하거나, 직접적인 반대급부 없이 법령에 따라 납부의무가 발생한 금품의 수납 또는 자발적인 기부금 수령 등에 따라 발생하는 순자산의 증가를 말한다.

② 수익은 그 원천에 따라 다음 각 호와 같이 구분한다.

1. 교환수익: 재화나 용역을 제공한 대가로 발생하는 수익
2. 비교환수익: 직접적인 반대급부 없이 발생하는 국세, 부담금, 기부금, 무상이전 및 제재금 등의 수익

제29조(수익의 인식기준) ① 교환수익은 수익창출 활동이 끝나고 그 금액을 합리적으로 측정할 수 있을 때에 인식한다.

② 비교환수익은 해당 수익에 대한 청구권이 발생하고 그 금액을 합리적으로 측정할 수 있을 때에 인식하며, 수익 유형에 따른 세부 인식기준은 다음 각 호와 같다.

1. 신고·납부하는 방식의 국세: 납세의무자가 세액을 자진신고하는 때에 수익으로 인식
2. 정부가 부과하는 방식의 국세: 국가가 고지하는 때에 수익으로 인식
3. 원천징수하는 국세: 원천징수의무자가 원천징수한 금액을 신고·납부하는 때에 수익으로 인식
4. 연부연납(年賦延納) 또는 분납이 가능한 국세: 징수할 세금이 확정된 때에 그 납부할 세액 전체를 수익으로 인식
5. 부담금수익, 기부금수익, 무상이전수입, 제재금수익 등: 청구권 등이 확정된 때에 그 확정된 금액을 수익으로 인식. 다만, 제재금수익 중 벌금, 과료, 범칙금 또는 몰수품으로서 청구권이 확정된 때나 몰수품을 몰수한 때에 그 금액을 확정하기 어려운 경우에는 벌금, 과료 또는 범칙금이 납부되거나 몰수품이 처분된 때에 수익으로 인식할 수 있다.

6. 삭제

제30조(비용의 정의와 인식기준) ① 비용은 국가의 재정활동과 관련하여 재화 또는 용역을 제공하여 발생하거나, 직접적인 반대급부 없이 발생하는 자원 유출이나 사용 등에 따른 순자산의 감소를 말한다.

② 비용은 다음 각 호의 기준에 따라 인식한다.

1. 재화나 용역의 제공 등 국가재정활동 수행을 위하여 자산이 감소하고 그 금액을 합리적으로 측정할 수 있을 때 또는 법령 등에 따라 지출에 대한 의무가 존재하고 그 금액을 합리적으로 측정할 수 있을 때에 비용으로 인식
2. 과거에 자산으로 인식한 자산의 미래 경제적 편익이 감소 또는 소멸하거나 자원의 지출 없이 부채가 발생 또는 증가한 것이 명백한 때에 비용으로 인식

제31조(원가계산) ① 원가는 중앙관서의 장 또는 기금관리주체가 프로그램의 목표를 달성하고 성과를 창출하기 위하여 직접적·간접적으로 투입한 경제적 자원의 가치를 말한다.

② 원가 집계 대상과 배부기준 등 원가계산에 관한 세부적인 사항은 기획재정부장관이 정하는 바에 따른다.

제 4 장 자산과 부채의 평가

제32조(자산의 평가기준) ① 재정상태표에 표시하는 자산의 가액은 해당 자산의 취득원가를 기초로 하여 계상(計上)한다. 다만, 무주부동산의 취득, 국가 외의 상대방과의 교환 또는 기부채납 등의 방법으로 자산을 취득한 경우에는 취득 당시의 공정가액을 취득원가로 한다.

② 국가회계실체 사이에 발생하는 관리전환은 무상거래일 경우에는 자산의 장부가액을 취득원가로 하고, 유상거래일 경우에는 자산의 공정가액을 취득원가로 한다.

③ 재정상태표에 표시하는 자산은 이 규칙에서 따로 정한 경우를 제외하고는 자산의 물리적인 손상 또는 시장가치의 급격한 하락 등으로 해당 자산의 회수가능가액이 장부가액에 미달하고 그 미달액이 중요한 경우에는 장부가액에서 직접 빼서 회수가능가액으로 조정하고, 장부가액과 회수가능가액의 차액을 그 자산에 대한 감액손실의 과목으로 재정운영순원가에 반영하며 감액명세를 주석으로 표시한다. 다만, 감액한 자산의 회수가능가액이 차기 이후에 해당 자산이 감액되지 아니하였을 경우의 장부가액 이상으로 회복되는 경우에는 그 장부가액을 한도로 하여 그 자산에 대한 감액손실환입 과목으로 재정운영순원가에 반영한다.

④ 「군수품관리법」에 따라 관리되는 전비품 등의 평가기준은 국방부장관이 따로 정하는 바에 따를 수 있다.

제33조(유가증권의 평가) ① 유가증권은 매입가액에 부대비용을 더하고 종목별로 총평균법 등을 적용하여 산정한 가액을 취득원가로 한다.

② 유가증권은 자산의 분류기준에 따라 단기투자증권과 장기투자증권으로 구분한다.

③ 채무증권은 상각후취득원가로 평가하고 지분증권과 기타 장기투자증권 및 기타 단기투자증권은 취득원가로 평가한다. 다만, 투자목적의 장기투자증권 또는 단기투자증권인 경우에는 재정상태표일 현재 신뢰성 있게 공정가액을 측정할 수 있으면 그 공정가액으로 평가하며, 장부가액과 공정가액의 차이금액은 순자산변동표에 조정항목으로 표시한다.

④ 유가증권의 회수가능가액이 장부가액 미만으로 하락하고 그 하락이 장기간 계속되어 회복될 가능성이 없을 경우에는 장부가액과의 차액을 감액손실로 인식하고 재정운영순원가에 반영한다.

제34조(미수채권 등의 평가) 미수채권, 장기대여금 또는 단기대여금은 신뢰성 있고 객관적인 기준에 따라 산출한 대손추산액을 대손충당금으로 설정하여 평가한다.

제35조(재고자산의 평가) ① 재고자산은 판매 또는 용역제공을 위하여 보유하거나 생산과정에 있는 자산, 생산과정 또는 용역제공과정에 투입될 원재료나 소모품 형태로 존재하는 자산을 말한다.

② 재고자산은 제조원가 또는 매입가액에 부대비용을 더한 금액을 취득원가로 하고 품목별로 선입선출법(先入先出法)을 적용하여 평가한다. 다만, 실물흐름과 원가산정 방법 등에 비추어 다른 방법을 적용하는 것이 보다 합리적이라고 인정되는 경우에는 개별법, 이동평균법 등을 적용하고 그 내용을 주석으로 표시한다.

③ 제2항에 따라 선택된 재고자산의 평가방법은 정당한 사유 없이 변경할 수 없으며, 평가 방법의 정당한 변경 사유가 발생한 경우에는 제51조에 따라 회계처리한다.

④ 재고자산의 시가(時價)가 취득원가보다 낮은 경우에는 시가를 재정상태표 가액으로 한다. 이 경우 원재료 외의 재고자산의 시가는 순실현가능가액을 말하며, 생산과정에 투입될 원재료의 시가는 현재 시점에서 매입하거나 재생산하는 데 드는 현행대체원가를 말한다.

제36조(압수품 및 몰수품의 평가) 압수품 및 몰수품은 다음 각 호의 구분에 따라 평가한다.

1. 화폐성자산: 압류 또는 몰수 당시의 시장가격으로 평가
2. 비화폐성자산: 압류 또는 몰수 당시의 감정가액 또는 공정가액 등으로 평가. 이 경우 그 평가된 가액을 주석으로 표시한다.

제37조(일반유형자산의 평가) ① 일반유형자산은 해당 자산의 건설원가 또는 매입가액에 부대비용을 더한 금액을 취득원가로 하고, 객관적이고 합리적인 방법으로 추정한 기간에 정액법(定額法) 등을 적용하여 감가상각한다.

② 일반유형자산에 대한 사용수익권은 해당 자산의 차감항목에 표시한다.

제38조(사회기반시설의 평가) ① 사회기반시설의 평가에 관하여는 제37조를 준용한다. 이 경우 감가상각은 건물, 구축물 등 세부구성요소별로 감가상각한다.

② 제1항에도 불구하고 사회기반시설 중 관리·유지 노력에 따라 취득 당시의 용역 잠재력을 그대로 유지할 수 있는 시설에 대해서는 감가상각하지 아니하고 관리·유지에 투입되는 비용으로 감가상각비용을 대체할 수 있다. 다만, 효율적인 사회기반시설 관리시스템으로 사회기반시설의 용역 잠재력이 취득 당시와 같은 수준으로 유지된다는 것이 객관적으로 증명되는 경우로 한정한다.

③ 사회기반시설에 대한 사용수익권은 해당 자산의 차감항목에 표시한다.

제38조의2(일반유형자산 및 사회기반시설의 재평가 기준) ① 제32조에도 불구하고 일반유형자산과 사회기반시설을 취득한 후 재평가할 때에는 공정가액으로 계상하여야 한다. 다만, 해당 자산의 공정가액에 대한 합리적인 증거가 없는 경우 등에는 재평가일 기준으로 재생산 또는 재취득하는 경우에 필요한 가격에서 경과연수에 따른

감가상각누계액 및 감액손실누계액을 뺀 가액으로 재평가하여 계상할 수 있다.

② 제1항에 따른 재평가의 최초 평가연도, 평가방법 및 요건 등 세부회계처리에 관하여는 기획재정부장관이 정한다.

제39조(무형자산의 평가) ① 무형자산은 해당 자산의 개발원가 또는 매입가액에 부대비용을 더한 금액을 취득원가로 하여 평가한다.

② 무형자산은 정액법에 따라 해당 자산을 사용할 수 있는 시점부터 합리적인 기간 동안 상각한다. 이 경우 상각기간은 독점적·배타적인 권리를 부여하고 있는 관계 법령이나 계약에서 정한 경우를 제외하고는 20년을 초과할 수 없다.

제40조(일반유형자산 및 사회기반시설의 취득 후 지출) 일반유형자산 및 사회기반시설의 내용연수를 연장시키거나 가치를 실질적으로 증가시키는 지출은 자산의 증가로 회계처리하고, 원상회복시키거나 능률유지를 위한 지출은 비용으로 회계처리한다.

제41조(부채의 평가기준) 재정상태표에 표시하는 부채의 가액은 이 규칙에서 따로 정한 경우를 제외하고는 원칙적으로 만기상환가액으로 평가한다.

제42조(국채의 평가) ① 국채는 국채발행수수료 및 발행과 관련하여 직접 발생한 비용을 뺀 발행가액으로 평가한다.

② 국채의 액면가액과 발행가액의 차이는 국채할인(할증)발행차금 과목으로 액면가액에 빼거나 더하는 형식으로 표시하며, 그 할인(할증)발행차금은 발행한 때부터 최종 상환할 때까지의 기간에 유효이자율로 상각 또는 환입하여 국채에 대한 이자비용에 더하거나 뺀다.

제43조(퇴직급여충당부채의 평가) ① 퇴직급여충당부채는 재정상태표일 현재 「공무원연금법」 및 「군인연금법」을 적용받지 아니하는 퇴직금 지급대상자가 일시에 퇴직할 경우 지급하여야 할 퇴직금으로 평가한다.

② 퇴직금산정명세, 퇴직금추계액, 회계연도 중 실제로 지급한 퇴직금 등은 주석으로 표시한다.

제44조(연금충당부채 및 보험충당부채의 평가) 연금충당부채 및 보험충당부채는 기획재정부장관이 따로 정하는 방법으로 평가한다.

제45조(융자보조원가충당금과 보증충당부채의 평가) ① 융자보조원가충당금은 융자사업에서 발생한 융자금 원금과 추정 회수가능액의 현재가치와의 차액으로 평가한다.

② 보증충당부채는 보증약정 등에 따른 피보증인인 주채무자의 채무불이행에 따라 국가회계실체가 부담하게 될 추정 순현금유출액의 현재가치로 평가한다.

③ 제1항 및 제2항에서 정한 사항 외에 융자보조원가충당금 및 보증충당부채의 회계처리에 관한 세부 사항은 기획재정부장관이 정하는 바에 따른다.

제46조(채권·채무의 현재가치에 따른 평가) ① 장기연불조건의 거래, 장기금전대차거래 또는 이와 유사한 거래에서 발생하는 채권·채무로서 명목가액과 현재가치의 차이가 중요한 경우에는 현재가치로 평가한다.

② 제1항에 따른 현재가치 가액은 해당 채권·채무로 미래에 받거나 지급할 총금액을 해당 거래의 유효이자율(유효이자율을 확인하기 어려운 경우에는 유사한 조건의 국채 유통수익률을 말한다)로 할인한 가액으로 한다.

③ 제1항에 따라 발생하는 채권·채무의 명목가액과 현재가치 가액의 차액인 현재가치할인차금은 유효이자율로 매 회계연도

에 환입하거나 상각하여 재정운영순원가에 반영한다.

제47조(외화자산 및 외화부채의 평가) ① 화폐성 외화자산과 화폐성 외화부채는 재정상태표일 현재의 적절한 환율로 평가한다.

② 비화폐성 외화자산과 비화폐성 외화부채는 다음 각 호의 구분에 따라 평가한다.

1. 역사적원가로 측정하는 경우: 해당 자산을 취득하거나 해당 부채를 부담한 당시의 적절한 환율로 평가
2. 공정가액으로 측정하는 경우: 공정가액이 측정된 날의 적절한 환율로 평가

③ 제1항에 따라 발생하는 환율변동효과는 외화평가손실 또는 외화평가이익의 과목으로 하여 재정운영순원가에 반영한다.

④ 비화폐성 외화자산과 비화폐성 외화부채에서 발생한 손익을 조정항목에 반영하는 경우에는 그 손익에 포함된 환율변동효과도 해당 조정항목에 반영하고, 재정운영순원가에 반영하는 경우에는 그 손익에 포함된 환율변동효과도 해당 재정운영순원가에 반영한다.

⑤ 화폐성 외화자산과 화폐성 외화부채는 화폐가치의 변동과 상관없이 자산과 부채의 금액이 계약 등에 의하여 일정 화폐액으로 확정되었거나 결정가능한 경우의 자산과 부채를 말한다. 다만, 화폐성과 비화폐성의 성질을 모두 가지고 있는 외화자산과 외화부채는 해당 자산과 부채의 보유 목적이나 성질에 따라 구분한다.

⑥ 중요한 외화자산과 외화부채의 내용, 평가기준 및 평가손익의 내용은 주석으로 표시한다.

제48조(리스에 따른 자산과 부채의 평가) ① 리스는 일정 기간 설비 등 특정 자산의 사용권을 리스회사로부터 이전받고, 그 대가로 사용료를 지급하는 계약을 말하며, 다음 각 호와 같이 구분한다.

1. 금융리스: 리스자산의 소유에 따른 위험과 편익이 실질적으로 리스이용자에게 이전되는 리스
2. 운용리스: 제1호 외의 리스

② 금융리스는 리스료를 내재이자율로 할인한 가액과 리스자산의 공정가액 중 낮은 금액을 리스자산과 리스부채로 각각 계상하여 감가상각하고, 운용리스는 리스료를 해당 회계연도의 비용으로 회계처리한다.

제49조(파생상품의 평가) ① 파생상품은 해당 계약에 따라 발생한 권리와 의무를 각각 자산 및 부채로 계상하여야 하며, 공정가액으로 평가한 금액을 재정상태표 가액으로 한다.

② 파생상품에서 발생한 평가손익은 발생한 시점에 재정운영순원가에 반영한다. 다만, 미래예상거래의 현금흐름변동위험을 회피하는 계약에서 발생하는 평가손익은 순자산변동표의 조정항목 중 파생상품평가손익으로 표시한다.

③ 파생상품 거래는 그 거래 목적 및 거래명세 등을 주석으로 표시한다. 이 경우 위험회피 목적의 파생상품 거래인 경우에는 위험회피 대상항목, 위험회피 대상범위, 위험회피 활동을 반영하기 위한 회계처리방법, 이연(移延)된 손익금액 등을 표시한다.

제50조(충당부채, 우발부채 및 우발자산) ① 충당부채는 지출시기 또는 지출금액이 불확실한 부채를 말하며, 현재의무의 이행에 소요되는 지출에 대한 최선의 추정치를 재정상태표 가액으로 한다. 이 경우 추정치 산정 시에는 관련된 사건과 상황에 대한 위험과 불확실성을 고려하여야 한다.

② 우발부채는 다음 각 호에 해당하는 의

무를 말하며, 의무를 이행하기 위하여 경제적 편익이 있는 자원이 유출될 가능성이 희박하지 않는 한 주석에 공시한다.

1. 과거의 거래나 사건으로 발생하였으나, 국가회계실체가 전적으로 통제할 수 없는 하나 이상의 불확실한 미래 사건의 발생 여부로만 그 존재 유무를 확인할 수 있는 잠재적 의무
2. 과거의 거래나 사건으로 발생하였으나, 해당의무를 이행하기 위하여 경제적 편익이 있는 자원을 유출할 가능성이 매우 높지 않거나, 그 금액을 신뢰성 있게 측정할 수 없는 경우에 해당하여 인식하지 아니하는 현재의 의무

③ 우발자산은 과거의 거래나 사건으로 발생하였으나 국가회계실체가 전적으로 통제할 수 없는 하나 이상의 불확실한 미래 사건의 발생 여부로만 그 존재 유무를 확인할 수 있는 잠재적 자산을 말하며, 경제적 편익의 유입 가능성이 매우 높은 경우 주석에 공시한다.

제51조(회계 변경과 오류 수정) ① 회계정책 및 회계추정의 변경은 그 변경으로 재무제표를 보다 적절히 표시할 수 있는 경우 또는 법령 등에서 새로운 회계기준을 채택하거나 기존의 회계기준을 폐지함에 따라 변경이 불가피한 경우에 할 수 있으며, 그 유형에 따라 다음 각 호와 같이 처리한다.

1. 회계정책의 변경에 따른 영향은 비교표시되는 직전 회계연도의 순자산 기초금액 및 기타 대응금액을 새로운 회계정책이 처음부터 적용된 것처럼 조정한다. 다만, 회계정책의 변경에 따른 누적효과를 합리적으로 추정하기 어려운 경우에는 회계정책의 변경에 따른 영향을 해당 회계연도와 그 회계연도 후의 기간에 반영할 수 있다.
2. 회계추정의 변경에 따른 영향은 해당 회계연도 이후의 기간에 미치는 것으로 한다.
3. 회계정책을 변경한 경우에는 그 변경내용, 변경사유 및 변경에 따라 해당 회계연도의 재무제표에 미치는 영향을 주석으로 표시한다. 다만, 회계정책의 변경에 따른 누적효과를 합리적으로 추정하기 어려운 경우에는 다음 각 목에 관한 내용을 주석으로 표시한다.
   가. 누적효과를 합리적으로 추정하기 어려운 사유
   나. 회계정책 변경의 적용방법
   다. 회계정책 변경의 적용시기
4. 회계추정을 변경한 경우에는 그 변경내용, 변경사유 및 변경에 따라 해당 회계연도의 재무제표에 미치는 영향을 주석으로 표시한다.

② 오류수정사항이란 회계기준 또는 법령 등에서 정한 기준에 합당하지 아니한 경우로서 전 회계연도 또는 그 전 기간에 발생한 다음 각 호의 오류는 다음 각 호의 구분에 따라 처리한다.

1. 중대한 오류: 오류가 발생한 회계연도 재정상태표의 순자산에 반영하고, 관련된 계정잔액을 수정한다. 이 경우 비교재무제표를 작성할 때에는 중대한 오류의 영향을 받는 회계기간의 재무제표 항목을 다시 작성한다.
2. 제1호 외의 오류: 해당 회계연도의 재정운영표에 반영한다.

③ 전 회계연도 이전에 발생한 오류수정사항은 주석으로 표시하되, 제2항제1호에 따른 중대한 오류를 수정한 경우에는 다음 각 호의 사항을 주석으로 포함한다.

1. 중대한 오류로 판단한 근거
2. 비교재무제표에 표시된 과거회계기간에

대한 수정금액
3. 비교재무제표가 다시 작성되었다는 사실

제 5 장 순자산변동표

제52조(순자산변동표) ① 순자산변동표는 회계연도 동안 순자산의 변동명세를 표시하는 재무제표를 말한다.
② 중앙관서 또는 기금의 순자산변동표는 기초순자산, 재정운영결과, 재원의 조달 및 이전, 조정항목, 기말순자산으로 구분하여 표시한다.
③ 중앙관서 또는 기금의 순자산변동표는 별지 제4호서식과 같다.
④ 중앙관서 또는 기금의 순자산변동표를 통합하여 작성하는 국가의 순자산변동표는 기초순자산, 재정운영결과, 조정항목, 기말순자산으로 구분하여 표시한다.
⑤ 국가의 순자산변동표는 별지 제5호서식과 같다.

제53조(조정항목) 조정항목은 납입자본의 증감, 투자증권평가손익, 파생상품평가손익 및 기타 순자산의 증감 등을 포함한다.

제 6 장 필수보충정보, 주석 및 부속명세서 등

제54조(필수보충정보) ① 필수보충정보는 재무제표에는 표시하지 아니하였으나, 재무제표의 내용을 보완하고 이해를 돕기 위하여 필수적으로 제공되어야 하는 정보를 말한다.
② 필수보충정보는 다음 각 호의 정보를 말한다.
1. 유산자산의 종류, 수량 및 관리상태
2. 연금보고서
3. 보험보고서
4. 사회보험보고서
5. 국세징수활동표
6. 총잉여금·재정운영결과조정표
7. 수익·비용 성질별 재정운영표
8. 그 밖에 재무제표에는 반영되지 아니하였으나 중요하다고 판단되는 정보
③ 필수보충정보의 작성기준과 서식은 기획재정부장관이 정하는 바에 따른다.

제55조(주석) ① 주석은 정보이용자에게 충분한 회계정보를 제공하기 위하여 채택한 중요한 회계정책과 재무제표에 중대한 영향을 미치는 사항을 설명한 것을 말한다.
② 이 규칙에서 규정한 주석 사항 외에 필요한 경우에는 다음 각 호의 사항을 주석으로 표시한다.
1. 중요한 회계처리방법
2. 장기차입부채 상환계획
3. 장기충당부채
4. 외화자산 및 외화부채
5. 우발사항 및 약정사항(지급보증, 파생상품, 담보제공자산 명세를 포함한다)
6. 전기오류수정 및 회계처리방법의 변경
7. 순자산조정명세
8. 제1호부터 제7호까지에서 규정한 사항 외에 재무제표에 중대한 영향을 미치는 사항과 재무제표의 이해를 위하여 필요한 사항
③ 주석의 작성기준과 서식은 기획재정부장관이 정한다.

제56조(부속명세서) 부속명세서는 재무제표에 표시된 회계과목에 대한 세부 명세를 명시할 필요가 있을 때에 추가적인 정보를 제공하기 위한 것으로서, 부속명세서의 종류, 작성기준 및 서식은 기획재정부장관이 정하는 바에 따른다.

제7장 보 칙

제57조(국유재산관리운용보고서 등의 작성) 「국유재산법」 제69조에 따른 국유재산관리운용보고서, 「물품관리법」 제21조에 따른 물품관리운용보고서 및 「국가채권관리법」 제36조에 따른 채권현재액보고서 작성을 위한 세부회계처리지침은 기획재정부장관이 정한다.

제58조(세부회계처리기준) ① 중앙관서의 장과 기금관리주체는 기획재정부장관과 협의하여 이 규칙의 시행에 필요한 세부회계처리기준을 정할 수 있다. 이 경우 세부회계처리기준은 이 규칙의 범위에서 작성되어야 한다.

② 중앙관서의 장과 기금관리주체는 해당 국가회계실체의 특성 등을 고려하여 불가피하다고 인정되는 경우에는 기획재정부장관의 승인을 받아 이 규칙과 다른 내용의 세부회계처리기준을 정할 수 있다.

부 칙

제1조(시행일) 이 규칙은 공포한 날부터 시행한다.

제2조(외화자산 및 외화부채의 평가와 충당부채 등에 관한 적용례) 제47조 및 제50조의 개정규정은 2018회계연도 결산부터 적용한다.

지방회계법

[시행 2017.7.26.] [법률 제14839호, 2017.7.26., 타법개정]

제1장 총 칙

제1조(목적) 이 법은 지방자치단체의 회계 및 자금관리에 관한 기본적인 사항을 정하여 지방자치단체의 회계를 투명하게 처리하고, 자금을 효율적으로 관리하도록 하는 것을 목적으로 한다.

제2조(정의) 이 법에서 "중앙관서의 장"이란 다음 각 호의 어느 하나에 해당하는 사람을 말한다.

1. 「헌법」이나 「정부조직법」, 그 밖의 법률에 따라 설치된 중앙행정기관의 장
2. 국회사무총장, 법원행정처장, 헌법재판소사무처장 및 중앙선거관리위원회사무총장

제3조(적용범위) 이 법은 다음 각 호의 회계 및 기금에 대하여 적용한다.

1. 「지방자치법」 제126조 및 「지방재정법」 제9조에 따른 일반회계 및 특별회계
2. 「지방자치단체 기금관리기본법」 제2조에 따른 기금

제4조(다른 법률과의 관계) 지방자치단체의 일반회계·특별회계, 기금의 회계 및 결산에 관하여는 다른 법률에 특별한 규정이 있는 경우를 제외하고는 이 법에서 정하는 바에 따른다.

제5조(지방자치단체 회계의 원칙) 지방자치단체의 회계는 다음 각 호의 원칙에 따라 처리되어야 한다.

1. 지방자치단체의 회계는 신뢰할 수 있도록 객관적인 자료와 증명서류에 의하여 공정하게 처리되어야 한다.
2. 지방자치단체의 회계는 재정활동의 내용과 그 성과를 쉽게 파악할 수 있도록 충분한 정보를 제공하고, 간단·명료하게 처리되어야 한다.

제6조(회계연도) ① 지방자치단체의 회계연도는 매년 1월 1일에 시작하여 12월 31일에 끝난다.

② 세입(歲入)과 세출(歲出)의 회계연도 소속 구분은 대통령령으로 정한다.

제7조(출납 폐쇄기한 및 출납사무 완결기한) ① 지방자치단체의 출납은 회계연도가 끝나는 날 폐쇄한다. 다만, 해당 회계연도의 예산에 포함된 경우로서 다음 각 호의 어느 하나에 해당하는 경우에는 다음 회계연도 1월 20일까지 수입 또는 지출 처리를 할 수 있다.

1. 회계연도 말에 계약 이행이 완료되어 회계연도 내에 지출하기가 곤란한 경우
2. 국가나 다른 지방자치단체 등으로부터 자금이 교부되지 아니하여 회계연도 내에 지출하기가 곤란한 경우
3. 그 밖에 해당 회계연도 내에 지출 또는 수입 처리하기가 곤란한 경우로서 대통령령으로 정하는 경우

② 제44조에 따른 출납원이 제1항 각 호 외의 부분 단서에 따라 다음 회계연도 1월 20일까지 수납한 세입금은 같은 기한까지 지방자치단체 금고에 납입할 수 있으며, 관서 운영에 드는 경비 또는 일상경비(이하 "일상경비등"이라 한다)는 다음 회계연도 1월 20일까지 반납할 수 있다.

③ 해당 회계연도에 속하는 세입·세출의 출납에 관한 사무는 다음 회계연도 2월 10일까지 마쳐야 한다.

제8조(지방자치단체의 회계에 관한 사무의 관장 등) ① 지방자치단체의 장은 해당 지방자치단체의 회계에 관한 사무를 총괄·관리한다.

② 행정안전부장관은 지방자치단체의 회계에 관한 사무가 국가회계와 연계되어 효율적이고 통일적으로 처리될 수 있도록 관련 제도의 발전 방안, 과학적인 관리 기법 등을 연구·개발하여 시행하여야 한다.

③ 중앙관서의 장은 지방자치단체의 회계사무에 관한 법령을 제정·개정 또는 폐지하려는 경우에는 행정안전부장관 및 감사원과 미리 협의하여야 한다. 이 경우 행정안전부장관은 지방자치단체의 장의 의견을 들어야 한다.

제9조(교육·과학 및 체육 등에 관한 사항의 적용) 이 법에서 교육·과학 및 체육에 관한 분야 또는 교육비 특별회계의 회계 및 자금관리에 관하여는 "지방자치단체의 장"이나 "시·도지사"는 "교육감"으로, "행정안전부장관"은 "교육부장관"으로, "행정안전부"는 "교육부"로, "지방재정"은 "지방교육재정"으로, "행정안전부령"은 "교육부령"으로 각각 본다.

제10조(회계책임관의 임명 등) ① 지방자치단체의 장은 그 소관에 속하는 회계업무를 총괄적으로 수행하도록 하기 위하여 회계책임관을 임명하여야 한다.

② 회계책임관은 다음 각 호의 업무를 수행한다.

1. 제46조에 따른 회계관계공무원에 대한 지도·감독
2. 제51조에 따른 내부통제 등 회계업무에 관한 사항
3. 회계·결산 및 분석에 관한 사항
4. 그 밖에 회계업무의 수행에 관하여 대통령령으로 정하는 사항

③ 지방자치단체의 장은 소속 기관에 설치된 직위를 지정함으로써 회계책임관의 임명을 갈음할 수 있다.

제11조(지방회계제도 심의위원회) ① 지방회계 관련 주요정책, 회계 및 결산제도, 지방회계 법령의 제정·개정 사항 등을 심의하기 위하여 행정안전부장관 소속으로 지방회계제도 심의위원회(이하 이 조에서 "위원회"라 한다)를 둔다.

② 위원회는 위원장 1명을 포함하여 15명 이내의 위원으로 구성하되, 성별을 고려하여야 한다.

③ 위원회의 위원은 회계업무에 관한 학식과 경험이 풍부한 사람 등 대통령령으로 정하는 민간위원과 중앙관서의 3급 이상 공무원 중 회계분야에 전문성이 있는 사람으로 행정안전부장관이 임명하거나 위촉하되, 공무원인 위원이 전체 위원 수의 4분의 1을 초과하여서는 아니 된다.

④ 위원장은 민간위원 중에서 호선한다.

⑤ 제1항부터 제4항까지에서 규정한 사항 외에 위원회의 구성·운영에 필요한 사항은 대통령령으로 정한다.

제 2 장 회계처리의 기준 등

제12조(지방회계기준) ① 지방재정활동에 따라 발생하는 경제적 거래 등을 발생사실에 따라 복식부기 방식으로 회계처리하는 데에 필요한 기준(이하 "지방회계기준"이라 한다)은 행정안전부장관이 기획재정부장관과 협의하여 행정안전부령으로 정한다.

② 지방회계기준은 지방자치단체의 회계업무가 적정하게 처리되도록 하고, 지방자치

단체의 재정상태 및 재정운용의 내용을 객관적이고 통일적이며 명백하게 나타낼 수 있도록 정하여야 한다.

제13조(지방회계 등에 대한 전문기관의 지정 등) ① 행정안전부장관은 지방회계에 관한 업무 중 대통령령으로 정하는 업무를 효율적으로 추진하기 위하여 대통령령으로 정하는 지정기준에 적합한 기관을 전문기관으로 지정하여 그 업무를 수행하게 할 수 있다.

② 행정안전부장관 및 지방자치단체는 제1항에 따라 지정된 전문기관의 업무 수행에 드는 비용을 지원할 수 있다.

③ 행정안전부장관은 제1항에 따라 지정을 받은 전문기관이 다음 각 호의 어느 하나에 해당하는 경우에는 그 지정을 취소하거나 6개월 이내의 기간을 정하여 업무정지를 명할 수 있다. 다만, 제1호에 해당하는 경우에는 지정을 취소하여야 한다.

1. 거짓이나 그 밖의 부정한 방법으로 지정을 받은 경우
2. 제1항에 따른 지정기준에 맞지 아니하게 된 경우
3. 이 법이나 다른 법령을 위반하여 전문기관으로서의 업무를 수행하는 것이 적당하지 아니하다고 인정되는 경우

④ 행정안전부장관은 제3항에 따라 지정을 취소하거나 업무정지를 명하려면 청문을 하여야 한다.

⑤ 제3항에 따른 지정 취소 또는 업무정지 등에 필요한 사항은 대통령령으로 정한다.

제3장 결 산

제14조(결산의 수행) ① 지방자치단체의 장은 회계연도마다 일반회계·특별회계 및 기금을 통합한 결산서를 작성하여 「지방자치법」 제134조제1항에 따라 지방의회가 선임한 검사위원에게 검사를 의뢰하여야 한다.

② 검사위원은 지방자치단체의 장, 지방의회, 그 밖의 이해관계인으로부터 독립하여 공정하게 업무를 수행하여야 한다.

③ 지방의회는 검사위원의 실명을 공개하여야 한다.

④ 지방자치단체의 장은 결산의 결과를 다음 연도 예산 편성에 반영하도록 노력하여야 한다.

⑤ 지방자치단체의 장은 지방의회에 결산 승인을 요청한 날부터 5일 이내에 결산서를 행정안전부장관에게 제출하여야 한다.

⑥ 제1항부터 제5항까지에서 규정한 사항 외에 결산업무의 기준·절차·방법 등에 필요한 사항은 대통령령으로 정한다.

제15조(결산서의 구성) 결산서는 다음 각 호의 서류로 구성된다.

1. 결산 개요
2. 세입·세출 결산
3. 재무제표(주석을 포함한다. 이하 같다)
   가. 재정상태표
   나. 재정운영표
   다. 순자산 변동표
4. 성과보고서

제16조(결산서의 작성 등) ① 제15조제1호에 따른 결산 개요는 같은 조 제2호부터 제4호까지의 규정에 따른 내용을 요약하고 주민이 쉽게 이해할 수 있도록 작성하여야 한다.

② 제15조제2호에 따른 세입·세출 결산은 세입·세출 예산 또는 기금운용계획과 같은 구분에 따라 그 집행 결과를 종합하여 작성하여야 한다.

③ 제15조제3호에 따른 재무제표는 지방

회계기준에 따라 작성하여야 하고, 「공인회계사법」에 따른 공인회계사의 검토의견을 첨부하여야 한다.

④ 제15조제4호에 따른 성과보고서는 「지방재정법」 제5조제2항에 따른 성과계획서에서 정한 성과목표와 실적을 대비하여 작성하고, 사업원가와 성과를 연계할 수 있도록 하여야 한다.

⑤ 제1항에 따른 결산 개요 및 제2항에 따른 세입·세출 결산의 작성방법 등에 필요한 사항은 대통령령으로 정한다.

제17조(결산서의 첨부서류) ① 제15조에 따른 결산서에는 다음 각 호의 서류가 첨부되어야 한다.

1. 계속비 결산 명세서
2. 수입대체경비 사용 명세서
3. 이월 명세서 및 명시이월비 집행 명세서
4. 성인지 결산서
5. 「지방세특례제한법」 제5조에 따른 지방세지출보고서(실적 기준)
6. 국고보조금 또는 시·도보조금의 반납 명세서
7. 「지방재정법」 제59조에 따른 지역통합재정통계 보고서(결산액 기준)
8. 지방채 발행 보고서
9. 지방공기업에 대한 출자·출연 보고서
10. 지방자치단체 출자·출연기관에 대한 출자·출연 보고서
11. 공유재산 및 물품 관련 보고서
12. 그 밖에 대통령령으로 정하는 서류

② 제15조제3호에 따른 재무제표에는 다음 각 호의 서류가 첨부되어야 한다.

1. 성질별 재정운영 보고서
2. 유형자산 명세서
3. 감가상각 명세서
4. 그 밖에 대통령령으로 정하는 서류

제18조(성인지 결산서의 작성·제출) ① 지방자치단체의 장은 여성과 남성이 동등하게 예산의 혜택을 받고 예산이 성차별을 개선하는 방향으로 집행되었는지를 평가하는 보고서(이하 "성인지 결산서"라 한다)를 작성하여야 한다.

② 제15조에 따른 결산서에는 성인지 결산서가 첨부되어야 한다.

③ 제1항 및 제2항에서 규정한 사항 외에 성인지 결산서 작성에 필요한 사항은 대통령령으로 정한다.

제19조(결산상 잉여금의 처리) 지방자치단체는 회계연도마다 세입·세출 결산상 잉여금(剩餘金)이 있을 때에는 다음 각 호의 어느 하나에 해당하는 금액을 뺀 잉여금을 그 잉여금이 생긴 회계연도의 다음 회계연도까지 세출예산에 관계없이 지방채의 원리금 상환에 사용할 수 있다.

1. 다른 법률에 따라 용도가 정하여진 금액
2. 「지방재정법」 제50조에 따른 이월금

제4장 수 입

제20조(세입의 징수와 수납) 지방세와 그 밖의 세입(歲入)은 법령, 조례 및 규칙에서 정하는 바에 따라 징수하거나 수납하여야 한다.

제21조(세입의 징수기관과 징수의 방법) ① 지방세와 그 밖의 세입의 징수는 지방자치단체의 장이 하되, 소속 공무원에게 위임하여 징수하게 할 수 있다.

② 지방자치단체의 장이나 그 위임을 받은 공무원(이하 "징수관"이라 한다)이 지방세와 그 밖의 세입을 징수할 때에는 징수 원인과 징수 금액을 조사·결정한 후 납부의무자에게 납입 고지를 하여야 한다.

제22조(수납기관) ① 지방세와 그 밖의 세입은 그 수납을 담당하는 출납공무원(이하

"수입금출납원"이라 한다)이 아니면 수납할 수 없다. 다만, 지방자치단체에서 설치한 금고(교육비특별회계금고를 포함한다. 이하 같다) 또는 체신관서에 수납사무를 위탁하는 경우에는 그러하지 아니하다.

② 수입금출납원이 지방세와 그 밖의 세입을 직접 수납할 때에는 지체 없이 그 수납금을 해당 지방자치단체의 금고에 납입하여야 한다.

제23조(징수기관과 수납기관의 분리) 징수관은 현금출납의 직무를 겸할 수 없다. 다만, 대통령령으로 정하는 사유가 있는 경우에는 그러하지 아니하다.

제24조(일시차입금) ① 지방자치단체의 장은 예산에 계상(計上)된 범위의 지출을 위하여 일시차입금이 필요할 때에는 그 한도액에 대하여 회계연도마다 회계별로 미리 지방의회의 의결을 얻어야 한다.

② 일시차입금은 해당 회계연도의 수입으로 상환하여야 한다.

제25조(수입의 직접 사용 금지) 지방자치단체의 장, 그 보조기관 및 소속 행정기관은 그 관할 지방자치단체의 모든 수입을 지정된 수납기관에 내야 하며, 이 법 또는 다른 법률에서 달리 정하고 있는 경우를 제외하고는 직접 사용하여서는 아니 된다.

제26조(수입대체경비의 직접 사용) ① 용역이나 시설을 제공하여 발생하는 수입과 관련되는 경비로서 대통령령으로 정하는 경비(이하 "수입대체경비"라 한다)는 제22조 및 제25조에도 불구하고 그 수입이 확보되는 범위에서 지방자치단체의 장 및 소속 행정기관이 직접 사용할 수 있다. 다만, 수입이 예산을 초과하거나 초과할 것으로 예상되는 경우에는 그 초과수입을 대통령령으로 정하는 바에 따라 그 초과수입에 직접 관련되는 경비와 이에 수반되는 경비에 초과 사용할 수 있다.

② 지방자치단체의 장은 수입대체경비의 별도 회계처리를 위하여 수입대체경비 출납원을 따로 임명할 수 있다.

제27조(지난 회계연도 수입과 지출금의 반납) ① 출납이 완결된 회계연도에 속하는 수입 또는 예산 외의 수입은 모두 현 회계연도의 세입에 편입하여야 한다.

② 세출로서 지출된 금액을 제7조에 따른 출납 폐쇄기한이 지나지 아니한 때에 반납하는 경우에는 지출한 세출의 해당 과목에 반납하여야 한다.

제28조(과오납금의 반환) ① 과오납금은 반환할 회계연도의 수입금 중에서 반환한다.

② 제1항에 따라 과오납금을 반환하여야 하는 경우에는 대통령령으로 정하는 바에 따라 이자를 지급하여야 한다. 다만, 다른 법률에 과오납금에 대한 이자의 지급에 관하여 특별한 규정이 있는 경우에는 그 법률에서 정하는 바에 따른다.

제5장 지 출

제29조(지출원인행위) ① 지방자치단체의 지출 원인이 되는 계약이나 그 밖의 행위(이하 "지출원인행위"라 한다)는 지방자치단체의 장이 하되, 소속 공무원에게 위임하여 지출원인행위를 하게 할 수 있다.

② 지방자치단체의 장이나 그 위임을 받은 공무원(이하 "재무관"이라 한다)이 지출원인행위를 할 때에는 법령, 조례 및 규칙에서 정하는 바에 따라 배정된 예산의 범위에서 하여야 한다. 다만, 다른 법률에 별도의 규정이 있는 경우에는 그러하지 아니하다.

제30조(명시이월비의 다음 회계연도에 걸친 지출원인행위) 재무관은 명시이월비에 대

하여 예산 집행상 부득이한 사유가 있을 때에는 해당 회계연도와 다음 회계연도에 걸쳐 지출하여야 할 지출원인행위를 할 수 있다.

제31조(지출의 절차) 재무관이 자기 소관의 세출예산에 의하여 지출원인행위를 하였을 때에는 지방자치단체의 장이 임명한 공무원(이하 "지출원"이라 한다)에게 지출원인행위 관계 서류를 보내야 한다.

제32조(지급명령) 지출원이 지출원인행위에 의하여 지출을 할 때에는 현금의 지급을 갈음하여 그 지방자치단체의 금고(金庫)에 대하여 지급명령을 하여야 한다.

제33조(지급명령의 제한) 지출원은 법령, 조례, 규칙 또는 계약이나 그 밖의 정당한 사유로 그 지방자치단체에 대하여 채권을 가진 자에게 지급하기 위한 목적 외에는 지급명령을 할 수 없다. 다만, 제44조에 따른 출납원이나 그 지방자치단체의 금고에 대하여 자금을 교부하는 경우에는 그러하지 아니하다.

제34조(관서의 일상경비등의 지급) ① 지방자치단체의 장은 일상경비등을 그 성질상 현금으로 지급하지 아니하면 사무 수행에 지장을 줄 우려가 있다고 인정하는 경우에는 제44조제3항에 따른 일상경비등 출납원이 현금을 지급할 수 있도록 지출원으로 하여금 필요한 자금을 지급하게 할 수 있다.

② 지방자치단체의 장은 제1항에 따른 일상경비등에 대하여 특별히 필요하다고 인정하는 경우에는 회계연도가 시작되기 전에 지출원이 제44조제3항에 따른 일상경비등 출납원에게 그 자금을 지급하게 할 수 있다.

③ 지방자치단체의 장은 지방채 원리금의 지급 사무를 취급하게 하기 위하여 필요한 자금을 지출원으로 하여금 그 지방자치단체의 금고에 지급하게 할 수 있다.

④ 일상경비등의 범위와 지급 절차 등은 대통령령으로 정한다.

제35조(선금급과 개산급) 지출원은 운임, 용선료(傭船料), 여비(旅費), 그 밖에 대통령령으로 정하는 경비로서 그 성질상 선금으로 또는 개괄산정하여 지급하지 아니하면 사무 또는 사업에 지장을 줄 우려가 있는 경우에는 선금급(先金給)이나 개산급(槪算給)으로 지급할 수 있다.

제36조(지출기관과 출납기관의 분리) 재무관·지출원 및 현금출납의 직무는 서로 겸할 수 없다. 다만, 대통령령으로 정하는 경우에는 그러하지 아니하다.

제37조(지난 회계연도 지출) 지난 회계연도에 속하는 채무확정액으로서 지출하지 아니한 경비는 현 회계연도의 세출예산에서 지출할 수 있으며, 그 지출액은 그 경비가 속한 회계연도의 각 정책사업의 금액 중 불용금액을 초과할 수 없다. 다만, 경비의 성질상 따로 대통령령으로 정하는 보충적 용도에 속하는 것은 그러하지 아니하다.

제 6 장 현금과 유가증권

제38조(금고의 설치) ① 지방자치단체의 장은 소관 현금과 그가 소유하거나 보관하는 유가증권의 출납, 보관 및 그 밖의 금고 업무를 취급하게 하기 위하여 「은행법」에 따른 은행을 금고로 지정하여야 한다. 다만, 다음 각 호의 어느 하나에 해당하는 금융기관이 대통령령으로 정하는 안정성 기준을 충족할 경우에는 특별회계 및 기금 업무만을 취급하는 금고로 지정할 수 있다.

1. 「농업협동조합법」 제2조제1호에 따른 조

합 중 신용사업을 하는 조합
2. 「수산업협동조합법」 제2조제4호에 따른 조합 중 신용사업을 하는 조합
3. 「산림조합법」 제2조제1호에 따른 조합 중 신용사업을 하는 조합
4. 「새마을금고법」 제2조제1항에 따른 새마을금고
5. 「신용협동조합법」 제2조제1호에 따른 신용협동조합

② 제1항에 따라 금고를 지정하거나 지정한 금고를 변경하였을 때에는 지정, 변경 및 그 밖에 대통령령으로 정하는 중요 사항을 공고하고, 특별시・광역시・특별자치시・도 및 특별자치도의 경우 행정안전부장관에게, 시・군 및 자치구의 경우 특별시장・광역시장 및 도지사에게 즉시 보고하여야 한다.

③ 금고의 수는 2개를 초과할 수 없다.

④ 금고의 지정기준 등에 필요한 사항은 대통령령으로 정한다.

제39조(세계현금의 전용) 지방자치단체는 회계처리를 할 때 세계현금(歲計現金)이 부족한 경우 같은 회계연도에서만 다른 회계로부터 자금을 전용(轉用)할 수 있으며, 전용한 자금은 그 회계연도의 수입으로 변제(辨濟)하여야 한다. 이 경우 전용자금에 대해서는 이자를 붙이지 아니할 수 있다.

제40조(금고에 대한 검사) 지방자치단체의 장은 금고가 취급하는 지방자치단체 소관 현금 및 유가증권의 출납・보관에 관하여 검사를 할 수 있다.

제41조(금고의 배상책임) 금고가 지방자치단체를 위하여 취급하는 현금이나 유가증권의 출납・보관과 관련하여 지방자치단체에 손해를 끼친 경우 금고의 배상책임에 관하여는 「민법」과 「상법」을 적용한다.

제42조(공금 취급의 제한) 지방자치단체의 장은 공금의 징수, 수납, 보관, 관리 또는 지출에 관한 사무를 법령에서 정한 자 또는 법령에 따라 위임받은 자 외의 자에게 취급하게 할 수 없다.

제43조(현금 취급의 제한) 지방자치단체의 장은 대통령령으로 정하는 경우 외에는 지방자치단체의 자금을 현금으로 보관하거나 지급할 수 없다.

제 7 장 회계관계공무원

제44조(출납원) ① 출납원은 지방자치단체의 장이나 그 위임을 받은 공무원이 소속 공무원 중에서 임명한다.

② 출납원은 법령, 조례 및 규칙에서 정하는 바에 따라 현금이나 물품을 출납・보관하여야 한다.

③ 출납원은 수입대체경비 출납원, 수입금 출납원, 일상경비등 출납원, 세입세출외현금 출납원 및 물품 출납원 등으로 구분한다.

제45조(재정의 통합지출) ① 지방자치단체의 장은 재정자금의 효율적인 사용을 위하여 특별한 사유가 없으면 관서별 분산지출을 통합하여 운용하여야 한다.

② 지방자치단체의 장은 재정지출의 통합운용을 위하여 특별한 사유가 없으면 대통령령으로 정하는 바에 따라 통합지출관을 두어야 한다.

제46조(회계관계공무원의 임명 또는 위임) 징수관・재무관・재산관리관・물품관리관・채권관리관・부채관리관・지출원 또는 출납원과 그 대리인・분임자(分任者) 등(이하 "회계관계공무원"이라 한다)의 임명 또는 위임은 지방자치단체의 장이 소속 기관에 설치된 직위를 지정하는 것으로 갈음할 수 있다.

제47조(회계관계공무원의 대리와 분임) 지방

자치단체의 장이나 그 위임을 받은 공무원은 필요하다고 인정할 때에는 회계관계공무원의 사무 전부를 대리하거나 그 일부를 나누어 맡을 공무원을 임명하거나 위임할 수 있다.

제48조(회계관계공무원의 임명 특례) ① 지방자치단체의 장은 사무 수행상 필요한 경우 국가기관이나 다른 지방자치단체의 공무원을 그 소속 기관의 장의 동의를 받아 회계관계공무원으로 임명할 수 있다.

② 제1항에 따른 회계관계공무원에 대해서는 이 법을 적용하며, 회계에 관한 법령 중 해당 사무의 취급에 관한 규정을 준용한다.

제49조(회계관계공무원의 책임) 회계관계공무원의 책임에 관하여는 「회계관계직원 등의 책임에 관한 법률」에서 정하는 바에 따른다.

제50조(회계관계공무원의 재정보증) ① 회계관계공무원(「회계관계직원 등의 책임에 관한 법률」 제2조제2호나목에 해당하는 사람을 포함한다)은 재정보증이 없이는 그 직무를 담당할 수 없다.

② 제1항에 따른 재정보증의 한도는 대통령령으로 정한다.

제8장 보 칙

제51조(내부통제) ① 지방자치단체의 장은 회계처리를 적정하게 하고, 공무원의 부정·비리를 예방하기 위하여 제10조에 따른 회계책임관으로 하여금 회계관계공무원의 회계처리에 관한 사항 등을 관리·감독하는 등 내부통제를 하게 하여야 한다.

② 지방자치단체의 장은 제1항에 따른 내부통제를 위하여 필요한 절차와 방법을 정하여야 한다.

③ 제2항에 따른 절차와 방법에 관한 기본적인 사항은 행정안전부장관이 감사원과 협의하여 정한다.

제52조(회계장부의 비치와 보고) 회계관계공무원과 지방자치단체의 금고는 대통령령으로 정하는 바에 따라 회계장부를 비치하고, 필요한 사항을 기록·관리하여야 하며, 지방자치단체의 장에게 소관 사무에 관하여 보고서를 제출하여야 한다.

제53조(결산서 작성지침의 통보) 행정안전부장관은 결산서를 적정하게 작성하도록 결산에 관한 지침을 작성하여 각 지방자치단체의 장에게 통보할 수 있다.

제54조(회계관계공무원 등의 교육) ① 지방자치단체의 장은 소관 회계업무 수행의 전문성을 향상시키기 위하여 소속 회계관계공무원 등에 대한 교육을 실시하여야 한다.

② 지방자치단체의 장은 필요하다고 인정하는 경우에는 회계관계공무원 등에 대한 교육을 행정안전부장관이 지정하는 회계 관련 전문교육 기관 또는 단체에 위탁하여 실시할 수 있다.

③ 제1항 및 제2항에 따른 회계관계공무원 등의 교육 및 위탁에 관한 구체적인 사항은 대통령령으로 정한다.

제55조(끝수 처리) 지방자치단체의 수입 또는 지출에서 10원 미만은 계산하지 아니할 수 있고, 전액이 10원 미만이면 0으로 처리할 수 있다. 다만, 세입금을 분할하여 징수하는 등 대통령령으로 정하는 경우에는 그러하지 아니하다.

부 칙(정부조직법)

제1조(시행일) ① 이 법은 공포한 날부터 시행한다. 다만, 부칙 제5조에 따라 개정되는 법률 중 이 법 시행 전에 공포되었으나 시행일이 도래하지 아니한 법률을 개

정한 부분은 각각 해당 법률의 시행일부터 시행한다.

제2조부터 제4조까지 생략

제5조(다른 법률의 개정) ①부터 <101>까지 생략

<102> 지방회계법 일부를 다음과 같이 개정한다.

제8조제2항, 같은 조 제3항 전단·후단, 제9조, 제11조제1항·제3항, 제12조제1항, 제13조제1항·제2항, 같은 조 제3항 각 호 외의 부분 본문, 같은 조 제4항, 제14조제5항, 제38조제2항, 제51조제3항, 제53조 및 제54조제2항 중 "행정자치부장관"을 각각 "행정안전부장관"으로 한다.

제9조 및 제12조제1항 중 "행정자치부령"을 각각 "행정안전부령"으로 한다.

제9조 중 "행정자치부"를 "행정안전부"로 한다.

<103>부터 <382>까지 생략

제6조 생략

지방자치단체 회계기준에 관한 규칙

[시행 2017.7.26.] [행정안전부령 제1호, 2017.7.26., 타법개정]

제1장 총 칙

제1조(목적) 이 규칙은 지방자치단체의 회계처리 및 재무제표 보고의 통일성과 객관성을 확보함으로써 정보이용자에게 유용한 정보를 제공하고, 지방자치단체의 재정 투명성과 공공 책임성을 제고함을 목적으로 한다.

제2조(적용대상) ① 이 규칙은 지방자치단체가 수행하는 모든 일반적인 거래의 회계처리와 재무제표 보고(이하 "재무보고"라 한다)에 대하여 적용한다.

② 실무회계처리에 관한 구체적인 사항은 행정안전부장관이 정한다.

③ 이 규칙으로 정하는 것과 제2항에 따라 행정안전부장관이 정한 것 외의 사항에 대해서는 일반적으로 인정되는 회계원칙과 일반적으로 공정하며 타당하다고 인정되는 회계관습에 따른다.

제3조(정의) 이 규칙에서 사용하는 용어의 정의는 다음과 같다.

1. "경제적 자원"이라 함은 지방자치단체의 행정활동에 직접 또는 간접적으로 투입하여 사용하거나 소비할 수 있는 경제적 가치를 지닌 모든 자원을 말한다.
2. "공정가액"이라 함은 합리적인 판단력과 거래의사가 있는 독립된 당사자간에 거래될 수 있는 교환가격을 말한다.
3. "내부거래"라 함은 재무제표를 작성하는 경우 상계되어야 하는 지방자치단체 내의 개별 회계실체간의 거래를 말한다.
4. "회계실체"란 재무제표를 작성하는 단위를 말하며, 다음 각 목과 같이 구분한다.
   가. 개별 회계실체: 「지방재정법」 제9조에 따른 일반회계 및 특별회계와 「지방자치단체 기금관리기본법」 제2조에 따른 기금으로서 재무제표를 작성하는 최소 단위를 말한다.
   나. 유형별 회계실체: 개별 회계실체를 그 성격이나 특성에 따라 유형별로 구분한 것으로서 그 유형은 제6조 제1항의 구분에 따른다.
   다. 통합 회계실체: 유형별 회계실체의 재무제표를 모두 통합하여 재무제표를 작성하는 단위로서 지방자치단체를 말한다.

제4조(재무보고의 목적) ① 재무보고는 지방자치단체와 직간접적 이해관계가 있는 정보이용자가 재정활동 내용을 파악하여 합리적인 의사결정을 하는 데에 유용한 정보를 제공하는 것을 목적으로 한다.

② 재무보고는 지방자치단체가 공공회계책임을 적절히 이행하였는가 여부를 평가하는 데에 필요한 다음 각호의 정보를 제공하여야 한다.

1. 재정상태 · 재정운영성과 · 현금흐름 및 순자산 변동에 관한 정보
2. 당기(當期)의 수입이 당기(當期)의 서비스를 제공하기에 충분하였는지 또는 미래의 납세자가 과거에 제공된 서비스에 대한 부담을 지게 되는지에 대한

기간간 형평성에 관한 정보
3. 예산과 그 밖의 관련 법규의 준수에 관한 정보

제5조(일반원칙) 지방자치단체의 회계처리와 재무보고는 발생주의·복식부기 방식에 의하며 다음 각 호의 일반원칙에 따라 이루어져야 한다.
1. 회계처리와 보고는 신뢰할 수 있도록 객관적인 자료와 증거에 의하여 공정하게 처리하여야 한다.
2. 재무제표의 양식 및 과목과 회계용어는 이해하기 쉽도록 간단명료하게 표시하여야 한다.
3. 중요한 회계방침과 회계처리기준·과목 및 금액에 관하여는 그 내용을 재무제표상에 충분히 표시하여야 한다.
4. 회계처리에 관한 기준과 추정은 기간별 비교가 가능하도록 기간마다 계속하여 적용하고 정당한 사유 없이 이를 변경하여서는 아니된다.
5. 회계처리를 하거나 재무제표를 작성할 때 과목과 금액은 그 중요성에 따라 실용적인 방법을 통하여 결정하여야 한다.
6. 회계처리는 거래의 사실과 경제적 실질을 반영할 수 있어야 한다.

제6조(유형별 회계실체의 구분 등) ① 유형별 회계실체는 지방자치단체의 회계구분에 따라 일반회계, 기타특별회계, 기금회계 및 지방공기업특별회계로 구분한다.
② 회계실체는 그 활동의 성격에 따라 행정형 회계실체와 사업형 회계실체로 구분할 수 있다.
1. 행정형 회계실체는 지방자치단체의 일반적이고 고유한 행정활동을 수행하는 회계실체를 말한다.
2. 사업형 회계실체는 개별적 보상관계가 적용되는 기업적인 활동을 주된 목적으로 하는 회계실체를 말한다.

③ 지방공기업특별회계는 「지방공기업법」에서 따로 정한 경우 이 기준을 적용하지 아니한다.

제 2 장 재무제표

제7조 삭제

제8조(재무제표) ① 재무제표는 지방자치단체의 재정상황을 표시하는 중요한 요소로서 재정상태표, 재정운영표, 현금흐름표, 순자산변동표, 주석(註釋)으로 구성된다.
② 재무제표의 부속서류는 필수보충정보와 부속명세서로 한다.

제9조(재무제표의 작성원칙) ① 지방자치단체의 재무제표는 일반회계·기타특별회계·기금회계 및 지방공기업특별회계의 유형별 재무제표를 통합하여 작성한다. 이 경우 내부거래는 상계하고 작성한다.
② 유형별 회계실체의 재무제표를 작성할 때에는 해당 유형에 속한 개별 회계실체의 재무제표를 합산하여 작성한다. 이 경우 유형별 회계실체 안에서의 내부거래는 상계하고 작성한다.
③ 개별 회계실체의 재무제표를 작성할 때에는 지방자치단체 안의 다른 개별 회계실체와의 내부거래를 상계하지 아니한다. 이 경우 내부거래는 해당 지방자치단체에 속하지 아니한 다른 회계실체 등과의 거래와 동일한 방식으로 회계처리한다.
④ 재무제표는 당해 회계연도분과 직전 회계연도분을 비교하는 형식으로 작성되어야 한다. 이 경우 비교식으로 작성되는 양 회계연도의 재무제표는 계속성의 원칙에 따라 작성되어야 하며 회계정책상의 변화 등 회계변경이 발생한 경우에는 그

내용을 주석(註釋)으로 공시하여야 한다.

⑤ 「지방회계법」 제7조제1항에 따른 출납 폐쇄기한 내의 세입금 수납과 세출금 지출은 해당 회계연도의 거래로 처리한다.

제 3 장 재정상태표

제10조(재정상태표) ① 재정상태표는 특정 시점의 회계실체의 자산과 부채의 내역 및 상호관계 등 재정상태를 나타내는 재무제표로서 자산·부채 및 순자산으로 구성된다.

② 제9조제1항에 따라 유형별 재무제표를 통합하여 작성하는 지방자치단체의 재무제표 중 재정상태표는 별지 제1호서식과 같다.

제11조(자산 · 부채 및 순자산의 정의) ① 자산은 회계실체가 소유하고 이들 자산을 일정기간 보유하거나 사용함으로써 공공서비스 잠재력이나 경제적 편익을 창출할 수 있는 자원을 말한다.

② 부채는 과거 사건의 결과로 회계실체가 부담하는 의무로서 그 이행을 위하여 미래에 자원의 유출이 예상되는 현재 시점의 의무를 말한다.

③ 순자산은 회계실체의 자산에서 부채를 뺀 나머지 금액을 말한다.

제12조(자산과 부채의 인식기준) ① 자산은 공공서비스의 잠재력을 창출하거나 미래의 경제적 편익이 회계실체에 유입될 것이 거의 확실하고 그 금액을 신뢰성 있게 측정할 수 있을 때에 인식한다.

② 문화재, 예술작품, 역사적 문건 및 자연자원은 자산으로 인식하지 아니하고 필수보충정보의 관리책임자산으로 보고한다.

③ 부채는 회계실체가 부담하는 현재의 의무를 이행하기 위하여 경제적 편익이 유출될 것이 거의 확실하고 그 금액을 신뢰성 있게 측정할 수 있을 때에 인식한다.

제13조(재정상태표의 작성기준) ① 자산과 부채는 유동성이 높은 항목부터 배열하는 것을 원칙으로 한다.

② 자산과 부채는 총액에 따라 적는 것을 원칙으로 하고, 자산의 항목과 부채 또는 순자산의 항목을 상계함으로써 그 전부 또는 일부를 재정상태표에서 제외하여서는 아니된다.

③ 가지급금이나 가수금 등의 미결산항목은 그 내용을 나타내는 적절한 과목으로 표시하고, 비망계정(備忘計定)은 재정상태표의 자산 또는 부채항목으로 표시하지 아니한다.

제14조(자산의 분류) ① 자산은 유동자산, 투자자산, 일반유형자산, 주민편의시설, 사회기반시설, 기타비유동자산으로 분류한다.

② 삭제

제15조(유동자산) 유동자산은 회계연도 종료 후 1년 내에 현금화가 가능하거나 실현될 것으로 예상되는 자산으로서 현금 및 현금성 자산, 단기금융상품, 미수세금, 미수세외수입금 등을 말한다.

제16조(투자자산) 투자자산은 회계실체가 투자하거나 권리행사 등의 목적으로 보유하고 있는 비유동자산으로서 장기금융상품, 장기융자금, 장기투자증권 등을 말한다.

제17조(일반유형자산) 일반유형자산은 공공서비스의 제공을 위하여 1년 이상 반복적 또는 계속적으로 사용되는 자산으로서 토지, 건물, 입목 등을 말한다.

제18조(주민편의시설) 주민편의시설은 주민의 편의를 위하여 1년 이상 반복적 또는 계속적으로 사용되는 자산으로서 도서관, 주차장, 공원, 박물관 및 미술관 등을 말한다.

제19조(사회기반시설) 사회기반시설은 초기에 대규모 투자가 필요하고 파급효과가 장기간에 걸쳐 나타나는 지역사회의 기반적인 자산으로서 도로, 도시철도, 상수도시설, 수질정화시설, 하천부속시설 등을 말한다.

제20조(기타비유동자산) 기타비유동자산은 유동자산, 투자자산, 일반유형자산, 주민편의시설, 사회기반시설에 속하지 아니하는 자산으로서 보증금, 무형자산 등을 말한다.

제21조(부채의 분류) 부채는 유동부채, 장기차입부채 및 기타비유동부채로 분류한다.

제22조(유동부채) 유동부채는 회계연도 종료 후 1년 이내에 상환되어야 하는 부채로서 단기차입금, 유동성 장기차입부채 등을 말한다.

제23조(장기차입부채) 장기차입부채는 회계연도 종료 후 1년 이후에 만기가 되는 차입부채로서 장기차입금, 지방채증권 등을 말한다.

제24조(기타비유동부채) 기타비유동부채는 유동부채와 장기차입부채에 속하지 아니하는 부채로서 퇴직급여충당부채, 장기예수보증금, 장기선수수익 등을 말한다.

제25조(순자산의 분류) ① 순자산은 지방자치단체의 기능과 용도를 기준으로 고정순자산, 특정순자산 및 일반순자산으로 분류한다.

② 고정순자산은 일반유형자산, 주민편의시설, 사회기반시설 및 무형자산의 투자액에서 그 시설의 투자재원을 마련할 목적으로 조달한 장기차입금 및 지방채증권 등을 뺀 금액으로 한다.

③ 특정순자산은 채무상환 목적이나 적립성기금의 원금과 같이 그 사용목적이 특정되어 있는 재원과 관련된 순자산을 말한다.

④ 일반순자산은 고정순자산과 특정순자산을 제외한 나머지 금액을 말한다.

제 4 장 재정운영표

제26조(재정운영표) ① 재정운영표는 회계연도 동안 회계실체가 수행한 사업의 원가와 회수된 원가 정보를 포함한 재정운영결과를 나타내는 재무제표를 말한다.

② 재정운영표는 다음 각 호와 같이 구분하여 표시한다.

1. 사업순원가: 가목에 따른 총원가에서 나목에 따른 사업수익을 빼서 표시한다.
   가. 총원가: 사업을 수행하기 위하여 투입한 원가에서 다른 사업으로부터 배부받은 원가를 더하고, 다른 사업에 배부한 원가를 뺀 것
   나. 사업수익: 사업의 수행과정에서 발생하거나 사업과 관련하여 국가·지방자치단체 등으로부터 얻은 수익
2. 재정운영순원가: 제1호에 따른 사업순원가에서 가목 및 나목의 비용은 더하고, 다목의 수익을 빼서 표시한다.
   가. 관리운영비: 조직의 일반적이고 기본적인 기능을 수행하는 데 필요한 인건비, 기본경비 및 운영경비
   나. 비배분비용: 임시적·비경상적으로 발생한 비용 및 사업과 직접적 또는 간접적 관련이 없어 제1호가목에 따른 총원가에 배분하는 것이 합리적이지 아니한 비용
   다. 비배분수익: 임시적·비경상적으로 발생한 수익 및 사업과 직접적 관련이 없어 제1호나목의 사업수익에 합산하는 것이 합리적이지 아니한 수익
3. 재정운영결과: 제2호의 재정운영순원가

에서 제30조에 따른 일반수익을 뺀 것
③ 제9조제1항에 따라 유형별 재무제표를 통합하여 작성하는 지방자치단체의 재무제표 중 재정운영표는 별지 제2호서식에 따른다.
④ 제3항에 따른 지방자치단체의 재정운영표에 제2항제1호가목에 따른 총원가와 같은 항 같은 호 나목에 따른 사업수익을 표시할 때 그 세부 항목은 「지방재정법 시행령」 제47조제2항에 따른 과목의 구분에 따른다.

제27조(수익과 비용의 정의) ① 수익은 자산의 증가 또는 부채의 감소를 초래하는 회계연도 동안의 거래로 생긴 순자산의 증가를 말한다. 다만, 관리전환이나 기부채납 등으로 생긴 순자산의 증가는 수익에 포함하지 아니한다.
② 비용은 자산의 감소나 부채의 증가를 초래하는 회계연도 동안의 거래로 생긴 순자산의 감소를 말한다. 다만, 관리전환 등으로 생긴 순자산의 감소는 비용에 포함하지 아니한다.

제28조(수익과 비용의 인식기준) ① 수익은 다음과 같이 인식한다.
1. 교환거래로 생긴 수익은 재화나 서비스 제공의 반대급부로 생긴 사용료, 수수료 등으로서 수익창출활동이 끝나고 그 금액을 합리적으로 측정할 수 있을 때에 인식한다.
2. 비교환거래로 생긴 수익은 직접적인 반대급부 없이 생기는 지방세, 보조금, 기부금 등으로서 해당수익에 대한 청구권이 발생하고 그 금액을 합리적으로 측정할 수 있을 때에 인식한다.

② 비용은 다음과 같이 인식한다.
1. 교환거래에 따르는 비용은 반대급부로 발생하는 급여, 지급수수료, 임차료, 수선유지비 등으로서 대가를 지급하는 조건으로 민간부문이나 다른 공공부문으로부터 재화와 서비스의 제공이 끝나고 그 금액을 합리적으로 측정할 수 있을 때에 인식한다.
2. 비 교환거래에 의한 비용은 직접적인 반대급부 없이 발생하는 보조금, 기부금 등으로서 가치의 이전에 대한 의무가 존재하고 그 금액을 합리적으로 측정할 수 있을 때에 인식한다.

제29조(재정운영표의 작성기준) ① 재정운영표의 모든 수익과 비용은 발생주의 원칙에 따라 거래나 사실이 발생한 기간에 표시한다.
② 수익과 비용은 그 발생원천에 따라 명확하게 분류하여야 하며, 해당 항목의 중요성에 따라 별도의 과목으로 표시하거나 다른 과목과 통합하여 표시할 수 있다. 이 경우 해당 항목의 중요성은 금액과 질적 요소를 고려하여 판단하여야 한다.
③ 삭제

제29조의2(원가계산) ① 원가는 회계실체가 사업의 목표를 달성하고 성과를 창출하기 위하여 직접적·간접적으로 투입한 경제적 자원의 가치를 말한다.
② 원가의 계산에 관한 세부적인 사항은 행정안전부장관이 정하는 바에 따른다.

제30조(일반수익의 분류) 일반수익은 재원조달의 원천에 따라 다음 각 호와 같이 구분한다.
1. 자체조달수익: 지방자치단체가 독자적인 과세 권한과 자체적인 징수활동을 통하여 조달한 수익
2. 정부간이전수익: 회계실체가 국가 또는 다른 지방자치단체로부터 이전받은 수익
3. 기타수익: 제1호 및 제2호에 따른 수익 외의 수익

제31조~제34조 삭제

제 5 장 현금흐름표

제35조(현금흐름표) ① 현금흐름표는 회계연도 동안의 현금자원의 변동에 관한 정보로서 자금의 원천과 사용결과를 표시하는 재무제표로서 경상활동, 투자활동 및 재무활동으로 구성된다.

② 현금흐름표는 별지 제3호서식과 같다.

제36조(현금흐름의 구분) ①경상활동은 지방자치단체의 행정서비스와 관련된 활동으로서 투자활동과 재무활동에 속하지 아니하는 거래를 말한다.

② 투자활동은 자금의 융자와 회수, 장기투자증권 · 일반유형자산 · 주민편의시설 · 사회기반시설 및 무형자산의 취득과 처분 등을 말한다.

③ 재무활동은 자금의 차입과 상환, 지방채의 발행과 상환 등을 말한다.

제37조(현금흐름표의 작성기준) ① 현금흐름표는 회계연도 중의 순현금흐름에 회계연도 초의 현금을 더하여 회계연도 말 현재의 현금을 산출하는 형식으로 표시한다.

② 현금의 유입과 유출은 회계연도 중의 증가나 감소를 상계하지 아니하고 각각 총액으로 적는다. 다만, 거래가 잦아 총금액이 크고 단기간에 만기가 도래하는 경우에는 순증감액으로 적을 수 있다.

③ 현물출자로 인한 유형자산 등의 취득, 유형자산의 교환 등 현금의 유입과 유출이 없는 거래 중 중요한 거래에 대하여는 주석(註釋)으로 공시한다.

제 6 장 순자산변동표

제38조(순자산변동표) ① 순자산변동표는 회계연도 동안의 순자산의 증감 내역을 표시하는 재무제표로서 재정운영결과와 순자산의 변동을 기재한다.

② 제9조제1항에 따라 유형별 재무제표를 통합하여 작성하는 지방자치단체의 재무제표 중 순자산변동보고서는 별지 제4호서식과 같다.

제39조(순자산의 증가와 감소) ① 순자산의 증가사항은 전기오류수정이익, 회계기준변경으로 생긴 누적이익 등을 말한다.

② 순자산의 감소사항은 전기오류수정손실, 회계기준변경으로 생긴 누적손실 등을 말한다.

제 7 장 주 석

제40조 삭제

제41조(주석) ① 주석(註釋)은 정보이용자에게 충분한 회계정보를 제공하기 위하여 채택한 중요한 회계정책, 회계과목의 세부내역 및 재무제표에 중대한 영향을 미치는 사항을 설명한 것을 말한다.

② 이 규칙에서 규정한 주석(註釋)사항 외에 필요한 경우에는 다음 각 호의 사항을 주석(註釋)으로 공시한다.

1. 지방자치단체 회계실체간의 주요 거래내용
2. 삭제
3. 타인을 위하여 제공하고 있는 담보보증의 내용
4. 천재지변, 중대한 사고, 파업, 화재 등에 관한 내용과 결과
5. 채무부담행위 및 보증채무부담행위의 종류와 구체적 내용
6. 무상사용허가권이 주어진 기부채납자산의 세부내용
7. 그 밖의 사항으로서 재무제표에 중대

한 영향을 미치는 사항과 재무제표의 이해를 위하여 필요한 사항

③ 제1항 및 제2항에서 규정한 사항 외에 주석의 내용과 서식은 행정안전부장관이 정한다.

제7장의2 필수보충정보 및 부속명세서

제42조(필수보충정보) ① 필수보충정보는 재무제표의 내용을 보완하고 이해를 돕기 위하여 필수적으로 제공되어야 하는 정보를 말한다.

② 필수보충정보는 다음 각 호의 정보를 말한다.

1. 예산결산요약표
2. 별지 제5호서식에 따른 지방자치단체의 성질별 재정운영표

2의2. 별지 제6호서식에 따른 일반회계의 재정운영표

2의3. 별지 제7호서식에 따른 개별 회계실체(일반회계는 제외한다)의 재정운영표

3. 관리책임자산
4. 예산회계와 재무회계의 차이에 대한 명세서
5. 그 밖에 재무제표에는 반영되지 아니하였으나 중요하다고 판단되는 정보

③ 제2항의 예산결산요약표 및 예산회계와 재무회계의 차이에 대한 명세서는 예산결산이 완료된 후에 첨부할 수 있다.

제43조(부속명세서) 부속명세서는 재무제표에 표시된 회계과목에 대한 세부내역을 명시할 필요가 있을 때에 제공되어야 하는 추가적인 정보를 말한다.

제44조(필수보충정보 및 부속명세서의 작성지침) 제42조 및 제43조에 따른 필수보충정보 및 부속명세서의 내용과 서식은 행정안전부장관이 정한다.

제 8 장 자산 및 부채의 평가

제45조(자산의 평가기준) ① 재정상태표에 기록하는 자산의 가액은 해당 자산의 취득원가를 기초로 하여 계상함을 원칙으로 한다. 다만, 교환, 기부채납, 관리전환, 그 밖에 무상으로 취득한 자산의 가액은 공정가액을 취득원가로 한다.

② 재정상태표에 기재하는 자산은 자산의 진부화, 물리적인 손상 및 시장가치의 급격한 하락 등의 원인으로 인하여 해당 자산의 회수가능가액이 장부가액에 미달하고 그 미달액이 중요한 경우에는 이를 장부가액에서 직접 차감하여 회수가능가액으로 조정하고 감액내역을 주석(註釋)으로 공시한다. 이 경우 회수가능가액은 해당 자산의 순 실현가능액과 사용가치 중 큰 금액으로 한다.

제46조(미수세금 등의 평가) ① 미수세금은 합리적이고 객관적인 기준에 따라 평가하여 대손충당금을 설정하고 이를 미수세금 금액에서 차감하는 형식으로 표시하며, 대손충당금의 내역은 주석(註釋)으로 공시한다.

② 미수세외수입금, 단기대여금, 장기대여금 등에 관하여는 제1항의 규정을 준용한다.

제47조(재고자산의 평가) 재고자산은 구입가액에 부대비용을 더하고 이에 선입선출법을 적용하여 산정한 가액을 취득원가로 한다. 다만, 실물흐름과 원가산정방법 등에 비추어 다른 방법을 적용하는 것이 보다 합리적이라고 인정되는 경우에는 개별법, 이동평균법 등을 적용하고 그 내용을 주석(註釋)으로 공시한다.

제48조(장기투자증권의 평가) 장기투자증권은 매입가격에 부대비용을 더하고 이에 종목별로 총평균법을 적용하여 산정한 취득원가로 평가함을 원칙으로 한다.

제49조(일반유형자산과 주민편의시설의 평가) ① 일반유형자산과 주민편의시설은 당해 자산의 건설원가나 매입가액에 부대비용을 더한 취득원가로 평가함을 원칙으로 한다.

② 일반유형자산과 주민편의시설 중 상각대상 자산에 대한 감가상각은 정액법을 원칙으로 한다.

③ 일반유형자산과 주민편의시설에 대한 사용수익권은 해당 자산의 차감항목으로 표시한다.

제50조(사회기반시설의 평가) ① 사회기반시설의 평가에 관하여는 제49조의 규정을 준용한다.

② 사회기반시설 중 유지보수를 통하여 현상이 유지되는 도로, 도시철도, 하천부속시설 등은 감가상각 대상에서 제외할 수 있으며, 유지보수에 투입되는 비용과 감가상각을 하지 아니한 이유를 주석(註釋)으로 공시한다.

③ 사회기반시설에 대한 사용수익권은 해당 자산의 차감항목으로 표시한다.

제51조(무형자산의 평가) ① 무형자산은 당해 자산의 개발원가나 매입가액에 취득부대비용을 더한 가액을 취득원가로 한다.

② 무형자산은 정액법에 따라 당해 자산을 사용할 수 있는 시점부터 합리적인 기간동안 상각한다. 다만, 독점적·배타적인 권리를 부여하는 관계법령이나 계약에서 정한 경우를 제외하고는 20년을 넘을 수 없다.

제52조(자본적 지출과 경상적 지출) 자산취득 이후의 지출 중 당해 자산의 내용연수를 연장시키거나 가치를 실질적으로 증가시키는 지출은 자본적 지출로 처리하고, 당해 자산을 원상회복시키거나 능률유지를 위한 지출은 경상적 지출로 처리한다.

제53조(부채의 평가기준) 부채의 가액은 회계실체가 지급의무를 지는 채무액을 말하며, 채무액은 이 규칙에서 정하는 것을 제외하고는 만기상환가액으로 함을 원칙으로 한다.

제54조(지방채증권의 평가) ① 지방채증권은 발행가액으로 평가하되, 발행가액은 지방채증권 발행수수료 및 발행과 관련하여 직접 발생한 비용을 뺀 후의 가액으로 한다.

② 지방채증권의 액면가액과 발행가액의 차이는 지방채할인 또는 할증 발행차금으로 하고, 할인 또는 할증 발행차금은 증권 발행시부터 최종 상환시까지의 기간에 유효이자율 등으로 상각 또는 환입하고 그 상각액 또는 환입액은 지방채증권에 대한 이자비용에 더하거나 뺀다.

제55조(퇴직급여충당 부채의 평가) ① 퇴직급여충당 부채는 회계연도말 현재 「공무원연금법」을 적용받는 지방공무원을 제외한 무기계약근로자 등이 일시에 퇴직할 경우 지방자치단체가 지급하여야 할 퇴직금에 상당한 금액으로 한다.

② 퇴직금 지급규정, 퇴직금 산정내역, 회계연도 중 실제로 지급한 퇴직금 등은 주석(註釋)으로 공시한다.

제56조(채권·채무의 현재가치에 따른 평가) ① 장기연불조건의 매매거래, 장기금전대차거래 또는 이와 유사한 거래에서 발생하는 채권·채무로서 명목가액과 현재가치의 차이가 중요한 경우에는 이를 현재가치로 평가한다.

② 제1항의 현재가치는 당해 채권·채무로 인하여 받거나 지급할 총금액을 적절

한 이자율로 할인한 가액으로 한다.

③ 제2항의 적절한 할인율은 당해 거래의 유효이자율을 적용한다. 다만, 당해 거래의 유효이자율을 확인하기 어려운 경우에는 유사한 조건의 국채수익률을 적용한다.

④ 제1항에 따라 발생하는 채권·채무의 명목가액과 현재가치의 차액은 현재가치할인차금의 과목으로 하여 당해 채권·채무의 명목가액에서 빼는 방식으로 기록하고 적용한 할인율, 기간 및 회계처리방법 등은 주석(註釋)으로 공시한다.

제57조(외화자산과 외화부채의 평가) ① 화폐성 외화자산과 화폐성 외화부채는 회계연도 종료일 현재의 적절한 환율로 평가한 가액을 재정상태표 가액으로 한다.

② 비화폐성 외화자산과 비화폐성 외화부채는 해당 자산을 취득하거나 해당 부채를 부담한 당시의 적절한 환율로 평가한 가액을 재정상태표 가액으로 함을 원칙으로 한다.

③ 화폐성 외화자산과 화폐성 외화부채는 외화예금, 외화융자금, 외화차입금 등과 같이 화폐가치의 변동과 상관없이 자산과 부채금액이 계약 및 기타의 원인에 의하여 일정액의 화폐액으로 고정되어 있는 경우의 당해 자산과 부채를 말한다.

제58조(리스에 따른 자산과 부채의 평가) ① 리스는 지방자치단체가 일정기간 설비 등 특정 자산의 사용권을 리스회사로부터 이전 받고, 그 대가로 사용료를 지급하는 계약을 말한다.

② 리스는 금융리스와 운용리스로 구분하며, 금융리스는 리스자산의 소유에 따른 위험과 편익이 실질적으로 리스이용자에게 이전되는 리스이고, 운용리스는 금융리스 외의 리스를 말한다.

③ 금융리스는 리스료를 내재이자율로 할인한 가액과 리스자산의 공정가액 중 낮은 금액을 리스자산과 리스부채로 각각 계상하여 감가상각하고, 운용리스는 리스료를 해당 회계연도의 비용으로 회계처리한다.

제59조(우발상황) ① 우발상황은 미래에 어떤 사건이 발생하거나 발생하지 아니함으로 인하여 궁극적으로 확정될 손실 또는 이익으로서 발생여부가 불확실한 현재의 상태 또는 상황을 말한다.

② 우발상황에는 진행 중인 소송사건, 채무에 대한 지급보증, 배상책임 등이 포함되며, 우발상황은 다음 각 호와 같이 처리한다.

1. 재정상태표 보고일 현재 우발손실의 발생이 확실하고 그 손실금액을 합리적으로 추정할 수 있는 경우: 우발손실을 재무제표에 반영하고 그 내용을 주석으로 표시
2. 재정상태표 보고일 현재 우발손실의 발생이 확실하지 아니하거나 우발손실의 발생은 확실하지만 그 손실금액을 합리적으로 추정할 수 없는 경우: 우발상황의 내용, 우발손실에 따른 재무적 영향을 주석으로 표시
3. 우발이익의 발생이 확실하고 그 이익금액을 합리적으로 추정할 수 있는 경우: 우발상황의 내용을 주석으로 표시

제60조(회계변경과 오류수정) ① 회계정책과 회계추정의 변경은 그 변경으로 재무제표를 보다 적절히 표시할 수 있는 경우 또는 법령 등에서 새로운 회계기준을 채택하거나 기존의 회계기준을 폐지하여 변경이 불가피한 경우에 할 수 있으며, 그 유형에 따라 다음 각 호와 같이 처리한다.

1. 회계정책의 변경에 따른 영향은 해당 회계연도 재정상태표의 순자산에 반영

한다. 다만, 회계정책의 변경에 따른 누적효과를 합리적으로 추정하기 어려운 경우에는 회계정책의 변경에 따른 영향을 해당 회계연도와 그 회계연도 후의 기간에 반영할 수 있다.
2. 회계추정의 변경에 따른 영향은 해당 회계연도 후의 기간에 미치는 것으로 한다.
3. 회계정책 또는 회계추정을 변경한 경우에는 그 변경내용, 변경사유 및 변경이 해당 회계연도의 재무제표에 미치는 영향을 주석으로 표시한다.

② 오류의 수정은 전년도 이전에 발생한 회계기준적용의 오류, 추정의 오류, 계정분류의 오류, 계산상의 오류, 사실의 누락 및 사실의 오용 등을 수정하는 것으로서 다음 각 호의 구분에 따라 처리한다.
1. 중대한 오류: 오류가 발생한 회계연도 재정상태표의 순자산에 반영하고, 관련된 계정잔액을 수정. 이 경우 비교재무제표를 작성할 때에는 중대한 오류의 영향을 받는 회계기간의 재무제표 항목을 다시 작성한다.
2. 제1호 외의 오류: 해당 회계연도의 재정운영표에 반영

③ 회계변경과 오류수정의 회계처리에 대한 사항은 주석으로 표시하되, 제2항제1호에 따른 중대한 오류를 수정한 경우에는 다음 각 호의 사항을 주석으로 포함한다.
1. 중대한 오류로 판단한 근거
2. 비교재무제표에 표시된 과거회계기간에 대한 수정금액
3. 비교재무제표가 다시 작성되었다는 사실

제61조(재정상태표 보고일 이후 발생한 사건) ① 재정상태표 보고일 이후 발생한 사건의 회계처리에 대해서는 행정안전부장관이 정한다.

② 재정상태표 보고일 이후 발생한 사건은 회계연도의 말일인 재정상태표 보고일과 「지방회계법」 제7조제3항에 따른 출납사무 완결기한 사이에 발생한 사건으로서 재정상태표 보고일 현재 존재하였던 상황에 대한 추가적 증거를 제공하는 사건을 말한다.

부 칙(행정안전부와 그 소속기관 직제 시행규칙)

제1조(시행일) 이 규칙은 공포한 날부터 시행한다.

제2조부터 제7조까지 생략

제8조(다른 법령의 개정) ①부터 ㉞까지 생략

㉟ 지방자치단체 회계기준에 관한 규칙 일부를 다음과 같이 개정한다.

제2조제2항·제3항, 제29조의2제2항, 제41조제3항, 제44조 및 제61조제1항 중 "행정자치부장관"을 각각 "행정안전부장관"으로 한다.

행정자치부령 제3호 지방자치단체 회계기준에 관한 규칙 일부개정령 부칙 제2조 중 "행정자치부장관"을 "행정안전부장관"으로 한다.

㊱부터 <64>까지 생략

[부록 5] 공인회계사_회계학, 정부회계 기출문제(2012년~2018년)

47회(2012년) 회계학_정부회계 기출문제

1. 다음 중 「국가회계기준에 관한 규칙」에 대한 내용으로 **옳지 않은** 것은?

   ① 국가회계실체란 「국가재정법」 제4조에 따른 일반회계, 특별회계 및 같은 법 제5조에 따른 기금으로서 중앙관서별로 구분된 것을 말한다.
   ② 재무제표는 국가가 공공회계책임을 적절히 이행하였는지를 평가하는 데 필요한 국가의 재정상태 및 그 변동과 재정운영결과에 관한 정보, 국가사업의 목적을 능률적 · 효과적으로 달성하였는지에 관한 정보, 예산과 그 밖에 관련 법규의 준수에 관한 정보를 제공하여야 한다.
   ③ 재무제표의 부속서류는 필수보충정보와 부속명세서로 한다.
   ④ 재무제표는 「국가회계법」 제14조 제3호에 따라 재정상태표, 재정운영표, 순자산변동표로 구성하되, 재무제표에 대한 주석을 포함한다.
   ⑤ 중앙관서 또는 기금의 순자산변동표를 통합하여 작성하는 국가의 순자산변동표는 기초순자산, 재정운영결과, 재원의 조달 및 이전, 조정항목, 기말순자산으로 구분하여 표시한다.

   설명 순자산변동표는 기초순자산, 재정운영결과, 기말순자산으로 구분하여 표시한다. 다만 중앙관서 및 기금의 순자산변동표에 표시되는 재원의 조달 및 이전항목은 국가의 입장에서는 정부기관간 내부거래이므로 이를 상계제거처리함.

2. 다음 중 「국가회계기준에 관한 규칙」에서 정하는 재정상태표에 관한 설명으로 **옳지 않은** 것은?

   ① 자산과 부채는 유동성이 높은 항목부터 배열한다.
   ② 국가안보와 관련된 자산은 기획재정부장관과 협의하여 자산으로 인식하지 아니할 수 있다.
   ③ 일반유형자산에는 국가의 기반을 형성하기 위하여 대규모로 투자하여 건설하고 그 경제적 효과가 장기간에 걸쳐 나타나는 철도, 항만, 댐, 공항 등이 포함된다.
   ④ 부채는 국가회계실체가 부담하는 현재의 의무 중 향후 그 이행을 위하여 지출이 발생할 가능성이 매우 높고 그 금액을 신뢰성 있게 측정할 수 있을 때 인식한다.
   ⑤ 순자산은 자산에서 부채를 뺀 금액을 말하며, 기본순자산, 적립금 및 잉여금, 순

자산조정으로 구분한다.

설명 사회기반시설에 해당함.

3. 다음 중 「국가회계기준에 관한 규칙」과 「지방자치단체 회계기준에 관한 규칙」에서 정하는 자산·부채의 평가에 관한 설명으로 **옳지 않은** 것은?

① 현재 세대와 미래 세대를 위하여 정부가 영구히 보전하여야 할 자산으로서 역사적, 문화적, 교육적 및 예술적으로 중요한 가치를 갖는 자산은 무형자산으로 인식하되, 상각대상에서 제외할 수 있다.
② 다른 국가회계실체로부터 무상으로 취득한 관리환의 경우 취득원가는 해당 자산을 이전한 국가회계실체의 장부가액으로 한다.
③ 국가의 도로는 관리·유지 노력에 따라 취득 당시의 용역 잠재력을 그대로 유지할 수 있는 경우 감가상각 대상에서 제외할 수 있다.
④ 지방자치단체의 재정상태보고서상 자산은 해당자산의 취득원가를 기초로 계상함을 원칙으로 한다.
⑤ 지방자치단체의 주민편의시설은 당해 자산의 건설원가나 매입가액에 부대비용을 가산한 취득원가로 평가하며 취득 이후 공정가액에 의한 재평가는 허용되지 않는다.

설명 유산자산이라고 칭하며, 유산자산은 자산으로 인식하지 않고 그 종류와 현황을 필수보충정보에 공시함.

4. 다음은 "항만운영프로그램"을 수행하고 있는 중앙부처 A기금의 20X1년도 자료이다. A기금은 「국가회계법」 제13조 제2항에 해당하는 중앙관서의 장이 관리하지 않는 기금이다.

- 20X1년중에 과태료 ₩100,000을 부과하였고, 이 중 ₩80,000이 납부되었다.
- 20X1년중에 청구권이 확정된 부담금수익 ₩50,000 중 ₩40,000이 납부되었다.
- 20X1년중 투자목적 단기투자증권을 ₩65,000에 취득하였으며, 20X1년말 현재 활성화된 시장에서 이 증권의 공정가액은 ₩70,000이다.
- 20X1년중에 항만사용료수익 ₩30,000이 발생·납부(사용 즉시 대금 수취 방식)되었다.

상기 자료의 내용이 중앙부처 A기금의 20X1년도 재정운영표상 재정운영순원가와 재정운영결과에 미치는 영향은 얼마인가?

	재정운영순원가	재정운영결과
①	₩5,000 감소	₩165,000 감소
②	₩5,000 감소	₩185,000 감소
③	₩30,000 감소	₩180,000 감소
④	₩30,000 감소	₩160,000 감소
⑤	₩135,000 감소	₩185,000 감소

설명

1. 재정운영순원가=(프로그램순원가: 프로그램총원가−프로그램수익)+관리운영비+비배분비용−비배분수익
   따라서 ₩30,000 감소 (프로그램수익: 항만사용료수익 ₩30,000)
2. 재정운영결과=재정운영순원가−비교환수익 등
   따라서 ₩160,0000 감소 (비교환수익: 과태료납부 ₩80,000, 청구권확정부담금수익 ₩50,000)

5. 다음 설명 중 「지방자치단체 회계기준에 관한 규칙」에서 정하는 재무제표에 대한 설명으로 옳은 것은?

① 지방자치단체가 국가로부터 이전받은 수익은 순자산변동보고서에 순자산의 증가 항목에 포함된다.

② 회계정책의 변경에 따른 누적효과를 합리적으로 추정할 수 있는 경우, 회계정책의 변경에 따른 영향은 해당 회계연도 재정상태보고서의 순자산에 반영한다.

③ 재정상태보고서의 순자산의 분류 중 고정순자산은 적립성기금의 원금과 같이 그 사용목적이 특정되어 있는 재원과 관련된 순자산을 말한다.

④ 자산은 회계실체가 사업의 목표를 달성하고 성과를 창출하기 위해 직·간접적으로 투입한 경제적 자원의 가치이다.

⑤ 사업을 수행하기 위하여 투입한 원가에서 다른 사업에 배부한 원가를 뺀 것이 사업순원가이다.

48회 (2013년) 회계학_정부회계 기출문제

1. 다음 중 「국가재정법」과 「지방재정법」 및 「지방재정법 시행령」에서 정하는 결산에 관한 설명으로 **옳지 않은** 것은?

① 각 중앙관서의 장은 「국가회계법」에서 정하는 바에 따라 회계연도마다 작성한 결산보고서(중앙관서결산보고서)를 다음 연도 2월 말일까지 기획재정부장관에게 제출하여야 한다.

② 기획재정부장관은 「국가회계법」에서 정하는 바에 따라 회계연도마다 작성하여 대통령의 승인을 받은 국가결산보고서를 다음 연도 4월 10일까지 감사원에 제출하여야 한다.

③ 감사원은 「국가재정법」에 따라 제출된 국가결산보고서를 검사하고 그 보고서를 다음 연도 5월 20일까지 기획재정부장관에게 송부하여야 하고, 정부는 「국가재정법」에 따라 감사원의 검사를 거친 국가결산보고서를 다음 연도 5월 31일까지 국회에 제출하여야 한다.

④ 지방자치단체의 장은 회계연도마다 「지방재정법」에 의하여 작성한 세입·세출결산서에 「지방자치법」의 규정에 의한 검사위원의 검사의견서를 첨부하여 다음 회계연도 6월말까지 이를 지방의회에 제출하여야 한다.

⑤ 지방자치단체의 장은 「지방자치법」에 따른 검사위원에게 결산검사에 필요한 서류를 제출할 때에는 재무보고서에 「공인회계사법」에 따른 공인회계사의 감사의견을 첨부하여야 한다.

설명 감사의견이 아닌 회계검토 의견을 첨부해야 함.

2. 다음은 20X1년도 대한민국 중앙정부의 재정상태표(요약)이다. 이에 관한 설명으로 **옳지 않은** 것은?

계정과목	금 액 (조원)	계정과목	금 액 (조원)
자 산	1,523.2	부 채	773.6
		유 동 부 채	82.1
유 동 자 산	263.5	장 기 차 입 부 채	294.8
투 자 자 산	483.0	장 기 충 당 부 채	374.8
일 반 유 형 자 산	492.9	기 타 비 유 동 부 채	21.9
사 회 기 반 시 설	274.5	순 자 산	749.6
무 형 자 산	1.0	기 본 순 자 산	442.8
기 타 비 유 동 자 산	8.3	적 립 금 및 잉 여 금	336.5
		순 자 산 조 정	(29.7)

① 국가재무제표의 재무결산 대상은 중앙관서의 일반회계, 기타특별회계와 기업특별회계를 포함한 특별회계를 대상으로 한다.

② 자산은 자산실사, 자산재평가 등을 거쳐 정부의 자산 가치를 산정한 결과이며, 도로·공항·항만 등 사회기반시설을 포함한 것이다.

③ 부채는 전통적 방식에 의해 국가채무로 인식해온 국채, 차입금 이외에 충당부채, 미지급금 등 발생주의에 따른 부채를 종합한 결과이다.

④ 장기충당부채 중 연금충당부채는 공무원·군인연금 수급자와 재직자에게 장래에 지급될 연금지급액을 보험수리적 가정에 따라 산출한 것이다.

⑤ 순자산 중 기본순자산은 순자산에서 적립금 및 잉여금과 순자산조정을 뺀 금액이다. 적립금 및 잉여금은 전기이월결손금·잉여금, 재정운영결과 등으로 구성되고, 순자산조정은 투자증권평가손익, 파생상품평가손익 등으로 구성된다.

설명 국가재정법에 따른 일반회계, 특별회계 및 기금이 대상임.

3. 다음은 A 중앙관서 일반회계의 20X1년도 자료이다. 다음 자료에 의한 A 중앙관서의 순자산변동표상 20X1년말 현재 기말순자산은 얼마인가?

- 20X1년도 기초순자산은 ₩200,000이다.
- 20X1년도 재정운영결과는 ₩100,000이다.
- 20X1년 중 국고수입은 ₩150,000이고, 부담금수익은 ₩60,000이다.
- 20X1년 중 국고이전지출은 ₩140,000이다.
- 20X1년 중 투자목적 장기투자증권을 ₩30,000에 취득하였으며, 재정상태표일 현재 이 증권의 공정가액은 ₩50,000이다.

① ₩120,000 ② ₩170,000 ③ ₩190,000
④ ₩370,000 ⑤ ₩390,000

설명

I	기초순자산	200,000	
II	재정운영결과	(100,000)	*여기서 +는 -로 인식해야 함.
III	재원의 조달 및 이전		
	1. 국고수입	150,000	
	2. 부담금수익	60,000	
	3. 국고이전지출	(140,000)	
IV	조정항목		
	투자증권평가손익	20,000	
V	기말순자산	190,000	

4. 다음 중 「국가회계기준에 관한 규칙」과 「지방자치단체 회계기준에 관한 규칙」에서 정하는 자산·부채의 평가에 관한 설명으로 **옳지 않은** 것은?

① 자산의 가액은 해당 자산의 취득원가를 기초로 하여 계상한다. 다만, 교환 또는 기부채납 등으로 취득한 자산의 가액은 공정가액을 취득원가로 한다.
② 재정상태표상 채무증권은 상각후 취득원가로 평가하고, 지분증권과 기타 장기투자증권 및 기타 단기투자증권은 공정가액으로 평가한다.
③ 재정상태보고서상 일반유형자산과 사회기반시설, 주민편의시설 중 상각대상 자산에 대한 감가상각은 정액법을 원칙으로 한다.
④ 부채의 가액은 따로 정한 경우를 제외하고는 원칙적으로 만기상환가액으로 평가한다.
⑤ 장기연불조건의 거래, 장기금전대차거래 또는 이와 유사한 거래에서 발생하는 채권·채무로서 명목가액과 현재가치의 차이가 중요한 경우에는 이를 현재가치로 평가한다.

설명 채무증권은 상각후 취득원가로 평가하고 지분증권과 기타 장·단기기투자증권은 취득원가로 평가. 다만 투자목적의 장·단기기투자증권인 경우 재정상태표일 현재 신뢰성 있게 공정가액을 평가할 수 있다면 그 공정가액으로 평가하고, 장부가액과 공정가액의 차이는 순자산변동표 조정항목에 표시해야 함.

5. 다음 중 「국가회계기준에 관한 규칙」에서 정하는 재정운영표에 관한 설명으로 **옳지 않은** 것은?

① 중앙관서 또는 기금의 재정운영표는 프로그램순원가, 재정운영순원가, 재정운영결과로 구분하여 표시한다.

② 중앙관서 또는 기금의 재정운영표상 프로그램순원가는 프로그램을 수행하기 위하여 투입한 원가 합계에서 다른 프로그램으로부터 배부받은 원가를 더하고, 다른 프로그램에 배부한 원가는 빼며, 프로그램 수행과정에서 발생한 수익 등을 빼서 표시한다.

③ 중앙관서 또는 기금의 재정운영표상 재정운영결과는 재정운영순원가에서 비교환수익 등을 빼서 표시한다. 다만, 「국고금관리법 시행령」 제50조의2에 따라 통합관리하는 일반회계 및 특별회계의 자금에서 발생하는 비교환수익 등은 순자산변동표의 재원의 조달 및 이전란에 표시한다.

④ 중앙관서 또는 기금의 재정운영표를 통합하여 작성하는 국가의 재정운영표는 내부거래를 제거하여 작성하되 재정운영순원가, 비교환수익 등 및 재정운영결과로 구분하여 표시한다.

⑤ 국가의 재정운영표상 재정운영순원가는 각 중앙관서별로 프로그램순원가에서 관리운영비 및 비배분비용은 더하고, 비배분수익은 빼서 표시하며, 재정운영결과는 재정운영순원가에서 비교환수익 등을 빼서 표시한다.

설명 국가의 재정운영표는 중앙관서별 재정운영순원가만 표시. 중앙관서 또는 기금의 재정운영표에서는 재정운영순원가를 프로그램순원가에 관리운영비, 비배분비용을 더하고 비배분수익을 빼서 표시함.

49회(2014년) 회계학_정부회계 기출문제

1. 다음은 국가회계기준과 관련한 회계준칙에 대한 설명이다. **옳지 않은** 것은?

① 국가가 운영하는 연금사업에서 연금충당부채를 인식하는 경우 발생하는 연금비용 중 직전재정상태표일보다 1회계연도만큼 연금개시일에 더 가까워짐에 따라 발생하는 연금충당부채의 현재가치증가로 인한 이자원가는 프로그램 총원가 또는 관리운영비로 인식한다.

② 국가회계실체의 융자사업에서 발생하는 융자금의 매각에 따른 매각손실은 융자보조비용에 더해져 프로그램 직접원가에 포함한다.

③ 국가가 운영하는 연금사업에서 연금충당부채를 인식하는 경우 발생하는 연금비용 중 보험수리적 가정과 실제로 발생한 결과의 차이 및 보험수리적 가정의 변경에 따른 연금충당부채의 감소 또는 증가액은 프로그램 총원가 또는 관리운영비로 인식한다.

④ 국가회계실체의 융자사업에서 발생하는 융자사업관리에 필요한 신용조사비용, 법률자문비용 등은 관리운영비에 포함한다.

⑤ 국가가 운영하는 보험사업에서 발생하는 보험비용은 재정운영표의 프로그램총원가로 인식하며 그 금액이 부(負)의 금액인 경우 비배분수익으로 인식한다.

설명 보험수리적 이익과 손실은 보험수리적 가정과 실제 발생한 결과의 차이 및 보험수리적 가정의 변경에 따른 연금충당부채의 증가 또는 감소액으로서 순자산변동표 조정항목으로 인식함.

2. 다음은 중앙관서 A부처의 일반회계에서 발생한 거래이다. 다음 거래가 A부처의 일반회계 재정운영표의 재정운영결과에 미치는 영향과 국가재정운영표의 재정운영결과에 미치는 영향을 올바르게 나타낸 것은?

- 20×3년중에 프로그램 순원가로 ₩100,000이 발생하였다.
- 20×3년중에 행정운영과 관련하여 인건비 ₩50,000, 감가상각비 ₩30,000이 발생하였다.
- 20×3년중에 부담금 수익 ₩70,000에 대한 청구권이 확정되었다.
- 20×3년중에 B부처에서 무상관리환으로 ₩30,000의 자산을 수증받았다.

	A부처의 일반회계	대한민국 정부
①	₩ 180,000 증가	₩ 110,000 증가
②	₩ 150,000 증가	₩ 80,000 증가
③	₩ 110,000 증가	₩ 110,000 증가
④	₩ 110,000 증가	₩ 80,000 증가
⑤	₩ 80,000 증가	₩ 110,000 증가

설명

1. A부처
프로그램 순원가는 100,000, 관리운영비 80,000(인건비와 감가상각비), 비배분비용 및 비배분수익 0. 따라서 재정운영순영가는 180,000이고 여기서 비교환수익은 0이므로 A부처의 재정운영결과는 180,000임.
2. 대한민국 정부
재정운영순원가는 180,000, 비교환수익 등(부담금수익) 70,000. 따라서 재정운영결과는 110,000임.

* 부담금수익은 비교환수익으로 표시하고, 무상관리환은 내부거래이므로 제거되어야 함.

3. 다음은 국가회계실체와 관련한 법령에 대한 설명이다. **옳지 않은** 것은?

① 국가회계법은 일반회계와 특별회계, 그리고 특정한 목적을 위해 법률로 설치한 기금에 적용한다.
② 국고통일의 원칙에 따라 예산 하에서 운영되는 국가회계 실체는 법률에 특별한 규정이 없는 한 수입금을 징수하거나 예산을 집행할 때는 국고통합계정에 불입하고 국고통합계정에서 예산을 배정받아 집행한다.
③ 국가의 결산보고서의 세입세출결산은 세입세출예산 또는 기금운용계획과 같은 구분에 따라 그 집행결과를 종합하여 작성하여야 한다.
④ 기금관리주체가 중앙관서의 장이 아닌 기금 중 기금운용규모가 대통령령으로 정

하는 기준에 해당하는 경우에는 회계법인의 감사보고서를 기금결산보고서에 첨부하여야 한다.

⑤ 국가의 결산보고서 부속서류에 포함되는 국가채무관리보고서를 작성해야 하는 국가 채무는 발생주의에 의해 인식한 국채, 차입금이다.

설명 국고채무부담행위도 포함.

4. 다음은 「지방자치단체 회계기준에 관한 규칙」에 대한 설명이다. **옳지 않은** 것은?

① 지방자치단체의 재정상태보고서에 기록하는 자산의 가액은 당해 자산의 취득원가를 기초로 계상함을 원칙으로 하고 교환, 기부채납, 관리전환, 기타 무상으로 취득한 자산의 가액은 공정가액을 취득원가로 한다.

② 지방자치단체의 재정운영보고서 상 일반수익은 재원조달의 원천에 따라 자체조달수익, 정부간이전수익, 기타수익으로 구분한다.

③ 지방자치단체의 기부채납 등으로 인한 순자산 증가는 수익에 포함하지 않는다.

④ 지방자치단체의 재정상태보고서 상 부채의 가액은 따로 정한 경우를 제외하고는 만기상환가액으로 함을 원칙으로 한다.

⑤ 지방자치단체의 재정운영보고서상 비배분수익은 임시적·비경상적으로 발생한 수익 및 사업과 직접적으로 관련이 없는 사업외수익으로 비교환수익을 말한다.

설명 비배분수익은 임시적으로 발생한 수익 및 사업과 직접적 관련이 없어 사업수익에 합산하는 것이 합리적이지 못한 수익으로 교환수익을 말함.

5. 다음의 자료를 이용하여 지방자치단체의 재정상태보고서에 표시될 순자산항목의 금액을 올바르게 표시한 것은?

· 자산총계	₩ 1,900,000
· 부채총계	1,000,000
· 일반유형자산, 주민편의시설, 사회기반시설투자액	900,000
· 무형자산투자액	200,000
· 일반유형자산 등의 투자재원을 위해 조달된 차입금	450,000
· 적립성기금의 원금	150,000

	고정순자산	특정순자산	일반순자산
①	₩ 650,000	₩ 50,000	₩ 200,000
②	₩ 450,000	₩ 150,000	₩ 300,000
③	₩ 650,000	₩ 150,000	₩ 100,000
④	₩ 650,000	₩ 0	₩ 250,000
⑤	₩ 450,000	₩ 0	₩ 450,000

설명 순자산은 자산에서 부채를 차감하면 900,000임.

고정순자산은 일반유형자산, 주민편의시설, 사회기반시설 및 무형자산의 투자액에서 그 시설의 투자재원을 마련하기 위해 조달한 장기차입금과 지방채권은 빼야 함. 따라서 순자산 900,000+200,000−450,000=650,000임.

특정순자산은 150,000이다. 채무상환목적이나 적립기금의 원금 등 사용목적이 특정되어 있는 재원과 관련된 순자산을 의미함.

일반순자산은 고정순자산과 특정순자산을 제외한 나머지 금액으로 100,000임.

50회(2015년) 회계학_정부회계 기출문제

1. 다음은 「국가회계기준에 관한 규칙」과 관련된 설명이다. **옳지 않은** 것은?

① 국가회계실체 사이에서 발생하는 관리환은 유·무상거래에 관계없이 자산의 공정가액을 취득원가로 한다.

② 재정상태표일 현재 우발손실의 발생이 확실하고 그 손실금액을 합리적으로 추정할 수 있는 경우, 우발손실을 재정운영순원가에 반영하고 그 내용을 주석으로 표시한다.

③ 중앙관서 또는 기금의 순자산변동표는 기초순자산, 재정운영결과, 재원의 조달 및 이전, 조정항목, 기말순자산으로 구분하여 표시한다.

④ 중앙관서 또는 기금의 재정운영표를 통합하여 작성하는 국가의 재정운영표는 내부거래를 제거하여 작성하되 재정운영순원가, 비교환수익 등 및 재정운영결과로 구분하여 표시한다. 이 때 재정운영순원가는 각 중앙관서별로 구분하여 표시한다.

⑤ 국세수익은 중앙관서 또는 기금의 재정운영표를 통합하여 작성하는 국가의 재정운영표에서 비교환수익 등에 표시된다.

설명 관리환이 무상거래일 경우 자산의 장부가액은 취득원가, 유상거래일 경우 자산의 공정가액을 취득원가로 함.

2. 다음 중 「국가회계기준에 관한 규칙」과 「지방자치단체 회계기준에 관한 규칙」에 대한 설명으로 옳은 것은?

① 국가와 지방자치단체의 일반유형자산과 사회기반시설은 공정가액으로 재평가할 수 있다.

② 지방자치단체의 장기투자증권은 매입가격에 부대비용을 더하고 이에 종목별로 총평균법을 적용하여 산정한 취득원가로 평가함을 원칙으로 한다. 다만, 투자목적의 장기투자증권은 공정가액을 객관적으로 측정할 수 있으면 공정가액으로 평가하여 장부가액과 공정가액의 차이금액은 순자산변동표에 조정항목으로 표시한다.

③ 국가와 지방자치단체의 화폐성 외화자산과 화폐성 외화부채는 해당 자산을 취득하거나 해당 부채를 부담한 당시의 적절한 환율로 평가한 가액을 재정상태표 가액으로 한다.

④ 국가와 지방자치단체의 금융리스는 리스료를 내재이자율로 할인한 가액과 리스자산의 공정가액 중 낮은 금액을 리스자산과 리스부채로 각각 계상하여 감가상각한다.

⑤ 지방자치단체의 연금충당부채는 회계연도말 현재 「공무원연금법」을 적용받는 지방공무원 연금수급자 및 연금미수급자에게 미래에 지급할 연금지급액을 보험수리적 가정을 반영하여 추정한 것이다.

설명 재평가 불가. 공정가치평가에 관한 규정은 없음. 비화폐성 부채 등 재정상태표 가액으로 평가. 지자체는 연금충당부채 존재하지 않음.

3. 다음 중 국가회계 관련 법령에 대한 설명으로 옳은 것은?

① 중앙관서의 장이 아닌 기금관리주체는 회계연도마다 기금에 관한 결산보고서를 작성하여 소관 중앙관서의 장과 기획재정부장관에게 제출하여야 한다. 이 경우 직전 회계연도의 기금운용규모가 5천억원 이상인 기금은 기금결산보고서에 「공인회계사법」 제23조에 따른 회계법인의 감사보고서를 첨부하여야 한다.

② 「국가회계기준에 관한 규칙」에 따르면 재무제표는 국가가 공공회계책임을 적절히 이행하였는지를 평가하기 위해 국가의 재정상태 및 그 변동과 재정운영결과에 관한 정보, 미래의 납세자가 과거에 제공된 서비스에 대한 부담을 지게 되는지에 대한 기간간 형평성에 관한 정보 그리고 예산과 그 밖의 관련 법규의 준수에 관한 정보를 제공해야 한다.

③ 「국가회계기준에 관한 규칙」은 국가의 재정활동에서 발생하는 경제적 거래 등을 발생 사실에 따라 복식부기 방식으로 회계처리하는 데에 필요한 기준으로 소관 중앙관서의 장이 감사원과 협의하여 제정한다.

④ 감사원은 「국가재정법」에 따라 제출된 국가결산보고서를 검사하고 그 보고서를 다음 연도 5월 20일까지 기획재정부장관에게 송부하여야 한다. 그리고 정부는 「국가재정법」에 따라 감사원의 검사를 거친 국가결산보고서를 다음 연도 5월 31일까지 국회에 제출하여야 한다.

⑤ 「국가회계법」상 결산보고서는 결산개요, 세입세출결산, 재무제표로 구성된다.

4. 다음은 「지방자치단체 회계기준에 관한 규칙」에 대한 설명이다. <u>옳지 않은</u> 것은?

① 비교환거래로 생긴 수익은 직접적인 반대급부 없이 생기는 지방세, 보조금, 기부금 등으로서 해당수익에 대한 청구권이 발생하고 그 금액을 합리적으로 측정할 수 있을 때에 인식한다.

② 일반유형자산은 공공서비스의 제공을 위하여 1년 이상 반복적 또는 계속적으로 사용되는 자산으로서 토지, 건물, 입목, 주민편의를 위한 주차장 등을 말한다.

③ 재정운영표는 회계연도 동안 회계실체가 수행한 사업의 원가와 회수된 원가 정보를 포함한 재정운영결과를 나타내는 재무제표로 사업순원가, 재정운영순원가,

재정운영결과로 구분하여 표시한다.

④ 장기연불조건의 매매거래, 장기금전대차거래 또는 이와 유사한 거래에서 발생하는 채권·채무로서 명목가액과 현재가치의 차이가 중요한 경우에는 이를 현재가치로 평가한다.

⑤ 문화재, 예술작품, 역사적 문건 및 자연자원은 자산으로 인식하지 아니하고 필수보충정보의 관리책임자산으로 보고한다.

5. 다음은 '국가통계생산 및 지원 프로그램'을 수행하고 있는 중앙부처 A의 일반회계의 20X4년도 자료이다. '국가통계생산 및 지원 프로그램'은 중앙부처 A가 수행하는 유일한 프로그램이고, 중앙부처 A에는 일반회계만 있다. 20X4년도 기초순자산은 ₩500,000(기본순자산 ₩350,000, 적립금및잉여금 ₩100,000, 순자산조정 ₩50,000)이다. 20X4년도에는 아래 거래 이외에 다른 거래는 없었다고 가정한다.

- 20X4년 중 프로그램순원가로 ₩30,000이 발생하였다.
- 20X4년 중 행정지원을 위한 인건비 ₩6,000, 운영경비 ₩4,000이 발생하였으며 이는 모두 관리운영비로 인식한다.
- 20X4년 중 파생상품에서 발생한 평가이익은 ₩5,000이며 이것은 미래예상거래의 현금흐름변동위험을 회피하는 계약에서 발생한 것이다.
- 20X4년 중 제재금 ₩20,000을 부과하였고 모두 납부되었다.
- 20X4년 중 국고수입은 ₩100,000이고, 국고이전지출은 ₩80,000이다.

중앙부처 A의 20X4년도 재정운영표상 재정운영결과(㉠)는 얼마이며, 20X4년도 순자산변동표상 기말 적립금및잉여금(㉡)과 기말 순자산조정(㉢)은 얼마인가?

	㉠	㉡	㉢
①	₩40,000	₩180,000	₩55,000
②	₩ 0	₩140,000	₩50,000
③	₩40,000	₩100,000	₩55,000
④	₩35,000	₩105,000	₩50,000
⑤	₩35,000	₩180,000	₩55,000

설명

1. 재정운영표: 프로그램 순원가 30,000, 관리운영비 10,000(인건비+운영경비), 비배분수익 및 비용 0, 재정운영순원가는 40,000이고 비교환수익이 0이기 때문에 재정운영결과는 40,000임.
2. 순자산변동표: 기본순자산은 350,000(기초),
   - 적립금 및 잉여금＝기초 100,000－재정운영결과 40,000＋제재금 20,000＋국고금수입 100,000－국고이전지출 80,000＝100,000
   - 순자산조정＝50,000(기초)＋5,000(파생상품 평가이익)＝55,000

51회(2016년) 회계학_정부회계 기출문제

1. 다음 중 「국가회계기준에 관한 규칙」에 대한 설명으로 옳은 것은?

① 「국고금관리법 시행령」에 따른 출납정리기한 중에 발생하는 거래는 다음 회계연도에 발생한 거래로 보아 회계처리한다.

② 자산은 유동자산, 투자자산, 일반유형자산, 주민편의시설, 무형자산 및 기타 비유동자산으로 구분하여 재정상태표에 표시한다.

③ 부담금수익, 기부금수익, 무상이전수입은 청구권 등이 확정된 때에 그 확정된 금액을 수익으로 인식한다.

④ 투자목적의 장기투자증권 또는 단기투자증권인 경우에는 재정상태표일 현재 신뢰성 있게 공정가액을 측정할 수 있으면 그 공정가액으로 평가하며, 장부가액과 공정가액의 차이금액은 재정운영표상 재정운영순원가에 반영한다.

⑤ 필수보충정보는 재무제표에는 표시하지 아니하였으나, 재무제표의 내용을 보완하고 이해를 돕기 위하여 필수적으로 제공되어야 하는 정보를 말하며 수익·비용 기능별 재정운영표는 필수보충정보로 제공되어야 한다.

2. 다음 중 「국가재정법」과 「국가회계법」에서 정하는 결산에 대한 설명으로 **옳지 않은** 것은?

① 중앙관서의 장은 회계연도마다 「국가회계법」에 따라 그 소관에 속하는 일반회계·특별회계 및 기금을 통합한 결산보고서(중앙관서결산보고서)를 작성하여야 한다.

② 기획재정부장관은 회계연도마다 중앙관서결산보고서를 통합하여 국가의 결산보고서(국가결산보고서)를 작성한 후 감사원의 심의를 거쳐 대통령의 승인을 받아야 한다.

③ 결산개요는 결산의 내용을 요약하여 예산 및 기금의 집행 결과, 재정의 운영 내용과 재무상태를 분명하게 파악할 수 있도록 작성하여야 하며, 성과보고서는 「국가재정법」에 따른 성과계획서에서 정한 성과목표와 그에 대한 실적을 대비하여 작성하여야 한다.

④ 정부는 여성과 남성이 동등하게 예산의 수혜를 받고 예산이 성차별을 개선하는 방향으로 집행되었는지를 평가하는 보고서(성인지 결산서)를 작성하여야 한다.

⑤ 각 중앙관서의 장은 「국가회계법」에서 정하는 바에 따라 회계연도마다 작성한 결산보고서(중앙관서결산보고서)를 다음 연도 2월 말일까지 기획재정부장관에게 제출하여야 한다.

설명 대통령의 승인을 받은 후 감사원에 제출해야 함.

3. 다음 중 「지방자치단체 회계기준에 관한 규칙」에 대한 설명으로 옳은 것은?

① 유형별 회계실체는 「지방재정법」에 따른 일반회계 및 특별회계와 「지방자치단체 기금관리기본법」에 따른 기금으로서 재무제표를 작성하는 최소 단위를 말한다.
② 재무보고는 당기의 수입이 당기의 서비스를 제공하기에 충분하였는지에 관한 정보는 제공하지만, 미래의 납세자가 과거에 제공된 서비스에 대한 부담을 지게 되는지에 대한 기간간 형평성에 관한 정보는 제공하지 못한다.
③ 개별 회계실체의 재무제표를 작성할 때에는 지방자치단체 안의 다른 개별 회계실체와의 내부거래를 상계한다.
④ 재무제표는 지방자치단체의 재정상황을 표시하는 중요한 요소로서 재정상태표, 재정운영표, 현금흐름표, 순자산변동표, 주석, 필수보충정보 및 부속명세서로 구성된다.
⑤ 지방자치단체의 재무제표는 일반회계・기타특별회계・기금회계의 유형별 재무제표를 통합하여 작성하며, 지방공기업특별회계는 포함하지 아니한다.

4. 다음 중 「지방재정법」 및 「지방재정법 시행령」에서 정하는 결산에 대한 설명으로 **옳지 않은** 것은?

① 지방자치단체의 장은 결산개요, 세입・세출결산, 재무제표(주석을 포함한다)와 성과보고서로 구성된 결산서를 작성하여 「지방자치법」에 따라 지방의회가 선임한 검사위원에게 검사를 의뢰하여야 한다.
② 지방자치단체의 장은 지방의회에 결산 승인을 요청한 날부터 5일 이내에 결산서를 행정자치부장관에게 제출하여야 한다.
③ 지방재정활동에 따라 발생하는 경제적 거래 등은 발생사실에 따라 복식부기 회계원리를 기초로 하여 명백하게 처리되어야 하며, 행정자치부장관은 지방회계에 관한 업무 중 필요한 부분은 대통령령으로 정하는 바에 따라 전문성을 갖춘 기관 또는 단체에 위탁할 수 있다.
④ 지방자치단체의 장은 「지방재정법」에 따른 계속비 결산명세서를 그 계속비 연부액의 마지막 지출이 속하는 연도의 세입・세출결산서와 함께 제출하여야 한다.
⑤ 지방자치단체는 회계연도마다 세입・세출결산상 잉여금이 있을 때에는 「지방재정법」에서 정한 금액을 뺀 잉여금은 그 잉여금이 생긴 회계연도의 다음 회계연도까지 세출예산의 범위 내에서만 지방채 원리금 상환에 사용하여야 한다.

설명 세출예산에 관계없이 지방채원리금 상환에 사용할 수 있음.

5. 다음은 A기금의 20x1년도 자료이다. 20x1년도에는 아래 거래 이외에 다른 거래는 없었다고 가정한다.

· A기금은 20x1년 중 2가지의 프로그램(전자조달 및 국유재산관리, 조달사업 운영)을 수행하였는데, 각각의 원가관련 자료는 다음과 같다.

구 분	전자조달 및 국유재산관리	조달사업 운영
프로그램 총원가	₩30,000	₩50,000
프로그램 수익	₩0	₩155,000

· A기금의 기능수행을 위한 관리업무비로 인건비 ₩20,000과 경비 ₩10,000이 발생하였다.
· 20x1년 중 이자비용 ₩1,000과 자산감액손실 ₩1,500이 발생하였는데, 이는 프로그램에 배부하는 것이 적절하지 아니한 비용이다.
· 20x1년 중 이자수익 ₩500과 자산처분이익 ₩3,000이 발생하였는데, 이는 프로그램 운영과 관련이 없는 것이다.
· 20x1년 중 제재금수익 ₩2,500이 발생하였다.

다음 중 A기금의 20x1년도 재무제표에 대한 설명으로 옳은 것은? 단, (　　)는 음수(−) 표시이다.

① 재정운영표상 프로그램순원가 합계는 ₩(75,000)이며, 전자조달 및 국유재산관리 프로그램순원가 ₩30,000과 조달사업 운영 프로그램순원가 ₩(105,000)을 재정운영표상 구분하여 표시하지 않는다.
② 이자비용 ₩1,000은 재정운영표상 비배분비용에 반영하고, 자산감액손실 ₩1,500은 순자산변동표상 순자산조정에 반영한다.
③ 재정운영표상 재정운영순원가는 ₩(42,500)이다.
④ 재정운영표상 재정운영결과는 ₩(48,500)이며, 동 금액은 순자산변동표상 적립금 및 잉여금란에 표시된다.
⑤ 제재금수익 ₩2,500은 순자산변동표상 재원의 조달 및 이전란에 표시된다.

설명

– 프로그램 순원가 프로그램(지자체의 경우 정책사업)별로 구분하여 표시
– 자산감액손실은 재정운영표의 비배분비용에 반영

- 프로그램 순원가=30,000+50,000−155,000=(75,000)
- 관리운영비=20,000+10,000=30,000
- 비배분비용=1,000+1,500=2,500
- 비배분수익=500+3,000=3,500이므로, 재정운영순원가=(75,000)+30,000+2,500−3,500=(**46,000**)
- 재정운영결과=(46,000)−2,500=(48,500)

52회 (2017년) 회계학_정부회계 기출문제

1. 중앙정부의 발생주의회계 도입효과로 **볼 수 없는** 것은?

① 과거 세입·세출결산의 경우에는 계약에 의한 국가채무만을 관리하였으나, 발생주의회계 도입으로 국가가 지급할 가능성이 있는 연금충당부채가 보고되어 국가재정의 건전성 관리가 강화되었다.

② 과거에 결산에서 제외되어 상대적으로 관리가 소홀하였던 건설중인 자산과 사회기반시설이 재무제표에 포함되어 국가자원관리 체계가 강화되었다.

③ 우리나라보다 먼저 발생주의 복식부기 방식의 재무제표를 작성해오던 해외 주요국가와의 비교가 가능해지고 국가재정통계의 대외신뢰도가 제고되었다.

④ 기존의 현금주의 예산회계제도가 폐지되고 발생주의 정부회계제도로 단일화되어 국가의 예산이 편성된 범위 내에서 효과적으로 집행되도록 관리할 수 있게 되었다.

⑤ 세입·세출 결산에 의존할 경우에는 개별법에 따른 보고서 작성으로 국가 전체의 자산과 부채의 규모를 파악하기 어려웠으나 발생주의회계의 도입으로 재정상태표에서 자산과 부채의 규모를 체계적으로 파악할 수 있게 되었다.

설명 세입세출결산은 현금주의 기준임.

2. 국가 및 지방자치단체의 재무제표 작성과 표시에 관한 **옳지 않은** 설명은?

① 중앙관서 또는 기금의 순자산변동표는 기초순자산, 재정운영결과, 조정항목, 기말순자산으로 구분하여 표시하지만, 국가의 순자산변동표는 기초순자산, 재정운영결과, 재원의 조달 및 이전, 조정항목, 기말순자산으로 구분하여 표시한다.

② 예산회계에서의 현금액과 재무회계에서의 현금액이 일치하지 않는 문제 등이 발생하는 것을 방지하기 위해 국가 및 지방자치단체 모두 출납정리기한(또는 출납폐쇄기한) 내에 발생한 거래는 해당 회계연도에 발생한 것으로 가정하여 처리한다.

③ 지방자치단체의 유형별 회계실체를 통합한 재정상태표는 일반회계, 기타특별회계, 기금회계, 지방공기업특별회계를 통합하여 내부거래를 상계하고 작성하되, 직전연도와 비교하는 형식으로 작성한다.

④ 국가의 재정운영표는 중앙관서별 재정운영순원가, 비교환수익 등, 재정운영결과로 구분하여 표시하고, 지방자치단체의 재정운영표는 사업별 사업순원가, 재정운영순원가, 재정운영결과로 구분하여 표시한다.

⑤ 국가의 재정상태표에서 자산은 유동성이 높은 항목부터 배열하되, 유동자산, 투

자자산, 일반유형자산, 사회기반시설, 무형자산 및 기타 비유동자산으로 구분하여 표시한다.

설명 국가의 순자산변동표는 재원의 조달 및 이전으로 표시하지 않음.

3. 중앙관서와 국가재무제표의 작성절차에 관한 **옳지 않은** 설명은?

① 중앙관서 내의 일반회계와 기금간 자금조달활동으로 인식한 장기대여금과 장기차입금을 중앙관서의 재무제표 작성시 내부거래제거로 상계한다.

② 중앙관서가 다른 중앙관서에서 무상관리전환으로 자산을 수증받는 경우에는 해당 내부거래로 인식한 정부내자산수증과 정부내자산기부를 국가재무제표 작성시 상계제거한다.

③ 중앙관서와 국고금회계를 통합한 국가재무제표 작성시에는 중앙관서 순자산변동표의 국고이전지출과 국고금회계의 국고이전수입을 내부거래제거로 상계한다.

④ 중앙관서 내의 일반회계가 기금에게 전출금을 지급하여 재원의 조달 및 이전을 인식한 경우에는 중앙관서의 재무제표 작성시 해당 내부거래로 인하여 발생한 국고수입과 기금전출금을 상계제거한다.

⑤ 중앙관서의 순자산변동표에 표시되는 재원의 조달 및 이전거래는 국가재무제표를 작성할 때에 재정운영표상 비교환수익 등에 반영한다.

설명 중앙관서 내의 일반회계가 기금에게 전출금을 지급하면 일반회계는 순자산변동표상 재원의 이전으로 표시하고, 기금은 재정운영표의 비교환수익 등(기타재원조달 및 이전)으로 표시하며, 중앙관서의 재무제표 작성시 상계제거함.

4. 20x1년말 다음과 같은 중앙관서의 회계처리 누락사항이 발견되었다.

- 기획재정부가 20x1년 2월 1일 매입한 취득원가 ₩500,000(취득당시 만기가 3개월 이상인 단기투자목적)의 수익증권에서 ₩20,000의 평가이익이 발생하였다.
- 문화체육관광부가 20x1년 11월 1일 매입한 취득원가 ₩50,000(취득당시 만기가 3개월 이내)의 수익증권에서 ₩2,000의 평가손실이 발생하였다.
- 문화재청은 20x1년에 문화재보호구역의 취득과 관련하여 ₩150,000을 지출하였다.
- 국토교통부는 20x1년 중에 관리・유지 노력으로 취득 당시의 용역잠재력이 유지되어 감가상각을 하지 않는 사회기반시설 일부에 대해 수선유지비 ₩100,000을 지출하였다.
- 교육부는 20x1년말 일반유형자산의 재평가로 차익이 ₩500,000 발생하였다. 단, 이전에 동일자산에 대해 재정운영표에 인식한 재평가손실 ₩200,000이 있었다.

위 누락사항을 추가 반영할 경우, 국가의 재정운영결과와 순자산조정에 미치는 영향으로 옳은 것은?

	재정운영결과	순자산조정
①	₩52,000 증가	₩320,000 증가
②	₩248,000 감소	₩520,000 증가
③	₩252,000 증가	₩480,000 증가
④	₩252,000 감소	₩480,000 증가
⑤	₩52,000 증가	₩20,000 증가

설명 재정운영결과=현금성자산평가손실 2,000, 유산자산취득비율 150,000, 사회기반시설 유지비용 100,000, 자산재평가손실환입 (200,000)으로 52,000임.
순자산조정=투자목적으로 유가증권 평가이익 20,000, 자산재평가이익 300,000으로 320,000임.

5. 국가 및 지방자치단체의 수익인식기준에 관한 **옳지 않은** 설명은?

① 신고·납부하는 방식의 국세는 납세의무자가 세액을 자진신고하는 때에 신고한 금액을 수익으로 인식하되, 납세의무자가 원천징수, 중간예납 등으로 이미 국세 중 일부를 납부한 경우 신고한 금액에서 이를 차감한 금액을 수익으로 인식한다.

② 세법상 원천징수하는 국세의 경우에 원천징수의무자가 소득금액 또는 수입금액을 지급하는 때에 납세의무가 성립되고 확정되기 때문에 원천징수의무자가 소득금액 또는 수입금액을 지급하는 때에 수익을 인식한다.

③ 세법상 국가가 부과하는 방식의 국세는 고지서가 납세의무자에게 도달하는 시점에서 납세의무가 확정되지만, 국가가 고지하는 때에 고지하는 금액을 수익으로 인식한다.

④ 신고납부방식의 지방세수익은 해당 수익에 대한 청구권이 발생하고 그 금액을 합리적으로 측정할 수 있을 때에 수익을 인식한다.

⑤ 국가가 법령 등을 위반한 자에게 부과하는 벌금, 과료, 범칙금 또는 몰수품으로서 청구권이 확정된 때나 몰수품을 몰수한 때에 그 금액을 확정하기 어려운 경우에는 납부 또는 처분시점에서 수익을 인식할 수 있다.

설명 원천징수 국세는 징수의무자가 신고 납부하는 때 수익으로 인식함.

53회(2018년) 회계학_정부회계 기출문제

1. 다음 중 「국가회계기준에 관한 규칙」에 대한 설명으로 옳은 것은?

① 국가회계실체란 「국가재정법」에 따른 일반회계, 특별회계 및 기금으로서 개별 회계실체, 유형별 회계실체 및 통합 회계실체로 구분된다.

② 재무제표는 국가가 공공회계책임을 적절히 이행하였는지를 평가하는 데 필요한, 당기의 수입이 당기의 서비스를 제공하기에 충분하였는지 또는 미래의 납세자가 과거에 제공된 서비스에 대한 부담을 지게 되는지에 대한 기간간 형평성에 관한 정보를 제공하여야 한다.

③ 재무제표의 양식, 과목 및 회계용어는 이해하기 쉽도록 간단명료하게 표시하여야 하므로, 자산 항목과 부채 또는 순자산 항목을 상계하여 간결하게 표시하여야 한다.

④ 자산은 유동자산, 투자자산, 일반유형자산, 국민편의시설, 사회기반시설 및 기타 비유동자산으로 구분하여 재정상태표에 표시한다.

⑤ 자산은 공용 또는 공공용으로 사용되는 등 공공서비스를 제공할수 있거나 직접적 또는 간접적으로 경제적 효익을 창출하거나 창출에 기여할 가능성이 매우 높고 그 가액을 신뢰성 있게 측정할수 있을 때에 인식한다.

설명 중앙관서별 구분, 기간간 형평성은 회계책임에 해당되지 않음, 재무제표에 충실히 표시해야 함, 국민편의시설은 없음(지자체의 경우, 주민편의시설임).

2. 다음 중 「지방자치단체 회계기준에 관한 규칙」에 대한 설명으로 **옳지 않은** 것은?

① 순자산은 지방자치단체의 기능과 용도를 기준으로 고정순자산, 특정순자산 및 일반순자산으로 분류한다.

② 고정순자산은 일반유형자산, 주민편의시설, 사회기반시설 및 무형자산의 투자액에서 그 시설의 투자재원을 마련할 목적으로 조달한 장기차입금 및 지방세 징수액을 뺀 금액으로 한다.

③ 특정순자산은 채무상환 목적이나 적립성 기금의 원금과 같이 그 사용목적이 특정되어 있는 재원과 관련된 순자산을 말한다.

④ 일반수익은 재원조달의 원천에 따라 자체조달수익, 정부간이전수익, 기타수익으로 구분한다.

⑤ 재정상태표 보고일 이후 발생한 사건은 회계연도의 말일인 재정상태표 보고일과 「지방회계법」에 따른 출납사무 완결기한 사이에 발생한 사건으로서 재정상태표 보고일 현재 존재하였던 상황에 대한 추가적 증거를 제공하는 사건을 말한다.

설명 조달한 장기차입금 및 지방채증권을 뺀 금액임.

3. 다음 중 국가와 지방자치단체의 결산에 대한 설명으로 **옳지 않은** 것은?

① 국가의 결산보고서와 지방자치단체의 결산서는 결산 개요, 세입・세출결산(중앙관서결산보고서 및 국가결산보고서의 경우에는 기금의 수입지출결산을 포함하고, 기금결산보고서의 경우에는 기금의 수입지출결산을 말한다), 재무제표(주석을 포함한다), 성과보고서로 구성된다.
② 국회의 사무총장, 법원행정처장, 헌법재판소의 사무처장 및 중앙선거관리위원회의 사무총장은 회계연도마다 예비금사용명세서를 작성하여 다음 연도 2월말까지 기획재정부장관에게 제출하여야 한다.
③ 지방자치단체의 재무제표에는 기능별 재정운영표, 유형자산명세서, 감가상각 명세서 등이 첨부되어야 한다.
④ 지방자치단체의 장은 결산의 결과를 다음 연도 예산 편성에 반영하도록 노력하여야 한다.
⑤ 감사원은 제출된 국가결산보고서를 검사하고 그 보고서를 다음 연도 5월 20일까지 기획재정부장관에게 송부하여야 하며, 정부는 감사원의 검사를 거친 국가결산보고서를 다음 연도 5월 31일까지 국회에 제출하여야 한다.

설명 기능별재정운영표, 유형자산명세서, 감가상각서는 결산의 첨부서류로 지자체 재무제표에 해당되지 않음.

4. 다음 중 「국가회계기준에 관한 규칙」과 「지방자치단체 회계기준에 관한 규칙」에 대한 설명으로 옳은 것은?

① 국가와 지방자치단체는 관리전환이 무상거래일 경우에는 자산의 장부가액을 취득원가로 하고, 유상거래일 경우에는 자산의 공정가액을 취득원가로 한다.
② 국가와 지방자치단체는 일반유형자산, 사회기반시설, 기타비유동자산을 구분하여 재정상태표에 표시하지만, 무형자산은 기타비유동자산에 포함하여 재정상태표에 표시한다.
③ 국가의 유산자산과 지방자치단체의 관리책임자산은 자산으로 인식하지 아니하고, 필수보충정보로 공시한다.
④ 국가와 지방자치단체는 퇴직급여충당부채, 연금충당부채, 보험충당부채 등을 장기충당부채로 분류하여 표시한다.
⑤ 국가와 지방자치단체는 일반유형자산과 사회기반시설에 대하여 재평가할 수 있으며, 해당 자산의 공정가액에 대한 합리적인 증거가 없는 경우 등에는 재평가

일 기준으로 재생산 또는 재취득하는 경우에 필요한 가격에서 경과연수에 따른 감가상각누계액 및 감액손실누계액을 뺀 가액으로 재평가하여 계상할 수 있다.

설명 관리전환 자산의 가액은 공정가액을 취득원가로 인식, 재정상태표에 표시, 지자체는 장기충당부채 표시하지 않음. 지자체는 일반유형자산과 사회기반시설의 재평가 규정이 없음.

5. 다음은 일반회계만으로 구성된 중앙관서 A부처의 20x1년도 자료이다. 단, 20x1년도에는 아래 거래 이외에 다른 거래는 없으며, 국가 재무제표 작성과정에서 상계할 내부거래는 없다고 가정한다.

프로그램을 수행하기 위해 투입한 직접원가	₩150,000
프로그램관련 교환수익	10,000
다른 프로그램으로부터 배부받은 간접원가	4,000
다른 프로그램에 배부한 간접원가	7,000
관리운영비	30,000
비배분수익	3,500
비배분비용	2,000
비교환수익	13,500

다음 중 20x1년도 재무제표에 대한 설명으로 <u>옳지 않은</u> 것은?

① A부처의 재정운영표에 표시되는 재정운영결과는 ₩152,000이다.
② A부처의 재정운영표에 표시되는 프로그램순원가는 ₩137,000이다.
③ A부처의 재정운영표에 표시되는 재정운영순원가는 ₩165,500이다.
④ A부처의 순자산변동표에서 재원의 조달 및 이전란에 표시될 금액은 ₩13,500이다.
⑤ A부처 20x1년도 자료가 국가재정운영표에 표시되는 재정운영결과에 미치는 영향은 ₩152,000 증가이다.

설명

- 프로그램 순원가: 150,000＋4,000－7,000－10,000＝137,000
- 재정운영순원가: 137,000＋30,000－3,500＋2,000＝165,000
- 중앙관서의 재정운영결과＝165,000
- 국가의 재정운영결과＝165,000－13,500＝152,000

중앙관서는 비교환수익을 재정운영표에 표시하지 않고 순자산변동표에 표시함.

[부록 6] 입법 · 행정고시 기출문제(정부회계와 재정통계 분야)

1. 기출문제

27회 입법고시 2차 기출문제_행정학 (정부회계 분야)

발생주의 회계와 현금주의 회계의 장단점을 체계적으로 논의하여 발생주의 회계도입이 정부회계제도개혁의 일환이 될 수 있음을 입증하라(25점). 본서 제2장 내용.

31회 입법고시 2차 기출문제_행정학 (재정통계 분야)

'공공부문 부채 작성지침(PSDS)'에 따른 우리나라 국가부채를 국가채무, 일반정부부채, 공공부문 부채로 구분하여 그 대상 범위와 상호 관계를 설명하시오. 이러한 새로운 국제기준에 따른 우리나라 국가부채의 현황과 문제점을 설명하고, 재정건전성과 지속가능성을 확보하기 위한 재정규율 강화 및 재정지출의 효율성 제고 방안들을 제시하시오(40점). 본서 제5장 내용.

2010년 행정고시 2차 기출문제_행정학 (정부회계분야)

우리나라에서도 복식부기 발생주의 회계제도의 도입이 논의되어 왔다. 단식부기와 복식부기, 현금주의와 발생주의 개념을 설명하고, 기존의 단식부기 회계제도가 가지고 있는 문제점을 지적하면서 이러한 문제점을 극복하기 위한 대안으로 복식부기 발생주의 회계제도의 장점과 정착조건을 설명하시오(25점).

2. 기출 예상문제

최근 정부는 기존 성과관리의 한계를 극복하기 위해 성과평가제도를 개혁하였다. 그 개편 과정을 폭넓게 이해할 필요가 있다.

- 기존 성과평가(성과목표관리제도, 재정사업자율평가, 메타평가, 심층평가)와 새로 도입된 핵심사업평가에 관한 개념적 틀, 그 상호관계를 이해함과 동시에 핵심사업평가로의 개편한 논거를 이해할 필요가 있다.

재정건전성에 관한 논의가 지속되고 있는 가운데 제반 제도개편방향에 관해 이해할 필요가 있다.

- 재정준칙(외국의 경우, fiscal rule, 우리나라의 경우 재정건전화법(안)에 관해 체계적인 이해가 필요하다.
- 지속가능성차원에서 지출효율화(예 spending review)에 초점을 두고 다양한 재정제도를 연계하여 이해할 필요가 있다(국가재정운영계획, 탑다운, 성과주의 예산 등).
- 사회복지비 지출 증가에 따른 재정건전성 담보 대안을 지출효율화관점에서 체계적인 이해가 필요하다.

발생주의 기준의 정부회계제도가 도입되었음에도 유용성 관점에서 다소 제한적이라는 회의적 시각이 존재한다. 정부회계정보의 유용성강화를 위한 폭넓은 이해가 필요할 것이다.

앞으로 재정통계의 중요성은 더욱 부각될 것이다. 국내 재정통계정보도 중요하지만 국제적으로 인정되는 COFOG, SOCX, ESSPROS 등에 관한 이해가 필요할 것이다.

참고문헌

기획재정부 · 한국조세재정연구원. (2016). 국가회계편람.

대한민국 정부. (2017). 국가결산보고서.

임도빈. (2018). 행정학: 시간의 관점에서(개정판). 서울: 박영사.

정성호. (2015). 우발부채의 체계적 관리를 위한 제언: GFS 2014에 근거한 용어 재정립, 분류 및 보고체계를 중심으로. 한국지방재정논집, 20(3): 59-87.

_____. (2015). 건전한 한국재정을 위한 담론. 서울: 박영사.

_____. (2017). 대손충당금 규모가 재정운영 결과와 대손충당금 환입에 미치는 영향. 한국행정연구, 26(4): 153-172.

_____. (2017). 사회보장위원회 발표자료.

_____. (2017). 정부회계정보의 회계책임성 강화 대안: 국가결산보고서 등을 중심으로. 한국비교정부학보, 21(3): 81-110.

_____. (2018). 대한민국 재정정책 70년사. 서울: 더플랜.

IMF. (2013). Public Sector Debt Statistics: Guide for Compilers and Users.

____. (2014). Government Finance Statistics Manual 2014.

행정안전부. (2017). 재무회계운영규정

기획재정부 홈페이지. 보도자료

다음 홈페이지. 법률 용어사전.

법제처. 국가법령정보센터. 국가 · 지방재정법, 국가 · 지방회계법, 시행령 및 규칙.

금융감독원. 공인회계사 기출문제.

행정안전부. 행정고시 등 기출문제.

UNCTAD 홈페이지. DMFAS.

IMF 홈페이지. GFS 재정지표.

OECD Stat. SOCX 재정지표.

찾아보기

ㄱ

감사원의 결산검사 12
개별 회계실체 109
개성 복식부기 장부 26
거래 8요소 27
거래외 경제유량보고서 151, 157
결산보고서 작성 12
결산서 14
결산서 첨부서류 14
경기조정수지(CAB) 166
경제협력개발기구(OECD) 144
계정과목 32, 55
계정과목 매핑표 34
공공부문 부채(D3) 184
공공부문 부채통계 180
공공회계책임 5
공인회계사의 검토보고 137
공정가액 61
관리과목 33, 35
관리운영비 68, 122
관리책임자산 114
구조적 수지 166
국가결산보고서 15
국가의 결산 97
국가재정법 6
국가재정운용계획 8
국가채무(D1) 182
국가회계기준 47
국가회계법 6, 48
국가회계실체 203
국가회계예규 50
국가회계예규의 변천 49
국가회계재정통계센터 6
국가회계제도심의위원회 13
국고금회계 77
국고금회계의 통합 98
국세수익 조정 99
국세징수활동표 88
국제연합무역개발회의(UNCTAD) 145
국제통화기금(International Monetary Fund) 143
금융리스 120
기금 79
기본순자산 67
기부채납 116
기업특별회계 79
기초순자산 76
기타비유동부채 64, 115
기타비유동자산 61, 115
기타특별회계 79

ㄴ

내부거래의 제거 93

ㄷ

단식부기 26
대분류 33, 34
대손충당금 117
대차대조표(재정상태표) 152
대체법 118
등급(109) 187
DMFAS 146
D1, D2, D3 182

ㅁ

만기 및 채무상품 유형별 총채무 171
명시적 우발부채 152, 160
무상이전수입 83
무형자산 61
미래사회보장급여에 대한 암묵적 순의무 요약보고서 152, 160
민간투자사업 회계처리지침 230

ㅂ

발생 39
발생주의 25
복식부기 26
부기항목 170
부기항목표 177
부문 간 연결 178
부문 내 연결 178
부문(69) 128, 187
부속명세서 91, 132
부채 59, 114
분개 27, 29
분개연계표(JMT) 36
분개의 법칙(거래 8요소) 27
분개장 29
분석 102
분야(10) 128, 187
비교환수익 68, 71
비교환수익 회계처리 228
비배분비용 68, 122
비배분수익 68, 122
비용 82, 86, 123
BTL 231
BTO 230

ㅅ

사업수익 122
사업순원가 122
사업형회계 51, 227
사회기반시설 61, 115
선입선출법 118
설명받을 권리를 가진 자 197
설명할 의무가 있는 자 197
성과중심 8
성인지 예산서 10
세계은행 146
수익 80, 123
수탁관리 197
수탁관리책임 197
순운영수지 153
순융자(+)/순차입(−) 153
순자산 59, 115
순자산변동보고서 152, 159
순자산변동표 43, 73, 130
순자산조정 67

순채무 요약 171
COFOG 187

ㅇ

SNA 147
SOCX 186, 191
SYGADE 146
여유재원의 전입 및 전출 9
연결 178
연금보고서 87
연금 회계처리지침 234
예산총계주의 9, 17
예산회계 25
예산회계법 6
오류수정 121
요약표 169
우발부채 161
우발상황 120
우체국예금 및 우체국보험적립금 96
운용리스 120
원가계산 227
원 만기별 170
유동부채 64, 115
유동자산 60, 115
유럽통계청(Eurostat) 143
유형별 회계실체 109, 111
ESA 147
ESSPROS 194
이연 39
이자율 유형 및 표시 통화별 총채무 173
이자율 유형별 170
일반원칙 52, 110
일반유형자산 115
일반정부 부채(D2) 183
일반회계 79

ㅈ

자기국채(공채) 94
자산 59, 114
잔존 만기별 170
장기차입부채 64, 115
장기충당부채 64
재무보고 4, 110
재무제표 4, 54
재무제표 분석 138
재무제표 통합 92
재무회계 25
재무회계 결산 135
재무회계과목총괄표 34
재원의 조달 및 이전 95
재정법 5
재정분석 162
재정상태표 41, 56, 112, 158
재정운영결과 122
재정운영순원가 122
재정운영표 42, 67, 122
재정통계 143
재정통계매뉴얼 147
재정통계연감(GFS yearbook) 206
적립금 및 잉여금 67
전기 30
전용 및 이용 11
정보공개 198
정부운영보고서 151, 152
정부회계정보 5
정액법 118
정책사업 18
조정항목 77

주민편의시설 115
주석 91, 131
주인－대리인이론 197
중기지방재정계획 17
중분류 33, 34
중앙관서의 결산 93
중요성 55
지방자치단체재무회계운영규정 108
지방재정법 6
지방회계기준 108
지방회계법 6
지방회계제도심의위원회 20
지방회계통계센터 6
GFS 148
GFSM 147
GFSM 1986 148
GFSM 2001 148
GFSM 2014 148

ㅊ

채권자의 거주지별 170
채권자의 거주지별 총채무 174
채무상품 유형별 170
총계정원장 30
총원가 122
총잉여금 · 재정운영결과조정표 88
총채무 요약 170
총평균법 118
출납폐쇄기한 20
취득원가 61

ㅌ

템플릿 206
통합 93
통합 회계실체 109
퇴직급여충당부채 119
투자자산 61, 115
특별회계 79

ㅍ

포괄범위 149
표시통화 및 만기별 총채무 173
표시 통화별 170
PSDS 147, 169
필수보충정보 86, 132

ㅎ

합산 93
핵심 분석체계 150
행정형회계 51, 227
현금의 원천 및 사용보고서 152, 155
현금주의 25
현금흐름표 128
현재가치할인차금 233
회계과목 33, 35
회계구분 7
회계상의 거래 27
회계연도 7
회계책임관 13
회계책임성(accountability) 197
회계처리지침 227

저자약력

■ **정 성 호**

한국재정정보원, 연구위원
지방자치단체 회계제도심의위원회, 위원
사회보장위원회 재정통계전문위원회, 위원

정부회계와 재정통계

2019년 1월 20일 초판 인쇄
2019년 1월 25일 초판 1쇄 발행

저 자 정 성 호
발행인 배 효 선
발행처 도서출판 法 文 社

주 소 10881 경기도 파주시 회동길 37-29
등 록 1957년 12월 12일/제2-76호(윤)
전 화 (031)955-6500~6 FAX (031)955-6525
E-mail (영업) bms@bobmunsa.co.kr
(편집) edit66@bobmunsa.co.kr
홈페이지 http://www.bobmunsa.co.kr
조 판 법 문 사 전 산 실

정가 25,000원 ISBN 978-89-18-12378-3